中世武士選書 41

戦国摂津の下克上

高山右近と中川清秀

中西裕樹 著

戎光祥出版

はしがき

天正十一年九月（一五八三）、羽柴秀吉《はしばひでよし》は摂津国大坂（大阪市中央区）に築城を開始する。やがて天下の中心となる、この大坂城膝下の国には二人の大名がいた。高山右近《たかやまうこん》と中川清秀《なかがわきよひで》である。右近は日本史上を代表するキリシタン大名で、天正十五年に豊臣政権が発した伴天連追放令《ばてれんついほうれい》で大名の地位を失う。そして慶長二十年（一六一五）、キリスト教を禁じた徳川幕府による国外追放先のフィリピン・マニラで最期を迎えた。一方の清秀は、天正十一年に秀吉方と柴田勝家《しばたかついえ》方が衝突した賤ヶ岳《しずがたけ》の戦い（滋賀県長浜市）で壮絶な最期を遂げたが、子孫は大名家として存続していく。

この二人に対する評価は、いつからか対照を成している。天正六年の摂津国では、織田信長《おだのぶなが》から支配を委ねられた荒木村重《あらきむらしげ》が離反する大事件が起きた。配下の右近は恩ある信長からの離反を引き止め、逆に清秀はうながしたという。まもなく信長は高槻《たかつき》（大阪府高槻市）へ軍勢を進め、降伏せねばキリスト教を弾圧すると右近に迫る。右近は息子らを村重の人質に出しており、父の飛騨守《ひだのかみ》は頑として降伏を拒んだ。苦悶の果てに、右近は城も地位も捨て、出家者として信長の陣に身を投じた。少し遅れて清秀は、織田の軍勢が迫った茨木《いばらき》城（同茨木市）から村重より派遣されていた武将を追い出し、信長に降伏する。

あるテレビの歴史番組では、このような右近の態度を「絶対に裏切らない」愛を信じる武将と評し、信仰者として称えた。一方、ある歴史ドラマでは清秀が信長から「裏切り者」と蔑まれ、インターネット上では「奸臣《かんしん》」とのレッテルが貼られている。信仰者と奸臣。二人の思惑や胸中はともかく、結論は同じである。右近と清秀は、信長の前へと進んだ。一体、何が違うのか。

右近と清秀は、同じ時代と地域で大名となった。ともに大名家の生まれではなく、戦国時代の終わりに台頭した「下克上《げこくじょう》」の人である。清秀は、元亀元年（一五七〇）年に摂津最大の国人池田《こくじんいけだ》氏の家臣として歴史上に現われる。このとき、摂津の土豪《どごう》の家に生まれた右近の父飛騨守は、池田氏と対立する和田《わだ》氏の家臣であった。二人が大名となる歩みは、摂津の国人や土豪の歩みでもある。また、右近のキリスト教信仰も、彼を取り巻く集団と既存宗教の狭間にあり、その信仰を受容した先達との関わりの中で成立していた。右近と清秀への評価は、戦国摂津の歴史から読み解く必要がある。

そこで本書では、右近と清秀が大名となった道程、そしてキリシタンや彼らが拠った城館について、守護細川京兆《ほそかわけいちょう》家や三好《みよし》氏を含む最新研究に導かれつつ、戦国時代の摂津という地域史の立場から述べてみたい。対象の時代は、戦国時代のはじめから右近が大名の地位を捨てた天正十五年（一五八七）頃までとする。

国人や土豪には分厚い研究史があり、最近では中小国人という用語も加わっている。研究の切り口によって用語の使い方は異なり、用法自体が研究といえる。正直なところ、著者の力量ではその区別ができず、国人の規模を中小で説明することにも難しさを感じる。以下では、とりあえず国人と土豪という区分けで話は進めるが、定義はおぼつかない。

国人は、村落を超えた地域を支配しうる存在で、せいぜい土豪は複数の村の押さえる存在というイメージである。前者は、例えば応仁の乱のような大合戦の際、軍勢を率いて守護の陣営を固める武将、後者は例え諸記録に登場しても軍勢は率いず、その存在は地元の史料ですら確認が困難という存在である。乱暴な考え方だが、話を進めるうえでご理解を願えれば幸いである。

二〇一九年七月

中西裕樹

目次

第Ⅰ部　右近と清秀のルーツを求めて

『太平記英勇伝』に描かれた中川清秀　高槻市立しろあと歴史館蔵

第一章　戦国の幕開けと国人たち

摂津をめぐる四つの「世界」

戦国時代の摂津《せっつ》国には、四つのエリアがあった。古代以来の行政区分の郡《ぐん》ではなく、生活のなかで人々が「郡」だと感じたエリアである。地形や交通路にオリジナリティがあり、それぞれの勢力にも異なるカラーをもたらした（今谷一九八六、天野二〇一五）。どのようなルーツから、高山右近《たかやまうこん》と中川《なかがわ》清秀《きよひで》が大名へと成長していったのかを探るうえでも、戦国の「郡」はポイントになる。

当時の記録には、上《かみ》郡と下《しも》郡、欠《かけ》郡が登場する。また、清秀の子孫が七万石の藩主となった豊後《ぶんご》岡《おか》藩（大分県竹田市）が編纂した『中川氏御年譜《なかがわしごねんぷ》』（以下、『中川年譜』と略）には、北《きた》郡というエリアがみえる。本書は、この四つの「世界」を紹介するところからはじめたい。

摂津国域は東西に長く、北は丹波《たんば》国に続く北摂山地《ほくせつさんち》、南は大阪平野が広がる地形となる。北東では京都が所在する山城《やましろ》国に接し、羽柴秀吉《はしばひでよし》と明智光秀《あけちみつひで》が衝突した山崎《やまざき》合戦の舞台・山崎地峡《ちきょう》から淀川《よどがわ》が流れ込んで大阪湾へと注ぐ。淀川では京都と西国、さらには遠く海外を結ぶ舟運が発達し、豊富な物資と人、情報の行き来を可能とした。

北摂山地からは、南の大阪平野に向かって千里《せんり》丘陵《きゅうりょう》が突き出し、古代には京都を起点に九州大宰《だざい》府《ふ》（福岡県太宰府市）を終点とした山陽道《さんようどう》の後身・西国街道《さいごくかいどう》（湯山《ゆやま》道、播磨大道《はりまだいどう》）がその上を西へと横断した。この丘陵の東側が「上郡」（行政区分では島上《しまかみ》・島下《しましも》郡）、西側が「下郡」（豊島《てしま》・川辺《かわべ》・武庫《むこ》・兎原《うばら》・八部《やたべ》郡）とされ、上郡では守護《しゅご》、下郡では地元の国人《こくじん》が力を振るった。

戦国の摂津では、有馬《ありま》郡を除いて細川《ほそかわ》氏の惣領家《そうりょうけ》が守護をつとめた。細川氏は、室町幕府《むろまちばくふ》の足利将軍家《あしかがしょうぐんけ》の一門で、惣領家は代々が称した「右京大夫《うきょうだいぶ》」の唐名《とうみょう》「京兆《けいちょう》」の名で呼ばれた（以下、「京兆家《けいちょうけ》」と略）。将軍を補弼《ほひつ》する管領《かんれい》に就く家柄で、京都に接した摂津・丹波の守護を兼ねる。このため、応仁《おうにん》の乱《らん》以降に各地の守護が在国をはじめるなかでも京兆家は京都にいること（在京）を志向し、京都に近い上郡を重視した。この上郡で、右近と清秀は大名となる。

下郡では、東部の猪名川《いながわ》流域を拠点とする国人の池田《いけだ》氏と伊丹《いたみ》氏が力を伸ばし、兵庫津《ひょうごつ》（神戸市兵庫区）や尼崎《あまがさき》（兵庫県尼崎市）という港町が発達した。清秀は、池田氏の家臣として経歴をスタートさせる。

下郡と丹波との間の北摂山地は、東から能勢《のせ》郡、川辺郡北部、有馬郡となる。有馬郡は有馬氏（播磨守護の赤松《あかまつ》氏庶流）を分郡守護とする異色のエリアだが、一帯は古代に摂津源氏が発祥した多田荘《ただのしょう》ゆかりの地で、村々には源氏の祖霊を祀る多田神社（兵庫県川西市）に奉仕する多田院御家人《ただいんごけにん》が存在した。また、川辺郡北部とおそらく能勢郡では、十五世紀半ばまで京極《きょうごく》氏が守護権を行使した。『中川年譜』では、天正七年（一五七九）の織田信忠《おだのぶただ》による有馬・能勢郡への侵攻を「北郡征伐」と称し

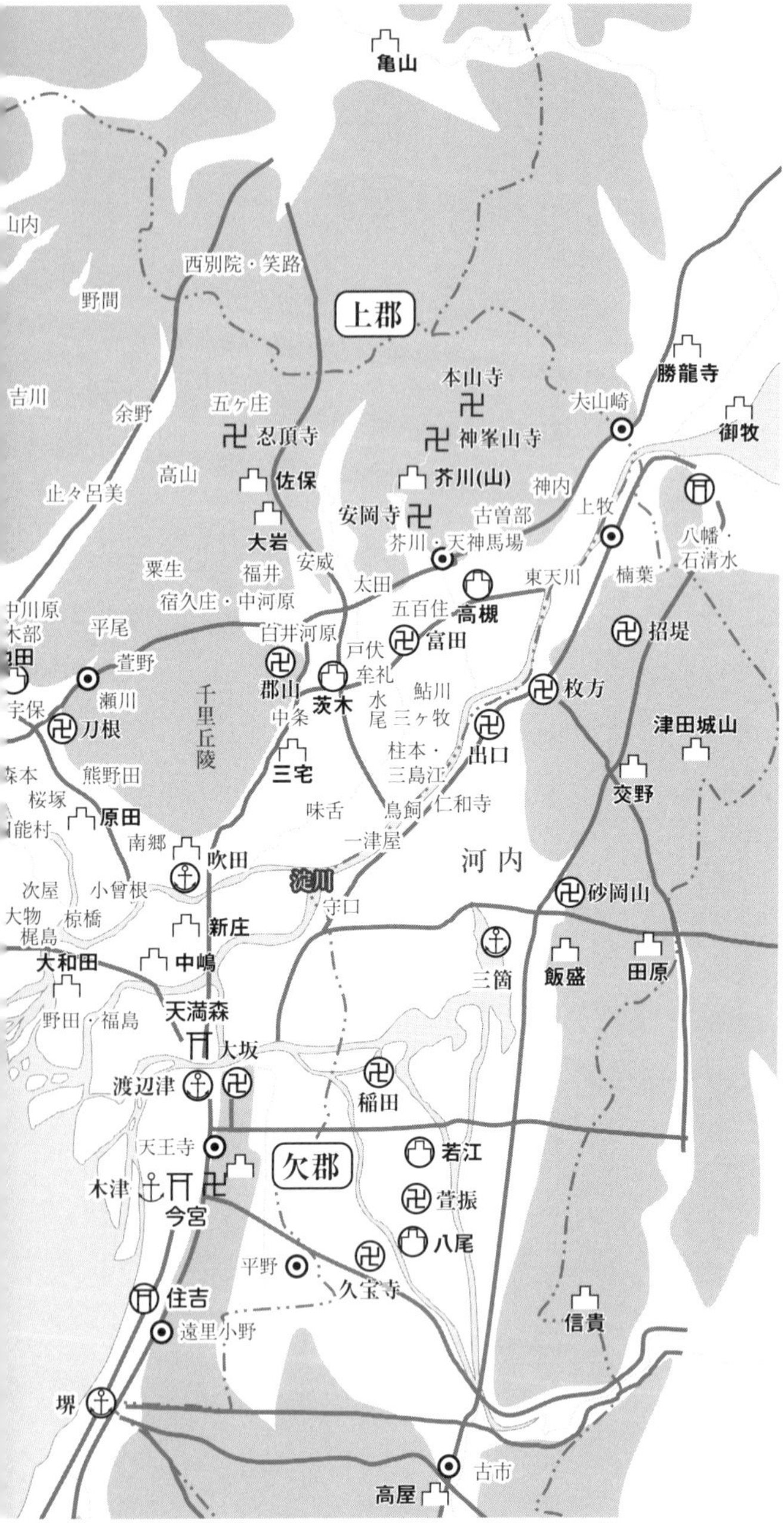

亀山
西別院・笑路
上郡
野間
本山寺
勝龍寺
吉川
余野
五ヶ庄
忍頂寺
大山崎
御牧
神峯山寺
高山
佐保
芥川(山)
神内
止々呂美
上牧
安岡寺
古曽部
大岩
芥川・天神馬場
八幡・石清水
栗生
福井
安威
東天川
楠葉
宿久庄・中河原
太田
五百住
高槻
平尾
白井河原
招堤
戸伏
富田
萱野
郡山
茨木
牟礼
鮎川
枚方
瀬川
千里丘陵
中条
水尾
三ヶ牧
刀根
津田城山
出口
柱本・三島江
熊野田
三宅
交野
桜塚
原田
味舌
鳥飼
仁和寺
南郷
一津屋
吹田
河内
淀川
砂岡山
次屋
小曾根
守口
大物
椋橋
新庄
梶島
大和田
中嶋
三箇
飯盛
田原
天満森
野田・福島
大坂
渡辺津
稲田
天王寺
若江
欠郡
木津
萱振
今宮
八尾
平野
久宝寺
住吉
信貴
遠里小野
堺
古市
高屋

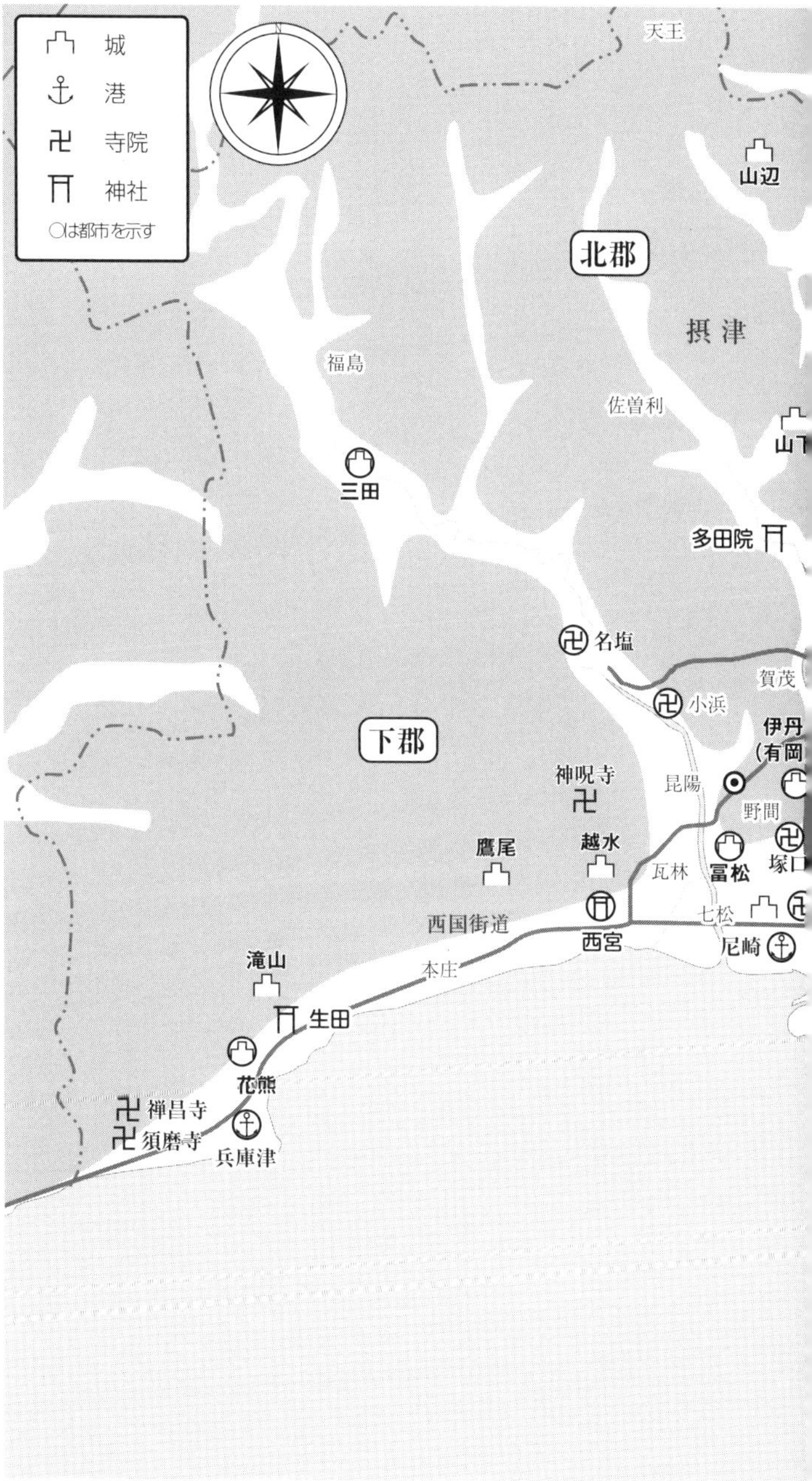

図１　戦国時代の摂津国関係図

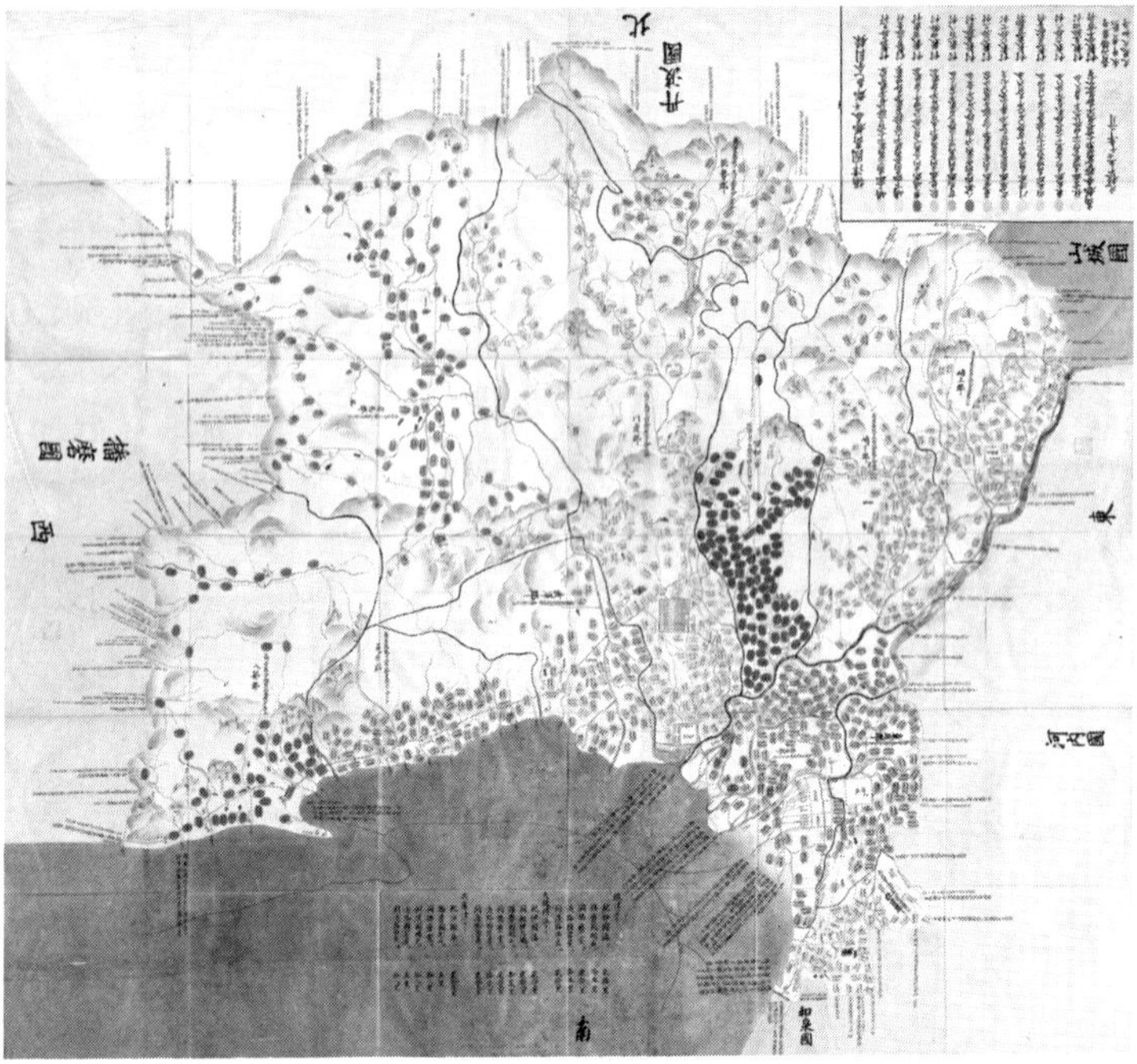

「元禄国絵図」に描かれた摂津国　国立公文書館蔵

ているので、本書でも、下郡と丹波の間に広がる特徴的な山間部を「北郡」と呼びたい。

淀川（大川《おおかわ》）以南の西成《にしなり》（中島《なかじま》）・東生《ひがしなり》・住吉《すみよし》郡にあたるエリアが「欠（闕）郡」である。大小の河川が織り成すデルタ地帯に、南から上町台地《うえまちだいち》が突き出し、古代以来の四天王寺《してんのうじ》と門前（大阪市天王寺区）、大川べりでは港町の渡辺津《わたなべのつ》（同中央区）が栄えた。

戦国時代には、大川を見下ろす上町台地の端に浄土真宗《じょうどしんしゅう》（以下、「真宗」と略）の本山・大坂本願寺《おおさかほんがんじ》と巨大な寺《じ》内町《ないちょう》が出現。西成郡の分郡守護である細川典厩《てんきゅう》家（京兆家の分家）や河内《かわち》守護畠山《はたけやま》氏と関係が深いエリアで、和泉《いずみ》国や紀伊《きい》国と一括して「南方《なんぽう》」と呼ばれることもあった。大阪湾岸を代表する港町の堺《さかい》（堺市堺区）も、一部は欠郡に含まれている。

謎が多い中川清秀のルーツ

右近と清秀には、およそ十歳の年齢差がある。先に生まれたのが清秀で、天文十一年（一五四二）に摂津で生まれ、幼名は虎之助《とらのすけ》を称したという。このように記述する『中川年譜』は、豊後竹田（大分県竹田市）の清秀の子孫を藩主とする岡藩が清秀二百回忌の天明二年（一七八二）から編纂をはじめた中川家の正史で、文化年間（一八〇四～一八一八）と幕末～明治時代に撰定の二種類が伝存する。

『中川年譜』は、清秀の事跡を知る基本文献である一方、後世の編纂物という限界がある。家臣の序列には編纂時の「お家事情」が反映し、清秀が出世する転機となった郡山《こおりやま》合戦（白井河原《しらいがわら》の合戦）の年代を誤る大きなミスもある。ただし、現存する「中川家文書」のほか、散逸したと思われる複数の清秀関係文書を収録する（竹田市教育委員会二〇〇七）。過信は禁物だが、『中川年譜』を参考、引用したい。

寛永二十年（一六四三）の『寛永諸家系図伝《かんえいしょかけいずでん》』によると、天正十一年（一五八三）に羽柴秀吉と柴《しば》田勝家《たかついえ》が衝突した賤ヶ岳《しずがたけ》の合戦で清秀が戦死した際、その年齢は四十二歳であった。『寛永諸家系図伝』は、徳川《とくがわ》幕府が諸大名・旗本《はたもと》が提出した系図を元に官撰《かんせん》した系図集で、『中川年譜』よりも成立が早い。

ここでも清秀の生年を天文十一年としている。

巷間の書物や通説によれば、中川氏は摂津国島下郡中河原《なかがわら》（大阪府茨木市）の土豪《どごう》である。中河原は、勝尾寺川《かつおじがわ》が取り巻く平地の小さな村で、集落内を西国街道が通る。近くに千里丘陵が迫り、北摂山地とも近い。しかし、清秀のルーツは中河原の土豪説だけではないようだ。

『中川年譜』では、源頼光《みなもとのよりみつ》にはじまる多田源氏を清秀のルーツとする。南北朝の内乱で源清深《きよふか》が南朝《なんちょう》方につき、「摂津国豊嶋郡中川村」に居住して中川を名字とした。ここから八代を経た中川清村《きよむら》の嫡男清照《きよてる》が「京都桂川《かつらがわ》」で戦死したため、高山重利《しげとし》の次男佐渡守重清《しげきよ》を婿養子に迎えたという。この重清の子が摂津生まれの清秀であった。弘治〜永禄年間の初め（一五五〇年代後半）、中川氏は「摂州中河原辺」を知行するのみとなったが、清秀が摂津国人池田勝正《かつまさ》の下で領地を広げたとする。

一方、『寛永諸家系図伝』では、清秀の生国を山城国とする。後発の『中川年譜』は、この説を疑わしいと一蹴したが、その根拠は「摂州島下郡中河原村」に父重清や祖父清村の住居跡が伝承されるためであった。この伝承は『中川年譜』作成に際し、岡藩士が聞き取った成果だが、疑う余地もある。というのは、大名家との関係を手がかりに地位上昇を図る当時の村人がいたからである。その作為が岡藩士のニーズと合致し、中河原の土豪説に至ったことが想定できる（馬部二〇一六）。また、『中川年譜』でも、清秀が知行した中河原を「島下郡」と強調する一方、先祖は「豊嶋郡中川村」に居住したと矛盾したような書きぶりである。実は、豊島郡にも中川原村（池田市中川原）が存在する。

元禄十五年（一七〇二）に新井白石《あらいはくせき》が甲府藩主徳川綱豊《つなとよ》（後の将軍家宣《いえのぶ》）に上呈した歴史書『藩翰《はんかん》譜《ふ》』によれば、清秀の父重清は常陸《ひたち》国の住人で、上洛後に摂津へ赴き、中川左衛門尉某の養子になったという。『藩翰譜』も『中川年譜』より成立が古いが、記述はこれだけである。

整理すると、清秀のルーツ（中川氏の拠点）をめぐる説は、①山城国（『寛永諸家系図伝』）、②常陸国（『藩翰譜』）、③摂津国島下郡中河原（『中川年譜』）、④摂津国豊島郡中川原（『中川年譜』）の四つとなる。いずれの説も確証はなく、現時点で指摘できるのは、早くに中川氏のルーツが分からなくなっていたという事実である。引き続き、摂津の戦国史のなかで中川氏のルーツを考えてみたい。なお、清秀と右近を従兄弟とする説もあるようだが、これも不詳である。

さて、一般に知られる「清秀」という諱《いみな》（実名）と「瀬兵衛」という通称は、一次史料で確認できる。しかし、諱が確かな史料に確認できない戦国武将もいる。その一人が右近である。

高山右近のルーツをたどる

宣教師《せんきょうし》ガスパル・コエリョは、一五八二年二月十五日付けの「一五八一年度日本年報」において、右近を「二十八歳の若者」と記した。およそ、右近は天文二十一年（一五五二）頃の生まれとなる。幼名は、宣教師ルイス・フロイスによる一五七三年の書簡に「Ｆｉｃｏｇｏｒｏ」とあり、通説では「彦五郎《ひこごろう》」の字を当てる。洗礼名は、ジュスト（Ｊｕｓｔｏ）。右近は、この音を「重出」「寿子」「寿須」「寿」

の文字に当てた。ラテン語読みの「ユスト」と表記する場合もあるが、本書では右近自身が表音したポルトガル語読みの「ジュスト」を尊重したい。

　右近の諱は、『中川年譜』や右近が客将となった加賀前田《まえだ》家の諸記録では「長房《ながふさ》」、『太閤記《たいこうき》』では「重友《しげとも》」とする。ただし、右近の発給文書に確認できるのはジュストのみで、後年は「南坊《みなみのぼう》」「等《とう》伯《はく》」という号を使った。同時代の記録でも、彼は右近としか呼ばれないため、本書でも右近で通す。なお、文書上では、右近も右近允・右近助・右近亮と変遷し、天正十五年（一五八七）には大蔵少《おおくらしょう》輔《ゆう》という官途を受領している（中西編二〇一四）。

　右近の父親は高山飛騨守《ひだのかみ》といい、図書《ずしょ》とも称した。諱は「友照《ともてる》」とされるが、やはり史料では確認できない。右近を洗礼《せんれい》に導いたキリシタンで、洗礼名をダリヨという。飛騨守は、この音を「大慮」という文字に当てた（「本山寺文書」）。一五七六（七七）年八月二十日付けのフロイス書簡には、「ダリオはすでに五十歳を過ぎ」とある。おそらくは、大永年間（一五二一〜二八）の生まれなのだろう。

　右近の出生地について、かつて片岡弥吉氏は①摂津国高山（大阪府豊能町）、②大和国沢（奈良県宇陀市）、③摂津国高槻《たかつき》（大阪府高槻市）の可能性をあげ（片岡一九三六）、さらに④近江国甲賀《こうか》郡高山（滋賀県甲賀市）説もあった。ヨハネス・ラウレス氏は、「一六一五年度日本年報」が飛騨守を摂津高山出身の古い名誉ある武家の出とし、フロイスが飛騨守の母が高山《たかやま》で受洗した経過を報じた事実をふまえ、①説を採った（ラウレス一九四八）。松田毅一氏も、宣教師ルイス・フロイスが飛騨守の郷里として逃れた事実や右近が隣接する余野《よの》（大阪府豊能町）から妻を迎えたことなど多くの論拠から、①説を採る（松田一九六七）。

松田氏によれば、②は永禄三年（一五六〇）に飛騨守が入る沢城《さわ》（奈良県宇陀市）の所在地であるが、それ以前は国人沢氏の領地であり、③も同じく国人入江《いりえ》氏の拠点であったため、ともに右近生誕の条件はない。④も右近の子孫という家の系図にみえるものの、宣教師が飛騨守と和田惟政《わだこれまさ》を親しい友人とする他に傍証がない。後年の教会関係者の記録には、沢守明《もりあき》なる人物と和田惟政、そして飛騨守を兄弟とする話もあるようだ（片岡一九三六）。しかし、同時代の宣教師は、飛騨守と惟政の家族を明確に書き分け、沢氏との関係などは一切記述していないので、兄弟説も荒唐無稽である。右近のルーツは、以下で取り上げるような摂津高山の土豪にあった。

応仁の乱勃発に巻き込まれた国人たち

清秀の文献上における初出は、元亀元年（一五七〇）六月の国人池田氏の家中《かちゅう》における「池田二十一人衆」の一人としてであった（「中之坊文書」）。また、右近の妻ジュスタの母マリアも池田氏の出身であった（『日本史』第一部三九章）。一方、右近の父飛騨守は和田惟政に仕え、池田氏と鋭く対立することになる。

二人が摂津の大名となる道のりにおいて、国人たちの動向は無視できず、最終的には両者を生み出

『本朝百将伝』に描かれた細川勝元　当社蔵

す母胎となった。また、国人が台頭し、地域社会に存在を示す足跡は、高山・中川氏周辺の人々に重なる。そこで本章では、右近誕生の約七十五年前、清秀誕生の約六十五年前まで歴史を遡りたい。およそ、本章では京都で応仁の乱が勃発した応仁元年（一四六七）から、乱が収束した後の文明十年（一四七八）頃までを取り上げ、池田氏を中心とした摂津国人と周辺の動きを取り上げていく。

応仁の乱は、各地の守護家の分裂や幕府内の勢力争いなどを原因とし、全国の武家が京兆家の細川勝元《かつもと》率いる東軍と山《やま》名《な》宗全《そうぜん》率いる西軍とに分かれた。将軍家も分裂し、室町幕府は全国政権としての力を失う。勝元は摂津守護であり、いきおい国人らは大乱に巻き込まれた。

応仁元年五月十六日、後に関白《かんぱく》・太政大臣《だじょうだいじん》となる近衛政家《このえまさいえ》は、下郡の国人池田充正《みつまさ》が馬上十二騎、野武士《のぶし》千人ばかりの軍勢を率いる姿を自邸の門前で見物している（『後法興院記《ごほうこういんき》』）。そして二十六日、洛中の各所で二十数万という東西陣営が衝突する。勝元は室町将軍邸を本陣に、攻撃正面に有力被官の薬師寺元長《やくしじもとなが》・長盛《ながもり》の兄弟が率いる摂津勢が布陣、上京《かみぎょう》の百々《どど》（京都市上京区）には上郡の国人三宅《みやけ》・吹田《すいた》・茨木《いばらき》・芥川《あくたがわ》氏らが陣を置いた。そして鬨《とき》の声を合図に、細川一族のほか、東軍方の武《たけ》

神内山の付近　大阪府高槻市

田《だ》・赤松・斯波《しば》氏らの諸勢が西軍方へと攻めかかる（『応仁記』）。大乱の勃発に、摂津国人は参加した。

緒戦は東軍優位であったが、やがて西軍が立て直し、七月に西軍の大内政弘《おおうちまさひろ》が率いる二万の大軍が大阪湾岸を代表する下郡西部の港町・兵庫津に上陸する。東軍は京都で総攻撃に踏み切るが、二十五日には北郡の国人能勢頼弘《よりひろ》と弥次郎《やじろう》が戦死（「能勢家文書」）。摂津を横断して京都に向かう大内勢に対し、勝元は摂津守護代秋庭元明《あきばもとあき》を派遣、国人らが迎撃態勢をとった。

翌八月に大内勢が動くと、たちまち秋庭氏が率いる軍勢は打ち破られた。池田氏は降参し、秋庭氏に恨みを抱く上郡の三宅氏も大内方に転じた（『応仁記』）。上郡の芥川氏や入江氏は神《こう》内山《ないやま》（大阪府高槻市）で戦い（「野田泰忠軍忠状《のだやすただぐんちゅうじょう》」）、東軍の赤松氏らが摂津防衛を図るも、池田氏の内通によって二十四日、大内勢が入京したという（『後法興院記』）。

奈良興福寺《こうふくじ》の大乗院門跡《だいじょういんもんぜき》経覚《きょうがく》は、文明元年（一四六九）、三十六人の摂津国人が大内方になったと記す。しかし、摂津では池田氏が池田城（同池田市）を奪還し、大内氏が大半を押さえるなかでの抵抗をはじめる（『経覚私要抄《きょうがくしようしょう》』）。この後、大内勢が池田城を攻め落とし、摂津が大混乱との風聞《ふうぶん》（うわさ）が奈良で流れるが（『大乗院寺社雑事記《だいじょういんじしゃぞうじき》』）、池田城は持ち堪えていた。

勝元配下の薬師寺長盛と四宮宗能《しのみやむねよし》は、上郡の安照寺《あんしょうじ》城（同高槻市）で敗れた後も忍順（頂）寺城（同茨木市）に籠もる。徐々に東軍方が形勢を挽回し、十月には兵庫で大内勢を破って池田城の囲みも解かれた。この年末には、東軍方が大内方に転じた三宅氏の三宅館（同市）を落とし、薬師寺長盛らが翌文明二年五月に茨木城を攻略（「野田泰忠軍忠状」『大乗院寺社雑事記』）。茨木城への攻撃は、国人茨木氏が三宅氏と同様、大内方になっていたためかもしれない。

一連の戦功により、勝元は文明三年、薬師寺元長を摂津守護代とした。薬師寺氏は摂津国人ではなく、本来は守護の下で働く吏僚的な武士であった。ルーツは下野国小山《おやま》氏の支族にあり、鎌倉幕府に仕えた歴史を持つ。元長は文明五年十一月、摂津で池田氏と武力衝突を起こす（『大乗院寺社雑事記』）。理由は不詳だが、池田氏との間で何かが起きていた。

権門をも脅かす池田氏

応仁の乱以降の摂津では、国人池田氏の動向が際立っている。池田氏は、土地や富を手に入れ、勢力拡大の只中にあった。以下では池田氏を事例に、当時の摂津国人を取り巻く動きをみていこう。

池田氏の歴史は、鎌倉時代に遡る。藤原姓を称し、北郡から流れ出る猪名川の渓口左岸の豊島郡池田を本拠とした。上郡と下郡の境目に立地し、周辺地域の土豪や村人の信仰を集める山の寺の勝尾寺

（大阪府箕面市）には一族が入っている。室町時代の池田氏は摂津守護の赤松氏、その後は京兆家の被官となった（丹生谷一九九七）。

上郡と下郡の境目にあたる千里丘陵には、奈良の春日社《かすがしゃ》が多くを領する垂水東《たるみひがし》・西牧《にしのまき》という広大な荘園が広がっていた。このうちの垂水西牧は、池田から南東に約四km離れた場所に位置し、内部はさらに北郷と南郷に分かれている。春日社は、摂関家を核とする藤原氏の氏神《うじがみ》・氏寺《うじでら》として、大和守護を自認する興福寺と一体であった。この寺社は、権門体制《けんもんたいせい》と評される武家・公家・大寺社を軸とした中世の国家権力そのものであり、摂津ではほかにも数多くの荘園を有していた。

文安四年（一四四七）、池田惣領家の当主池田充正は、垂水西牧に属した桜《さくら》井《い》荘（郷）（同豊中市）の代官職を手に入れようと、公家の万里小路時房《までのこうじときふさ》に接触する（『建内記《けんないき》』）。池田氏は周辺地域に徐々に勢力を扶植しはじめるが、その手法の一つは高利貸しであった。大干ばつが襲った長禄三年（一四五九）、垂水西牧の北郷を預かる社家大東氏は、年貢の穴埋めに西牧北郷の原田《はらだ》荘代官職を担保とし、池田氏から数百貫文を借り入れた。この借金の返済滞りをきっかけに、池田氏は原田荘の私領化を図っていく。

寛正二年（一四六一）五月、原田荘に打たれた杭が引き抜かれるという事件が起きた。犯人は、池田氏とつながる田能村《たのむら》大和守である（『大乗院寺社雑事記』）。田能村氏は、原田荘の西に位置する田能村荘（兵庫県尼崎市）の土豪で、大和守は細川勝元の被官であった。後に中川清秀に仕え、豊後岡藩士となる田能村氏の先祖にあたる。原田荘と田能村荘の間には、久米井《くめい》と呼ぶ用水をめぐる争いがあり、興福寺では池田氏から原田荘を取り戻すべく幕府に訴訟を起こし、その結果、杭は荘園の境に打たれたばかりであった。

池田充正は、興福寺領の桜井郷（大阪府豊中市）でも代官に金を貸し、やはり私領化を進めていた。興福寺は幕府に大和守の死刑と没収した所領の寄進を求め、充正の行為も不当と訴える。この訴訟には興福寺の別当《べっとう》経覚も加わり、神木《しんぼく》の上洛までが沙汰される騒ぎとなった大訴となった。その結果、幕府は充正に桜井郷の返却を命じるが、逐電《ちくでん》した大和守の闕所地は勝元が押さえてしまう。

これを不服とした興福寺は、田能村に構えられていた城を放火し、神木を立てると気勢をあげた。田能村荘は、伊丹市域にまで広がる橘《たちばなの》御園《みその》という荘園の一部で、現地では大和守を支持する人々が蜂起していた。これを勝元は鎮圧し、闕所地の一部を春日社領とすることで手が打たれた。大乗院門跡尋尊《じんそん》によれば、この鎮圧は神罰にあたる。

摂津では、田能村氏のような土豪を中心に村々が結集しようとしていた。これに対し、領主の興福寺は、権門の政治力と神威という伝統的な宗教的制裁によって封じ込めを図る。田能村氏の行動には、自らの生活地域を守るため、興福寺に挑むような一面があったに違いない。

宗教支配の実行力は想像しづらいが、大和国では年貢の未進への制裁として、国人らの名字を書いた紙片を春日社頭などに籠めて呪詛《じゅそ》する「籠名《こめみょう》」が行われていた。大和の武士たちは興福寺の僧侶や春日社に属した神人《じにん》の身分を持ち、籠名はその立場を危うくする。このため、彼らは興福寺の権威に妥協し、精神的にも飲み込まれていく（安国二〇〇一）。摂津では、興福寺や春日社が領主であっても身分を束ねる存在ではない。ただし、やはり宗教的な支配が人々の心に根を下ろし、脅威を与えたことは想像できる。

寛正二年の原田荘をめぐる事件では、興福寺の存在が田能村荘民を悩まし、反対に原田荘民に恩恵を授けた。興福寺がとった行動の理非は判断できないが、土豪らが権門と対峙した際、その壁ははるかに高い。それでも田能村氏の後ろに池田氏がいたことは、国人が土豪や村々の受け皿になっていたことを示すように思う。その背景には、権門の支配をも脅かす池田氏による富の集積があった。

池田氏の富貴の源泉

文正元年（一四六六）閏二月、京都の相国寺蔭凉軒《しょうこくじいんりょうけん》の僧侶で、幕政に力を振るう季瓊真蘂《きけいしんずい》は、有馬温泉（神戸市北区）へと湯治《とうじ》に向かう。偶然、池田充正も湯治中で、充正には貸付けの利子収入が一ヶ月で一千貫（現在の約八千万円）、別に一年間で米一万石の収入があるとの話を聞いた。僧侶の自身は富貴に無関心と述べるものの驚嘆は隠せず、池田氏を「富貴無双《ふうきむそう》」と記した（『蔭凉軒日録』）。

後の文明十九年（一四八七）、大乗院門跡の政覚《せいがく》は有馬温泉からの帰路、尋尊とともに池田一族の館を目にし、その富貴な有様に驚いている（『政覚大僧正記』）。池田氏の財力の源は、池田周辺の地理

池田城　大阪府池田市

条件と交通の便にあったと思われる。西に猪名川という大きな河川が流れ、有馬道とも呼ぶ摂津東西の基幹陸路と交差した。猪名川は北郡に流れを発し、大阪湾の港町の尼崎や大物《だいもつ》（ともに兵庫県尼崎市）への水運が想像できる。土地経営に加え、池田氏は流通にも関与するなど、経済活動を展開した。そして、この場を見下ろす台地上に池田城を整備していく。

富を手にした池田氏は、興福寺の支配を揺るがし、垂水西牧以外でも権門の荘園に触手を伸ばす。文安五年（一四四八）八月には、池田の北に接する鷹司《たかつかさ》家領細川荘（大阪府池田市）の本家職《ほんけしき》分の年貢納入を充正が請け負った。鷹司家に仕える中原康富《なかはらやすとみ》は残念と唸り、沙汰をした人物を佞臣《ねいしん》と憤る（『康富記』）。文明十二年（一四八〇）には、前関白・太政大臣の一条兼良《いちじょうかねよし》が家領の島下郡太田保（同茨木市）の一部を充正に売却したと記している（『桃華蘂葉《とうかずいよう》』）。

また、近衛政家が文明十一年に家領の状況をまとめた『雑事要録《ざつじようろく》』によれば、池田の南西に位置する賀茂《かも》（兵庫県川西市）と同成安名《なりやすみょう》の代官を池田民部丞《みんぶのじょう》、細川荘内中川原の代官を池田若狭守《わかさのかみ》が請け負っていた。『中川年譜』が清秀の祖が居たとする豊嶋郡中川村とは、この中川原を指すのではないか。

池田氏は「正」を諱の通字とし、惣領家が「筑後守」を称した（天野二〇一五）。このほか、池田一族には若狭守や民部丞などを称する多くの庶子家が存在し、充正には民部丞を名乗る子がいた（『蔭凉軒日録』）。応仁の乱の直前、充正は馬上十二騎、野武士千人の軍勢を京都で率いたことはすでに述べたが、この馬上の人々とは一族の面々ではないか。一方の野武士とは金銭で雇われた傭兵である。千人とは数が多すぎるが、池田氏は蓄えた富を投じて守護の軍勢動員に応えていたと想像される。

さて、田能村大和守の扱いと充正の荘園押領が興福寺の大問題となったのは、寛正二年（一四六一）のことであった。事態が収まると、興福寺は騒動の原因である充正への借金を作った代官を赦免した。あまりに都合がよすぎる興福寺に対し、細川勝元は翌年九月に充正への負債返還か、できなければ代官に任命すべきと申し入れる。背後では、充正が動いていたのだろう。大乗院門跡の尋尊は、代官の件は論外とするものの、勝元の言い分はもっともとの感想を漏らしている（『大乗院寺社雑事記』）。しかし、興福寺が聞き入れることはなかった。

その後の出来事は、文明十年八月に興福寺多聞院《たもんいん》の宗芸《そうげい》が書き記している（『多聞院日記』）。桜井郷は、成身院陽舜房《じょうしんいんようしゅんぼう》という寺僧が沙汰するようになった。しかし、この陽舜房も充正から借金をし、再び桜井郷は質となった。苦慮する興福寺は、守護代薬師寺元長に十貫文を贈って充正との交渉を依頼し、何とか取り返す。興福寺は喜びのあまり、元長へ別に十貫文を贈ったという。なお、成身院陽舜房といえば、応仁の乱のキーマンとなった大和武士・筒井《つつい》一族の成身院陽舜房光宣《こうせん》が知られる（文明元年に死去)。両人は、同一人物なのだろうか。

やがて池田氏の勢いは、ほかの荘園にも及ぶ。多聞院宗芸が一連の顛末を記したとき、摂津の上郡は戦の只中にあった。若き細川政元《まさもと》が三宅氏の籠もる三宅城を攻撃していたのである。続いては、この国人三宅氏周辺を取り上げたい。

畠山義就に従った三宅氏

前年の文明九年(一四七七)九月の京都では、足かけ十一年に及んだ応仁の乱が収束しつつあり、東西陣営に和睦ムードが広がりつつあった。すでに細川勝元と山名宗全が世を去り、京兆家の当主は勝元の子で弱冠十二歳の政元が継いでいた。しかし、乱の終結に畠山義就《よしひろ》が異を唱えた。

畠山氏は、将軍家一門の幕府管領となる家柄で、摂津に接した河内に加え、紀伊と越中《えっちゅう》の守護を兼ねた。だが、応仁の乱以前に継嗣問題がこじれ、家中が畠山政長《まさなが》派と義就派に分裂。乱では義就が驍将《ぎょうしょう》ぶりを発揮したが、世間の支持は政長へと向かう。そこで義就は河内に下向し、実力支配を開始した。これは摂津の人々にとって他人事ではなく、義就の勢いは欠郡から上郡南部の淀川沿い一帯へと及んだ。

三宅氏は、後に右近と清秀の双方に被官を輩出する上郡の国人で、「村」を諱の通字とする。淀川に近い三宅荘(大阪府摂津市・茨木市)に城を構え、惣領家が「出羽守」を称した(岡田一九七七)。周辺は河内との関りが深く、文和元年（一三五二）には出羽左衛門尉が河内国仁和寺荘《にわじ》（同寝屋川市）への進出を図っている（「妙心寺文書」）。明徳三年（一三九二）の相国寺落慶法要《らっけいほうよう》では、京兆家の細川頼《より》元《もと》に氏村《うじむら》が従う一方、河内守護畠山基国《もとくに》にも一族と思しき家村《いえむら》と慶明が従っている（『相国寺供養記』）。

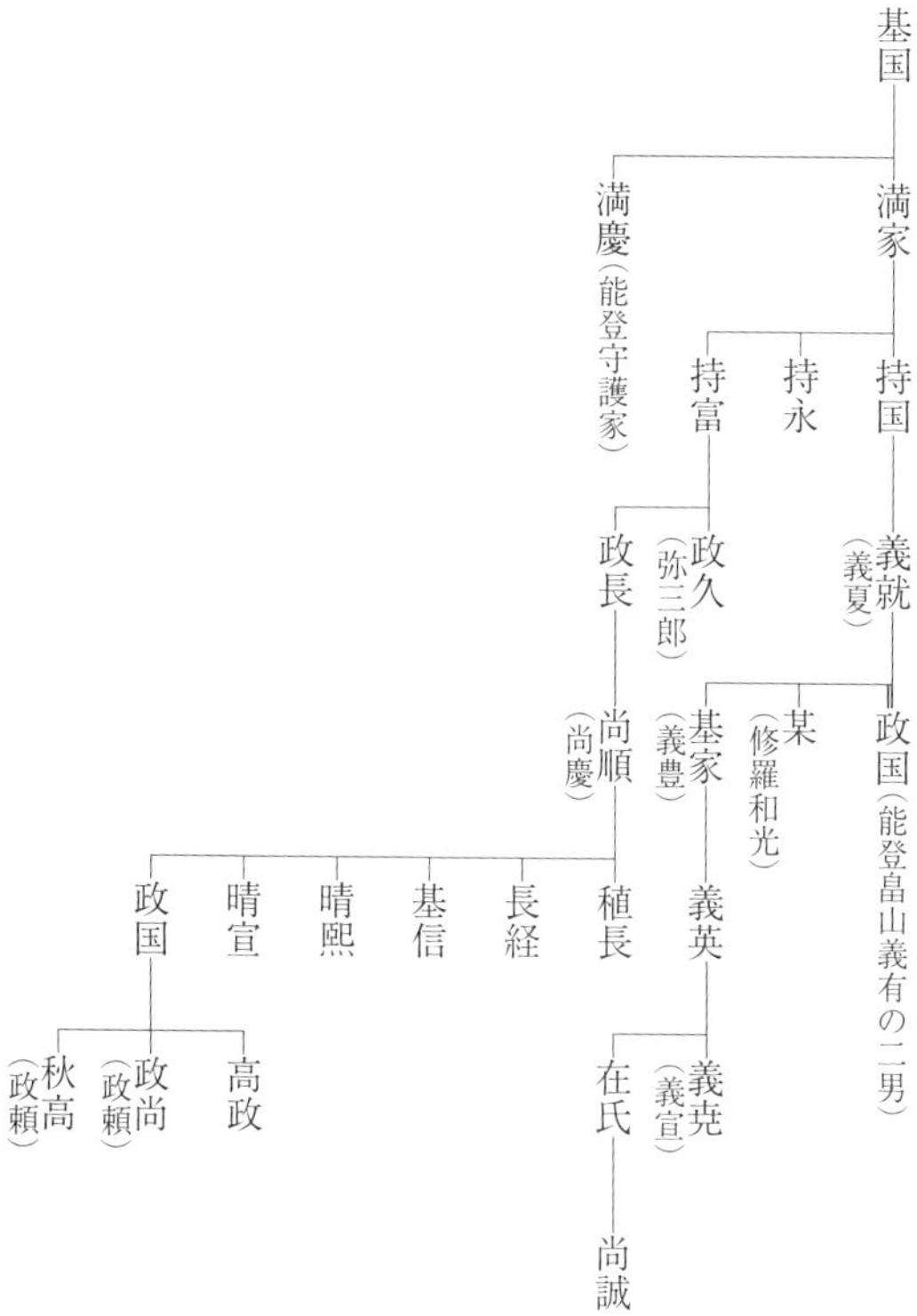

系図１　畠山氏略系図

応仁の乱の後、幕府は寺社領荘園の保護政策をとり、乱以前のあるべき姿への回帰を図る。これに義就が敵視する畠山政長と政元が同調し、寺社領荘園の再興を喧伝《けんでん》した。

三宅荘は興福寺・春日社領の荘園で、三宅一族は興福寺・春日社領で近衛家領でもある近隣の沢良宜《さわらぎ》村や水尾《みずお》村（ともに同茨木市）の代官でもあった。池田氏と同様、三宅氏も私財を投げ打って守護の軍勢動員に応え、興福寺ら権門と対峙することもあったのではないか。応仁の乱中、三宅氏には西軍（大内方）へ転じ、細川勝元から攻撃を受けた過去もある。政元への不満が高まり、三宅氏は「反体制」の義就側に付いたように思う。

文明十年七月、政元は上郡の三宅城を二万の軍勢で攻囲する。この戦には、北郡の国人能勢頼則《よりのり》も参加していた（「能勢家文書」）。一報を受け、義就は内衆《うちしゅう》（有力家臣）の遊佐《ゆざ》氏や誉田《こんだ》氏の軍勢を派遣し、河内守口《もりぐち》（同守口市）に陣を取った（『大乗院寺社雑事記』）。

十一月になると、義就方の大和国人越智家栄《おちいえひで》が兵を引いて政元に赦しを乞うべきとの使者を城内に派遣する。しかし、これは計略で、実際には合力の軍勢が入城したという（『晴富宿祢記《はれとみすくねき》』）。三宅城は、千里丘陵の南に広がる低地に立地する平地の城郭で、この後も幾度か合戦の舞台となっていく。

多聞院宗芸は、三宅城攻め当時の摂津を「摂州錯乱《せっしゅうさくらん》」と形容した。そして、摂津の興福寺・春日社領に半済《はんぜい》という臨時課税の動きがあるとの情報を入手し、興福寺は十月十一日に早速細川政元へ半済停止の命を求め、早々に奉書《ほうしょ》が作成された。そして、一連の状況を記す兵庫津からの書状を飛脚がもたらす（『多聞院日記』）。

半済をめぐるかけひき

兵庫津には、興福寺が徴収権を持つ関所《せきしょ》があり、莫大な利益を得ていた。応仁の乱の渦中、その権限は京兆家らに奪われるが、興福寺にとっては要所に変わりはない。この兵庫津で、京兆家と交渉が行われたのだろうか。奉書の日付は十一日付けである。政元が半済をけしからんとし、停止を命じるという内容であった。そして、十五日に京兆家筆頭の家臣安富元家《もといえ》が摂津へ下向し、国人らを処罰するという（横尾一九八二）。

政元の奉書は、京兆家の奉行人斎藤《さいとう》元右によって伊丹氏と池田氏、そして守護代の薬師寺元長に宛てて出された。池田氏と同様、伊丹氏は下郡の国人である。本拠がある伊丹（兵庫県伊丹市）は、東に猪名川が流れ、大阪湾岸と摂津国内を横断する陸路が集まる台地上に位置した。おそらくは、伊丹氏も交通路と経済活動に関わったことであろう。後に右近と清秀が属する荒木村重《あらきむらしげ》の有岡《ありおか》城（同市）は、伊丹氏がこの台地縁辺部に営んだ伊丹城を改修し、名を変えた居城である。

伊丹氏は、鎌倉幕府の御家人としての歴史を持つ。北郡の能勢氏、後に国人芥川氏に吸収される上郡の真上氏とともに、六波羅探題《ろくはらたんだい》の命を受けた両使遵行《りょうしじゅんぎょう》を実行する摂津を代表する武士であった。およそ伊丹氏の惣領家は「親」を諱の通字とし、「兵庫助」や「大和守」を称した（古野二〇〇七）。

文明十年（一四七八）には、伊丹親時《ちかとき》が春日社領の武庫荘菖原名と生嶋内浜郷（ともに尼崎市）の代官を請け負う（『大乗院寺社雑事記』）。これまでの代官太田氏が年貢を納めず、応仁の乱以来、吹田氏の押領《おうりょう》が続いたことが理由である。太田・吹田両氏は上郡の国人で、先の奉書が宛てられたのは、この親時の可能性が高い。彼も春日社領で力を伸ばそうとしていた。

戦国時代を通じ、伊丹氏は池田氏と対立していく。伊丹氏の本拠である川辺郡伊丹は、同じ猪名川水系の豊島郡池田との間が約三㎞しか離れていない。当時も両氏は対立し、池田充正が進出した桜井郷の土豪川端《かわばた》氏と芝原《しばはら》氏は伊丹城に入った。彼らは充正から「従わないと殺す」と脅されたとして興福寺に訴えるが、伊丹氏に従うほうが得策とも判断したのだろう（『多聞院日記』）。

さて、奉書は春日社領への半済実行の停止を命じたものである。伊丹親時と池田充正は半済を止めることができる、もしくは半済を懸けようとする側の人物だと思われる。そして、残る元長には、わざわざ「当守護代也」と説明が付された。これはなぜだろうか。

京兆家の有力家臣（内衆）を分析した横尾国和氏によれば、今回は安富元家が対応したが、本来は守護代が半済を停止せよとの命であると解釈し（横尾一九八一）、京兆家研究を牽引する古野貢氏もこの見解を支持する（古野二〇〇八）。このため、元家の登場は今回の事案が元長の手に余ったためと理解された。一方で、横尾氏は元長が国人層の被官化を意図し、半済に加担していた要素もあるとも含みをもたせる。奉書を見る限り、両国人と元長の扱いに違いはない。

この後、国人らは連判し、安富元家の守護代就任を承認した（『多聞院日記』）。元長の守護代解任ということだろうか。しかし、元長は以降も守護代としての活動を続けている。元家の守護代就任は、あくまで一時的な措置なのだろうか。この解釈には、前後の摂津をめぐる元長と国人、また、地域社会と京兆家の動きを突き合せる必要がある。

第二章　守護と守護代の狭間で

茨木・吹田氏の没落

本章では、主に春日社領で半済問題が起きた翌年の文明十一年（一四七九）から、細川高国《たかくに》が京兆家を押さえる永正五年（一五〇八）までを取り扱う。この時代、京兆家当主の細川政元は幕府内や畿内をめぐる動向の主導権を握り、一方で薬師寺元長ら評定衆《ひょうじょうしゅう》と呼ばれる有力な内衆との対立を深めた。さまざまな思惑が動くなか、京兆家は細川澄之《すみゆき》、澄元《すみもと》という二人の養子を迎える。

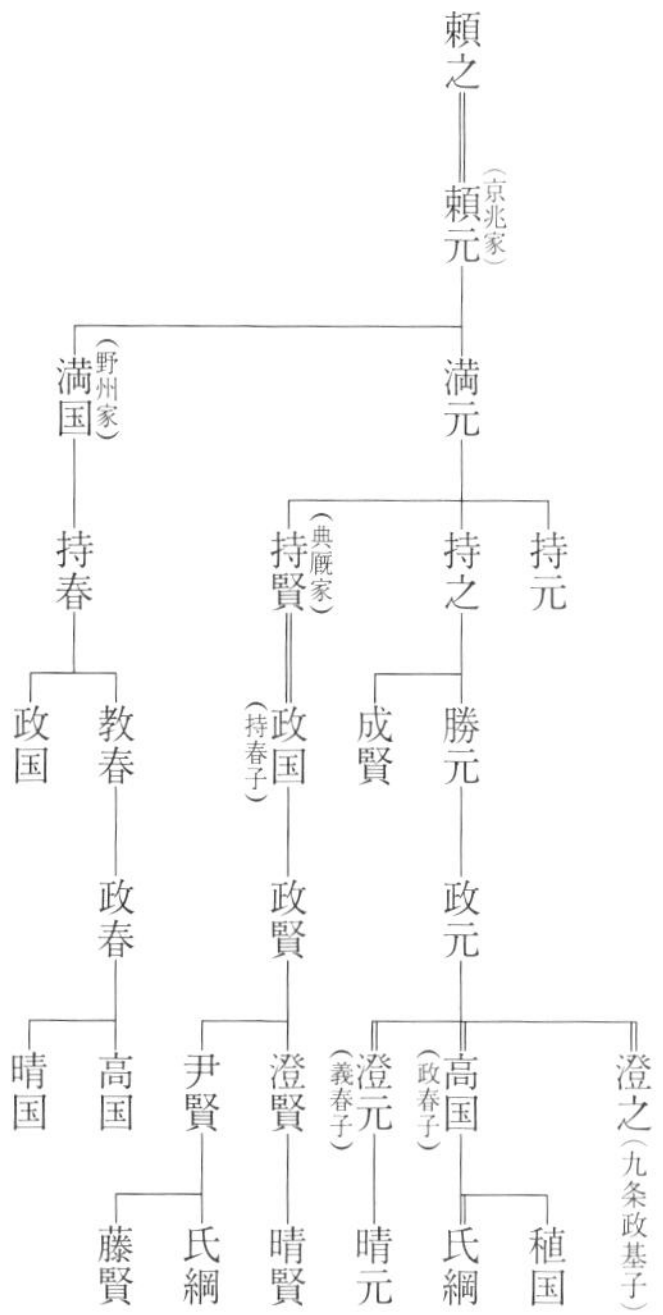

系図２　細川氏略系図

永正元年には、反乱を起こした元長の養子薬師寺元一《もとかず》を政元が死に追いやるが、同四年には自身が暗殺されてしまった。このような守護と守護代の権力争いは、国人や高山氏らの土豪、そして周囲の村人までをも巻き込んでいく。

さて、文明十一年の閏九月、摂津国

人らが寺社の荘園支配を認めないことを取り決めたと大乗院門跡尋尊は記す（『大乗院寺社雑事記』）。国人らが寺社領荘園の保護を標榜する政元の姿勢に反したというのである。研究上、この守護に抵抗する国人の動きは「摂津国一揆《せっつのくにいっき》」とも呼ばれる（今谷一九八五）。しかし、政元がただちに対策を講じた形跡はない。

文明十四年三月になると、政元は寺社本所領の再興を掲げ、河内の畠山義就に与《くみ》した国人を成敗するために畠山政長と摂津へと出陣し、手はじめに上郡の三宅城を没落させた。やはり三宅氏は義就と結び、政元に抵抗していたのである（『後法興院記』）。政元と政長は、吹田（大阪府吹田市）や茨木（同茨木市）に陣を置くが、七月には義就が欠郡、政元らが河内十七か所（同寝屋川市・門真市・守口市周辺）から手を引くことで和議が成立した（『大乗院寺社雑事記』）。この直後の閏七月、政元は攻撃の矛先を国人茨木氏へと向ける。

茨木では、千里丘陵の東裾を縫って欠郡から京都に向かう東西道と、大坂から丹波に向かう南北道が交わる。この古くから開けた地を拠点とする茨木氏は、安富氏や薬師寺氏ら京兆家有力内衆に交じり、犬追物《いぬおうもの》という儀礼に参加していた唯一といえる摂津国人である（『犬追物手組日記《いぬおうものてぐみにっき》』）。ではなぜ、このタイミングで茨木氏は攻撃されたのだろうか。

尋尊によれば、攻撃は政元の命で薬師寺元長が担当し、茨木一族の六、七人が自害した。応仁の乱の後、政元は茨木氏の「緩怠《かんたい》」を理由に所領を没収し、元長に与えていた。茨木氏は存続するも、元長を守護代として認めず、面目を失わせていたという。これが攻撃理由と噂された（『大乗院寺社雑事記』）。

政元は出陣の成功をうたって帰京するが、周囲の反応は冷ややかであった。翌八月には、政元に背いた国人らが詫びを入れるため、自害も覚悟して上洛する（『大乗院寺社雑事記』）。三宅氏以外にも政元に敵対し、義就と結ぶ国人がいたのだろう。

十月になると再び事態が動き、今度は、元長の軍勢が吹田を落とした。吹田は淀川支流の川湊で、興福寺・春日社領の吹田荘が所在する。この地を拠点とする吹田氏は、惣領家が「通（道）」を諱の通字とする（福留一九九〇）。吹田は三宅よりも欠郡に近く、明徳三年（一三九二）の相国寺落慶法要では吹田国通《くにみち》が畠山氏に従い（『相国寺供養記』）、文安元年（一四四四）にも畠山氏の奏者や使者をつとめる吹田加賀守が確認できる（『建内記』）。応仁の乱では京兆家に従って出陣したものの、義就に通じることもあった。元長による攻撃直前、当主の時通《ときみち》は興福寺領の武庫荘（兵庫県尼崎市）の代官職を狙っていた（『大乗院寺社雑事記』）。

吹田や三宅と同じく、茨木も上郡の西南にあたる千里丘陵の縁辺近くに位置し、義就の拠点・河内や欠郡とも至近である。応仁の乱中の文明二年、茨木城は薬師寺元長が攻略したが、その理由としてやはり茨木氏が西軍、つまり義就と結んだことが想像できる。先の茨木氏の「緩怠」とは、これを示すのではないか。また、文明十一年の摂津国一揆への成敗が十四年まで遅れたのは、彼らの背後に義就がいたためであろう。それゆえ、義就との和議成立後に茨木・吹田氏への攻撃がはじまったように思う。

勢力を伸ばす守護代薬師寺元長

しかし、政元の側にも畠山義就と近い人々がいた。摂津出陣を主導したのは、畠山政長の働きを受けた有力内衆の秋庭元重《もとしげ》と香川孫房《かがわまごふさ》であったが、義就との関係から細川一族の阿波《あわ》細川家と典厩家、有力内衆の安富元家や長塩元親《ながしおもとちか》、そして薬師寺元長らは同意しなかったという（『大乗院寺社雑事記』）。では、なぜ元長は態度を変え、茨木・吹田氏攻撃の陣頭に立ったのか。それは守護代という自らの職責に加え、この出陣が自身に利をもたらすチャンスだと読み替えたからに違いない。

元長の攻撃で、吹田氏は没落した。吹田荘は政元が支配する料所《りょうしょ》となり、元長の与力《よりき》で島下郡代の四宮長能《ながよし》が奉行に就く（『大乗院寺社雑事記』）。すでに元長は茨木氏の所領を獲得し、延徳元年（一四八九）までに近隣の北野社領石井《いしい》荘（大阪府茨木市）の職を手に入れ（『北野社家日記《きたのしゃけにっき》』）、翌年に茨木は元長の「宿所《しゅくしょ》」と記された（『蓮成院記録《れんじょういんきろく》』）。茨木・吹田氏を攻撃し、実利を得たのは元長である。

上郡では、国人芥川（河）氏が元長の甥を養子に迎えていた。芥川氏は、南北朝時代以降に勢力を伸ばした国人で、西国街道沿いの芥川宿（同高槻市）付近を拠点とした。婚姻を通じて近隣の鎌倉御家人真上氏を吸収し、津江《つのえ》氏や東河原《ひがしがわら》氏・西河原氏・宿久氏・吹田氏ら新興の在地領主間に連携を広げた結果、「芥川」を名字に冠した国人一揆を形成する（河音二〇一一）。

永正五年（一五〇八）、芥川信方《のぶかた》は芥川宿近くの霊松寺《れいしょうじ》（同高槻市）に無為斎禅柏と「牛飼山」を寄進した（「霊松寺文書」）。芥川氏では惣領家が「豊後守」を称し、「信」を諱の通字とする（中西二〇一二）。信方は芥川氏の養子となった元長の弟長盛《ながもり》の末子であり、兄には元長の養子となった元一、長盛の跡を継ぐ長忠《ながただ》、京兆家内衆の寺町通隆《てらまちみちたか》の養子又三郎《またさぶろう》がいる（末柄二〇〇八）。元一は永正元年に二十九歳で自害するため（『宣胤卿記《のぶたねきょうき》』）、文明七年頃の生まれであることがわかる。信方が芥川氏に入るのは、少なくともこれ以降であるが、元長の時代に芥川氏が薬師寺一族となった可能性は高い。

一方、元長は下郡の支配を長盛に任せる（天野二〇一五）。明応七年（一四九八）、長盛は下郡を代表する町場の西宮《にしのみや》（兵庫県西宮市）の代官であり（『忠富王記《ただとみおうき》』）、半済の企てがあった文明十八年（一四八六）には摂津奥郡（下郡）の守護代と呼ばれた（『大乗院寺社雑事記』）。元長は上郡の国人勢力を併呑《へいどん》し、守護代としても上郡に重きを置く。

細川政元は文正元年（一四六六）の生まれで、幼少の政元を支えた有力内衆の一人が薬師寺元長。文明十四年の出陣時、政元は十七歳前後で、彼らが京兆家を主導したことが想像できる。元長が茨木氏の所領を得たのは、おそらく元長周辺の考えであり、早くから国人らは元長に脅威を感じたように思う。

　一方で茨木氏や吹田氏は、元長の攻撃直前まで政元に従い、茨木や吹田の館には政元や畠山政長が入っている（『大乗院寺社雑事記』）。しかも両国人は、以前から京兆家当主に仕え、永享六年（一四三四）の京都には政元被官の茨木氏がいた（『満済准后日記《まんさいじゅごうにっき》』）。文明十年には、この茨木氏の屋敷に前太政大臣一条兼良が戦火を避け、公家の壬生晴富《みぶはれとみ》が見舞いに訪れている（『大乗院寺社雑事記』『晴富宿禰記』）。茨木氏は、京兆家当主の近習《きんじゅう》であった。また、吹田氏も、文明六年に吹田元道《もとみち》が家屋を京都に持っていたことが確認でき（『親元日記』）、やはり京兆家の近習として在京していた可能性がある。

　茨木・吹田氏の攻撃は、政元が自らの近習を見捨てた結果なのだろうか。だが、事の推移は複雑で、吹田氏没落からまもなく、政元は吹田荘成枝名で茨木氏を取り立てている。なぜ、政元は没落させたばかりの茨木氏に目をかけるのか。吹田氏の跡一円は任されたとして、吹田荘を知行する四宮長能は、成枝名も当然知行すると抗弁した（『大乗院寺社雑事記』）。

　しかし、文明十六年にも成枝名を差配する茨木弥三郎《やさぶろう》が見え（『多聞院日記』）、翌年には得分《とくぶん》があった（『政覚大僧正記』）。そして、長享元年（一四八七）には茨木藤次郎《とうじろう》が代官となる（「今西家文書」）。彼らは、生き延びた茨木一族に違いない。また、文明十五年八月に河内十七か所で畠山義就が政長方と合戦を繰り広げた際、義就方が千町鼻（大阪府守口市か）に構えた城の大将が「摂州之三アケ、吹田、池田次郎」であった（『大乗院寺社雑事記』）。三宅氏と吹田氏には、義就を頼った者もいたのだろう。

上郡に下向する細川政元

応仁の乱後、それまで在京していた守護たちは、それぞれの任国へと下った。その拠点は守護所《しゅごしょ》と呼ばれ、政治・経済の拠点という性格を帯び、そこから戦国城下町に変貌したものも多い。しかし、京兆家は京都に接した摂津と丹波の守護であるとともに、幕府の有力者でもあった。やがて政元は在京を基本としつつ、上郡の国人の拠点へと下向し、在国の機会を増やしていく。茨木氏への対応も、政元にとっての上郡、という視点からの解釈が求められるだろう。

長享元年（一四八七）、将軍足利義尚《よしひさ》は、直属軍の奉公衆《ほうこうしゅう》の基盤を確保するため、近江守護六角高《ろっかくたか》頼《より》への攻撃をはじめた。義尚が長享三年に陣中で没してしまうと、政元は将軍に堀越《ほりごえ》公方《くぼう》足利政知《まさとも》の子で天竜《てんりゅう》寺《じ》香厳院《きょうごんいん》の清晃《せいこう》（のちの義澄《よしずみ》）という禅僧を推す。しかし、義尚の母・日野《ひの》富子《とみこ》と畠山政長が足利義材《よしき》（義尹《よしただ》、義《よし》稙《たね》）を将軍に就けたため、政元は幕府や政長と距離を置く。

翌延徳二年（一四九〇）三月、政元は丹波守護代上原元秀《うえはらもとひで》らと摂津に下向

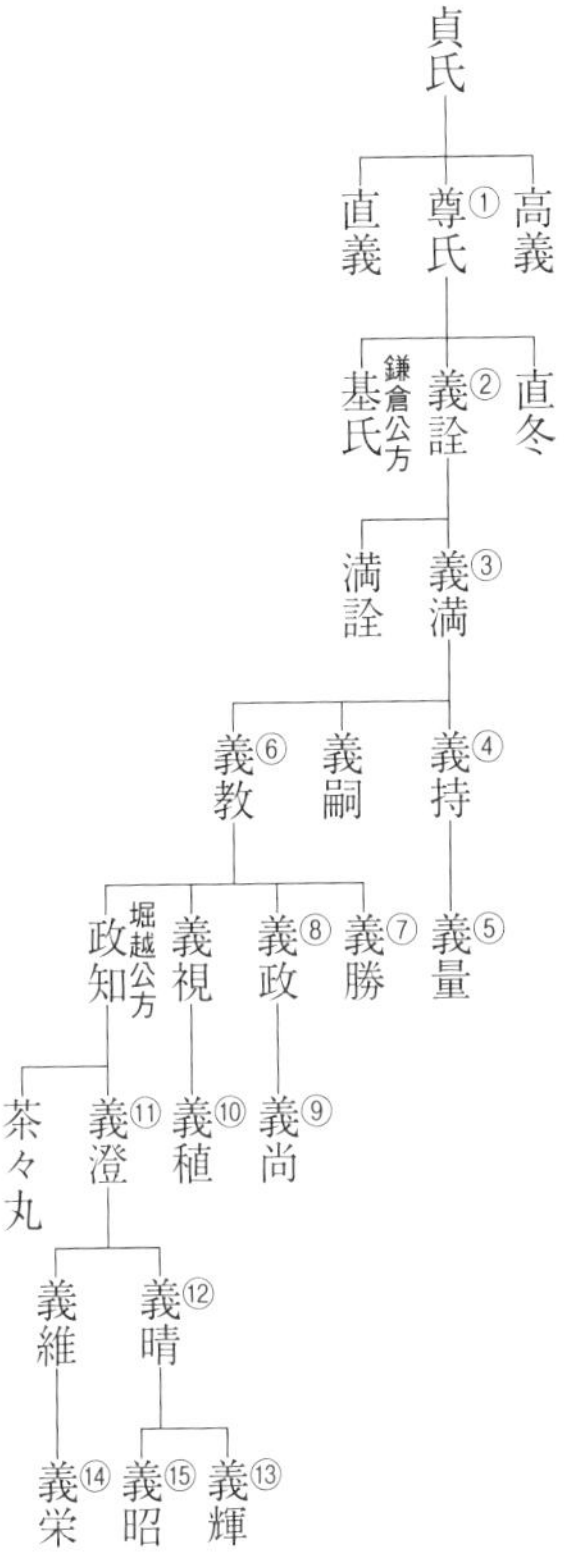

系図３　足利氏略系図　※囲み数字は室町幕府将軍歴代数を示す

し、太田氏の拠点太田（大阪府茨木市）に下向した（『大乗院寺社雑事記』）。ここは西国街道の太田宿であり、文明十九年には有馬温泉帰りの大乗院尋尊と政覚（先述）、文亀二年（一五〇二）には近衛政家（『後法興院記』）ら権門の主が宿を求めている。なお、文正元年（一四六六）に季瓊真蘂が有馬に湯治した際、太田三郎という人物が酒樽三荷を贈っている。彼は勝元の被官、かつ白川伯王家《しらかわはくおうけ》が領する西宮（兵庫県西宮市）の代官であり、おそらくは当地の太田一族のことだろう（『蔭凉軒日録』）。

延徳二年十二月には畠山義就が死去し、跡を子の畠山基家《もといえ》（義豊《よしとよ》）が継ぐ。この頃の政元には、安威《あい》（大阪府茨木市）の「蛇鬼淵《だきがぶち》」という魔所に館を設けるとの噂が流れた（『蔭凉軒日録』）。戦国時代の安威は、丹波に向かう街道（後の亀山《かめやま》街道）が通過する集落で、国人安威氏の拠点とみられる。その直前、政元は丹波守護代上原元秀ら若衆七騎と狩と称して茨木に下向し（『晴富宿禰記』）、茨木辺りに住んだともいわれている（『蓮成院記録』）。

翌延徳三年の正月には、政元が芥川氏の拠点である芥川宿周辺に家屋を建て、周辺を押さえようとした（『後法興院記』）。二月になると、子がない政元は前関白・摂政の九条政基《くじょうまさもと》の末子を養子に迎える。後の細川澄之で、当時は二歳前後であった。この縁組みは、澄之が堀越公方家出身の将軍義澄の従兄弟にあたり、幕府と堀越公方との連携強化を意図したものとされる（末柄一九九二）。直後、政元は奥州を目指し、越後《えちご》（新潟県）で守護家の上杉房定《うえすぎふささだ》らと会見した。政元による対東国政策の一環である。

結局、政元の奥州行きは、将軍義材による六角高頼再攻撃の命によって頓挫したが、このときの政元の供衆には、丹波守護代の上原元秀、寺町通隆（養子が薬師寺元長の甥又三郎）と長塩弥五郎、香西《こうざい》元長《もとなが》、波々伯部《ほうかべ》元教《もとのり》らの内衆に加え、牟礼《むれ》次郎・同弟新次郎・中条《ちゅうじょう》弥五郎・福井といった人々がいた（『蔭凉軒日録』）。牟礼・中条・福井らは不詳であるものの、その名字は上郡の地名（茨木市域）に一致する。また、彼らには内衆のように管国支配や国人らの如く軍勢を率いる姿は確認できない。おそらくは、上郡の村々を基盤とした土豪であり、彼らが政元の近習になっていたのだろう。

政元は丹波守護でもあるが、供衆にみる丹波の関係者は元秀のほか、波々伯部元教が多紀郡波々伯部保（兵庫県丹波篠山市）に拠点を置く以外、確認できない。供衆、つまり近習の多くは、内衆と上郡の土豪であった。政元にとって、摂津の上郡は自らが滞在する「守護所」、かつ人的地盤であった。

守護と守護代の対立

上郡では、国人に代わって薬師寺元長が力を伸ばしていた。気になるのは、政元との関係である。両者の動きは一体なのだろうか。この点について、研究上の評価を確認しておきたい。

もともと、細川氏は鎌倉幕府最大の御家人であった関東の足利一族で、南北朝時代に四国に進出する。惣領を京兆家とし、一族には阿波守護家、和泉上・下守護家、備中《びっちゅう》守護家、淡路《あわじ》守護家、京兆家分家の分郡守護をつとめる野州《やしゅう》家、典厩家などがあった。京兆家は摂津・丹波・土佐《とさ》の守護も兼ね、一族は京兆家に結束する幕府内での一大勢力となる。

当該期畿内研究のパイオニアである今谷明氏によれば、政元は摂津や丹波の国人を守護代などの管国吏員に登用せず、その任には四国や東国に出自を持つ古参の家臣（＝有力内衆）がついた。このため、政元と国人の間には確執が生じ、結果的に文明十年（一四七八）の「摂津国一揆」を招く。延徳元年（一四八九）の「延徳の丹波国一揆」も、寺社領荘園を保護する政元と国人の対立が原因とされる。やがて京兆家は幕府関係者や機構を吸収し、幕府内での「専制化」を遂げたという（今谷一九八五）。

この後、末柄豊氏は、応仁の乱後の細川氏は強固な一族連合が解体へと向かい、「専制化」とは京兆家による畿内の領国化を示すとの見解を提示し、政元が摂津・丹波の国人を登用した事実も明らかにした（末柄一九九二）。その結果、薬師寺元長ら有力内衆にとっては、茨木氏のような管国内の政元近習（内衆）が支配上の障害となったため、文明十四年のような厳しい弾圧が加えられた。一方の政元は、有力内衆の元長に妥協せねば京兆家の維持が困難であるため、弾圧を許容する。末柄氏は、京兆家当主と守護代による国人の掌握をめぐる対立をみた。現在では、この見解がおおむね首肯されている。

以上をふまえ、先述した文明十年の春日社領への半済を再考すると、政元が停止を命じた奉書は伊丹親時・池田充正・薬師寺元長に宛てられていた。伊丹・池田氏は下郡の国人で、元長は上郡の国人の権益を吸収しつつ下郡を弟長盛に任せ、上郡の茨木に拠点を置いた。単純に考えると、文明十年時点の元長とは、守護代でありながら上郡における「首謀者」側の人物ではなかったか。

上郡の国人にとって、元長は脅威になっただろう。このため、国人らは半済停止に乗り出した京兆家トップの安富元家を守護代として認める一方、茨木氏のように元長を否定したのではないか。この後、茨木氏と吹田氏は元長による攻撃を受けた。しかし、政元と元長の間で国人や土豪への対応をめぐる対立が鮮明化し、政元側の巻き返しがはじまる。その端緒が吹田荘成枝名の茨木氏だったと考えれば、一連の流れに不自然さはないように思う。

さて、明応二年（一四九三）二月、将軍足利義材は畠山政長の要請を受け、畠山基家を攻撃するため河内親征に踏み切る。政元や前将軍の母日野富子、幕府政所《まんどころ》の前執事伊勢貞宗《いせさだむね》らはこれに不満で、かつて政元が推した足利一族の僧清晃を四月に還俗《げんぞく》させて将軍足利義澄とした。将軍の首を家臣が変えたクーデター「明応の政変《めいおうのせいへん》」である。この一報が入ると、将軍直属軍の奉公衆や奉行人は義材を見捨て、政元勢が将軍義材・政長らを河内正覚寺《しょうかくじ》（大阪市平野区）に包囲。政長を自害させ、幕府や畿内の趨勢を握った。しかし、政長の子尚順《ひさのぶ》は難を逃れ、京都に幽閉された義材は越中へと脱出するなどの火種を残す。

「守護所」となった茨木

政変が起きた明応二年（一四九三）二月、政元は茨木（大阪府茨木市）に滞在した（『蔭凉軒日録』）。この年の四月、高山荘に陣夫役が懸けられた際、納入場所は茨木に指定されている（「勝尾寺文書」）。

茨木は守護の拠点「守護所」として、本格的に機能しはじめた。明応八年には政元の鷹狩《たかがり》に従い、八百人もの人数が茨木に到着したという（『大乗院寺社雑事記』）。

先述のように、延徳二年（一四九〇）に茨木は薬師寺氏の「宿所」とされ、文亀元年（一五〇一）には元長が茨木で療養中であった（『言国卿記《ときくにきょうき》』）。政元と同じく元長らの有力内衆も基本は在京したが、元長は明応七～八年に引退して茨木に在国し、養子の元一が京都での活動をはじめた（馬部二〇一八）。後の永正元年（一五〇四）に元一が反政元の兵を挙げた際、与力の四宮長能は茨木から軍勢を率いて参加している（馬部二〇一四）。茨木周辺は、薬師寺氏による在地支配の拠点と化した。

一方で、茨木には政元やその近習が滞在し、対立する京兆家当主と有力内衆が「同居」していた。これは、複数の四角い形の館（方形館）が建ち並ぶ、当時の守護所ではあり得るパターンである。美《み》濃《の》では守護代斎藤《さいとう》氏の拠点革手《かわて》（岐阜市）に守護土岐《とき》氏の居館があり（三宅二〇〇六）、能登《のと》では守護畠山氏の守護所府中《ふちゅう》（石川県七尾市）に守護代の居館が推定されている（善端二〇〇六）。河内畠山氏の守護所高屋《たかや》（大阪府羽曳野市）でも、両者の館が並立していた（中田一九九四）。「守護所」茨木の実態は不詳だが、ほかの守護所では既存の寺院を守護が居宅や饗応の場とした事例があり、現茨木神社周辺の茨木川に面した自然堤防上に何らかの施設があった可能性も指摘されている（仁木二〇〇七）。

ではなぜ、上郡の茨木が「守護所」に選ばれたのだろうか。以前の政元は、京都と西国方面を結ぶ西国街道の太田、芥川という宿に関与した。安威も類例で、いずれも被官の国人の拠点であった。茨木は、京兆家に近侍する茨木氏の拠点で、文明十四年（一四八二）の摂津出陣時に政元が陣所とした ゆかりの場でもある。交通の利便という点では西国街道から約二kmの距離があるが、京兆家が守護を兼務する丹波からの山越えの南北道と、欠郡から吹田を経由した東西道が交差する。この道を東に進むと、本願寺の蓮如《れんにょ》が真宗の布教拠点を設けた富田《とんだ》（大阪府高槻市）、国人入江氏が拠る高槻（同高槻市）、淀川の川湊である前島にいたる。これらは上郡という地域内の町場、交通の要衝であった（中西二〇一二①）。

茨木神社　大阪府茨木市

京兆家は、自らが押さえたい地域を結ぶ交通路との関係を重視し、茨木を選んだように思う。織田信長の時代以降、このようなロケーションには城下町が成立することが多い。茨木は中川清秀の城下町となったが、「守護所」の茨木はその先駆けであった。また、茨木氏の権益を手に入れた薬師寺元長にとって、茨木の拠点化は自然な流れでもあっただろう。

茨木を舞台に、政元と元長は在地への支配の深化を図った。両者の対立と緊張は、周辺の村落へと広がっていく。それは、右近のルーツである高山氏と高山の人々とも無縁ではなかった。なお、下郡では、元長の弟長盛の下郡代家が拠点とする西宮（兵庫県西宮市）が半国守護代所のように機能したとみられている（天野二〇一五）。

高山荘の「高山殿」

高山は、北摂山地の小盆地に所在する。南の千里丘陵から続く高山街道が内部を通過し、北側の谷を下れば余野《よの》川が流れる谷筋で摂丹《せったん》街道に合流した。そこから南に向かうと下郡の池田、反対に向かうと北郡の能勢や隣国の丹波に至り、かつては想像以上に人々の往来があったと想像される。

戦国時代の高山は高山荘という勝尾寺の荘園で、その代官をつとめたのが、後に右近を輩出する高山氏である。南北朝の内乱以前は京都の浄土寺《じょうどじ》門跡が領していたが、足利尊氏《たかうじ》が勝尾寺に与えた。長禄三年（一四五九）、両者の間で領有をめぐる相論があり、浄土寺門跡の代官として「高山入道」が登場するが、まもなく高山氏は勝尾寺の代官へと立場を転じている。

戦国時代の高山荘では、住民が勝尾寺に代官高山氏の不法を訴える事件が起き、その申状《もうしじょう》が残る（「勝尾寺文書」）。以下、「申状」と略）。訴え出たのは「御百姓衆」。「御百姓衆」とは、申状の文中にみえる「名主《みょうしゅ》」と同じであるため、村落上層部の人々である。彼らは荘園での神事《しんじ》に関し、高山氏が新規に賦課した内容を究明してほしいと訴え、出仕の強要や神社の猿楽《さるがく》への要求、正月儀礼の取り止め、屋敷分の公事《くじ》を負担しない行為などをも問題にした。そして、勝尾寺が高山氏に職を任せるべきではないと主張する。荘内において、高山氏が力を強めていた様子がうかがえるだろう。

一方、御百姓衆は高山氏を「高山殿《たかやまどの》」と呼ぶ。戦国時代の村落には、「殿」や「方《かた》」という尊称が付される人々がおり、村落を率いる侍身分という階層として評価されている（池上一九九四）。良くも悪くも、高山氏は村落の住民から頭一つ、飛び出す立場にあった。

では、この事件はいつ起きたのか。申状は十一月二十三日という日付のみで年紀を欠くが、手がかりはある。御百姓衆によると、高山氏が新規の人夫役をかけたのは「よと陣以来」で、「前備後殿様之御代」のように何かを御百姓衆に申し付けてほしいとする。「よと陣」と「前備後殿様」がわかれば、事件の年代が想定できる。

「備後殿様」とは「御代」とされる上位の権力者であり、摂津で「備後」といえば、まず備後守を称した守護代薬師寺氏が思い浮かぶ。「よと陣」とは、文字どおり京都南郊の淀（京都市伏見区）で起きた戦であろう。淀は水陸交通の要衝として幾度も合戦の舞台となったが、永正元年（一五〇四）九月に薬師寺元一が引き起こした政元への挙兵が大規模な合戦として知られる。

薬師寺氏は、与力となった淀の藤岡《ふじおか》氏らを通じ、摂津守護代でありながら淀という山城国の町場との関係を強めていた（早島二〇〇八）。元一が備後守を称した事実は確認できないが、養父の薬師寺元長と永正五年以降に活動をはじめる元一の子国長《くになが》が備後守を名乗っている。「よと陣」とは、永正元年の合戦だと思われる。

反旗を翻した薬師寺元一

中状で御百姓衆が望んだ中身は、年貢の請負（地下請《じげうけ》）ではないだろうか。というのは、代官高山氏の「公用《くよう》」を高山名主百姓中が代わるようにとした「三宅能家《よしいえ》書状案」が伝存する（「勝尾寺文書」）。高山名主百姓中と御百姓衆とは、イコールだろう。この文書によれば、高山次郎左衛門という人物は、長塩備前守を請人《うけにん》に「高山地頭職」の代官となった。しかし、長塩備前守の催促にも関わらず、次郎左衛門は「公用」を果たさない。そこで、代わって名主らが沙汰を行うようにと御下知が出た。寺納《じのう》が肝要とあるように、「公用」とは年貢納入であり、それを名主らが直接請け負う地下請が成立したのだろう。中状とは、一連の内容となる。

「三宅能家書状案」も年紀を欠くが、登場する長塩備前守から年代が推測できる。この前後に備前守を称する長塩氏は、永享六年（一四三四）から長禄四年（一四六〇）の摂津守護代長塩備前入道宗永《そうえい》と、明応四年（一四九五）以降に活動する京兆家有力内衆の長塩元親である（横尾一九八〇）。「よと陣」が永正元年（一五〇四）の合戦だとすると、長塩備前守は元親に比定できる。したがって、代官高山氏と御百姓衆の対立は永正元年以降となり、中状の「前備後殿様」とは、薬師寺元長になる。永正元年以前に、高山次郎左衛門は京兆家有力内衆の推挙で代官職に就きながら、その説得を無視してまで職域を犯した。

中状では、御百姓衆が元長の時代への回帰を標榜したように、この時期の高山荘内では彼らに有利な状況があった。高山氏は永正元年の淀での合戦を契機とし、彼らへの圧力を強める。御百姓衆が元長と結ぶ一方、高山氏は政元と結ぶ関係にあったと推察できるだろう。高山荘内には、細川政元と元長の上郡をめぐる対立構図が持ち込まれた。そして、淀の合戦は政元の勝利に終わり、元一の切腹という結末を迎える。高山荘内のパワーバランスは、守護と守護代との戦いで変わったのだ。

この前後の京兆家の混乱は、「永正《えいしょう》の錯乱《さくらん》」と呼ばれる。文亀元年（一五〇一）十二月に元長は死去し（『不問物語《とわずものがたり》』）、元一が京兆家の有力内衆の一人となった。この頃の京兆家には、有力内衆で構成する評定衆が成立し、政元の政治を代行していた（横尾一九八二）。政元には澄之という養子がいたが、元一は深まる政元との溝を意識し、血脈を重視する細川一族と手を組む。そして、政元と澄之の折り合いの悪さに乗じ、阿波細川家からの養子擁立に動いた。これが後の細川澄元である。

一方の政元は、文亀三年に内衆筆頭の安富元家を失脚に追い込む。そして翌永正元年、政元は元一の摂津守護代職解任へと動いた。これは将軍義澄の介入で失敗するが、ここに至って元一は政元を廃すべく挙兵を決断した。反政元の河内守護畠山尚順や赤沢朝経《あかざわともつね》らの内衆を巻き込み、元一は弟の寺町与三や茨木を発った与力の四宮宗能らと淀に陣を置き、阿波細川家からの援軍を待つ。

しかし、もう一人の弟で、中風《ちゅうぶう》で前後不覚となった長盛に代わって下郡を治めていた長忠は、政元方となった。政元は長忠を気に入り、元一に代えて摂津一国を任せようとしていたという（『不問物語』）。戦は、あっけなく政元の勝利で終わり、元一は捕縛される。政元への恨みを述べた後、元一は「地獄にハ、よき我主のあるやとて、今日おもひたつ旅衣かな」（『政基公《まさもとこう》旅引付《たびひきつけ》』）との辞世を残して自害。「我主」とは若衆を意味し、政元と元一が男色関係にあったことを示すともいう。

地域社会を揺るがす永正の錯乱

細川政元は薬師寺元一を成敗したが、やがて自身も暗殺された。永正の錯乱は、分裂した京兆家が争いを続ける発端となる。以下では、主に『不問物語』の記述から、永正の錯乱の概要と高山荘内の動き、国人の対応等を確認したい。

これまでの流れで整理すると、おそらく高山氏は政元の被官だったのだろう。京兆家有力内衆の長塩氏に付属する与力のような存在だと思われる。代官就任を契機とし、高山氏は荘内での力を強めたが、上郡で勢力を築く有力内衆の守護代薬師寺元一をバックとする御百姓衆を従わせるには至らなかった。

やがて、政元と元一ら有力内衆との対立が明確となり、政元側が永正元年（一五〇四）の淀での合戦に勝利。これを機に高山氏は攻勢を仕掛け、御百姓衆の訴えに領主勝尾寺と請人長塩元親が同調しても従わなかった。すでに元一は世を去っていたが、高山氏にとっては御百姓衆につながる有力内衆の存在自体が疎ましかったのではないか。しかし、その結果は、高山氏の代官解任という形になった。

なぜ、優位に事を進めていた高山氏がこのような目に遭ったのか。おそらくは、京兆家をめぐる事態が短期間で動いたことが原因だろう。政元は、摂津守護代に薬師寺長忠を任命するものの、兵力の不足から一転して阿波細川家と被官三好《みよし》氏らに期待をしはじめる。政元は澄之を廃嫡し、澄元を跡継ぎとした。永正三年に阿波から澄元が上洛すると、澄之が丹後守護一色《いっしき》氏への攻撃と称して丹波に入る。そして永正四年六月二十三日夜、入浴中の政元は竹田孫七・福井四郎・新名某に殺された。享年四十二歳（『宣胤卿記』『細川両家記《ほそかわりょうけき》』）。なお、福井の名字は政元の奥州下向の供衆にもあり、やはり上郡の土豪であった可能性が高い。

『集古十種』に描かれた細川澄元　当社蔵

　この事件は、京兆家内衆・政元近習らが、台頭する阿波の勢力に反発したことが原因であった。やがて内衆の山城守護代香西元長らは澄元を近江に追い、丹波から澄之を迎える。しかし、今度は細川一族が公家出身の澄之に反発し、八月一日に野州家の高国が長忠、典厩家の政賢《まさかた》が元長、淡路守護の尚春《ひさはる》が澄之の軍勢を倒す。澄之は、香西元長の嵐山《あらしやま》城（京都市右京区）に籠もろうとするが断念。十八歳の若さで自害を遂げ、澄元は帰洛した。摂津では、捲《けん》土重来《どちょうらい》を期す薬師寺万徳丸《まんとくまる》（国長。元一の子）が澄之方の茨木城を攻め落としていた（『多聞院日記』）。

　澄元は、河内の畠山基家攻撃を開始し、細川一族と摂津国人の三宅秀村《ひでむら》・伊丹元扶《もとすけ》・池田貞正《さだまさ》ら数万の軍勢が従った。しかし、阿波の三好之長《ゆきなが》らの行動が世間の不興を買う。京の人々は、自邸や澄元邸に堀を構える夫役は乱世を招くと非難、敗死した香西元長が嵐山城築城に懸けた夫役と同じと揶揄し、「ケフモホリ〳〵、アスモホリ〳〵」などの落書《らくしょ》がなされた。そして、政元の猶子《ゆうし》でもあった高国が不満勢力を糾合し、亡命中の足利義材を将軍に推す西国の大大名・大内義興《よしおき》と手を結ぶ。

永正五年四月、高国が京都を攻めて澄元は没落し、将軍義澄も近江へ追い落とした。高国方には上郡の国人太田蔵人、澄元の馬廻《うままわり》（直属の兵）には上郡の穂積《ほづみ》（大阪府茨木市）の土豪かと思われる穂積三郎が確認できる。以降、摂津国人の対応は割れた。芥川氏は、澄元擁立に動いた薬師寺元一の弟・芥川信方が当主であり、澄元とは一蓮托生《いちれんたくしょう》であった。信方と弟の左衛門尉（小四郎）が五月に堺で殺され、芥川豊後守は阿波への途中に溺死。左衛門尉は、明応四年（一四九五）成立の連歌集『新撰《しんせん》菟玖波集《つくばしゅう》』に登場する平景盛《たいらのかげもり》こと、京兆家内者の芥川小四郎本人か後継者だろう。

同じく澄元を支持する池田貞正は、一族数十人を率いて池田城に籠もり、上郡の三宅秀村、下郡の伊丹元扶・瓦林政頼《かわらばやしまさより》らの攻撃を受けた。激戦のすえ、貞正をはじめ一族若党三百人が討ち死に・自害するなか、池田正盛《まさもり》ら庶子家の一族と被官が降伏。以後、池田一族は正盛の池田遠江家が率いていく。

同年の高山荘では「高山下司《げし》」が勝尾寺以前の領主浄土寺門跡の名を持ちだして押妨《おうぼう》を働いた。このため、高国の守護奉行人斎藤貞船《さだふね》が十月に勝尾寺の知行を安堵するよう薬師寺国長に伝えている

（「勝尾寺文書」）。高国の時代を迎え、国長の薬師寺惣領家が守護代に返り咲き、高山氏が忠告を無視した長塩元親は高国擁立に動いた一人であった。この機を逃さず、おそらく御百姓衆が政元の暗殺で後ろ盾を失った高山氏の排斥を勝尾寺に働きかけたのだろう。「高山下司」とは、追い詰められた高山氏の姿に違いない。

また、先述の「三宅能家書状案」の末尾では、勝尾寺が「出羽守」の祈願所《きがんしょ》であるため、しっかりと対応するようにと記される。この出羽守とは、三宅惣領家の当主で高国方の国人三宅秀村を指し、差出人の三宅能家はその一族だと思われる。能家が御百姓衆に地下請を伝えているため、「御下知」の主体は高国とみるべきではないだろうか。なお、政元の時代、三宅一族では五郎左衛門尉宗村が豊島郡代をつとめている。

やがて、高山荘では勝尾寺が支配を立て直し、これを示すかのように、「勝尾寺文書」には永正元年から天文十三年（一五四四）に至る年貢納帳が現存する。しばらく、記録からは高山氏の表立った行動が消える。永正の錯乱という守護権力内部の争いは、地域社会を巻き込み、高山氏という土豪が上郡の高山という小世界で意図した勢力拡大も頓挫させる結果となった。高山右近や中川清秀が登場する道のりは、まだ遠い。

蓮如と摂津の真宗門徒

北摂山地には、勝尾寺や忍頂寺《にんちょうじ》（大阪府茨木市）、本山寺《ほんざんじ》・神峯山寺《かぶさんじ》（同高槻市）といった真言宗・天台宗の山の寺が古代に成立し、地域社会の信仰を集める領主の姿をみせていた。高山荘の領主である勝尾寺にも国人池田氏の一族が入寺し、国人三宅氏の祈願所でもあった。

右近の生誕地にふさわしく、高山の山中には「マリアの墓」がある。江戸時代中期（一七三〇～五一）の年号を刻む四基の墓碑で、潜伏キリシタンや右近の母マリアゆかりというが不詳である。現在、高山には住吉神社、八幡神社という氏神のほか、光明寺《こうみょうじ》と西方寺《さいほうじ》という寺院が存在する。光明寺（真宗本願寺派）は、宝亀八年（七七七）に勝尾寺の開山・開成《かいじょう》皇子が奥院《おくのいん》として開創したという。貞永元年（一二三二）に親鸞《しんらん》が逗留して真宗に転じたと伝え、鎌倉時代の親鸞像が伝来する。

一方の西方寺（真宗大谷派《おおたには》）には、応永二十年（一四一三）に高山正澄《まさずみ》が俗道場として開き、玄孫の高山正頼が西蓮寺《さいれんじ》に改めたとの寺伝があった。いつの時代からか、高山荘では、古来の「領主」を拝む形から、真宗へと人々の信仰が転換していったことがイメージできる。

これは、畿内全般の動きでもあった。画期は応仁の乱の渦中、上郡に姿を現した真宗中興の祖・蓮《れん》如《にょ》にはじまる。その教えは、個人の安寧と救済への願いで、国家や地域社会の安泰と秩序への祈りではない。仏法《ぶっぽう》と王法《おうほう》・世法《せほう》を別物として阿弥陀仏《あみだぶつ》への帰依を重視し、既存の神仏への崇敬と一線を画した。地域権力が主導する既存の寺社に拘束される教えでもない。このため、土地に根ざさない商人的性格をもつ人々の支持を受け、その情報網やネットワークから農民へと拡散した（金龍二〇〇四）。

当時の摂津では、池田氏らの国人が荘園支配を通じて興福寺らの権門と対峙し、古来の宗教は土豪や民衆の前で権力の顔をみせている。この意味において、真宗と蓮如を宗主とする本願寺は異なった。

文明三年（一四七一）、蓮如は本願寺を末寺と扱う延暦寺西塔《さいとう》の衆徒《しゅうと》に追われ、越前吉崎《えちぜんよしざき》（福井県あわら市）へ移る。北陸での蓮如は、名主や土豪層といった地域社会の有力者を介して瞬く間に教えを広げ、吉崎には寺内町という町場が成立した。しかし、加賀《かが》守護富樫《とがし》氏の内紛に関与したことから、蓮如は文明七年八月に吉崎を退去。そして丹波を経由し、高山と同じく上郡の山間に位置する萩谷《はぎたに》（大阪府高槻市）の山道を越えて、上郡の平野部へと入った。

蓮如は、しばらく室町将軍家の御料所《ごりょうしょ》富田荘（同高槻市）に逗留したといい、淀川に近く船の往来が便利、かつ要害の地という理由で河内出口（同枚方市）に居を構える（『蓮如尊師行状記《れんにょそんしぎょうじょうき》』）。そして、明応五年（一四九六）に隠居した蓮如は、淀川舟運で栄える渡辺津を見下ろす欠郡生玉《いくたま》荘（大阪市中央区）に大坂御坊《おおさかごぼう》（後の大坂本願寺）を建立した。

蓮如の活動範囲は、河内守護畠山氏の勢力圏と重なる。応仁の乱後、河内を実効支配した畠山義就は誉田《こんだ》（大阪府羽曳野市）を拠点に、大坂周辺を含む摂津国欠郡へ力を伸ばす。「誉田屋形体制」と呼ばれる支配の形は永正三年（一五〇六）まで続いた。そして、河内の真宗寺院である慈《じ》願寺《がんじ》（大阪市平野区）の法円《ほうえん》らは大坂へと進出、摂津・河内の坊主・門徒《もんと》らが蓮如を支えた（小谷二〇〇三・二〇一七)。

明応八年に蓮如が死去すると、大坂には蓮如の妻で畠山氏出身の蓮能《れんのう》とその九男実賢《じっけん》らが残された。宗主は山科《やましな》本願寺（京都市山科区）の実如《じつにょ》であるが、大坂御坊は別の動きを示す。永正元年（一五〇四）、畠山義就の孫義英《よしひで》と畠山政長の子尚順が和睦し、細川政元と対立した。このとき、政元は実如を説得して援軍の派遣を約束するが、反発する摂津・河内の門徒は大坂御坊に結集し、実賢を宗主に推した。これは実現しなかったが、「河内錯乱」「大坂一乱」という混乱を招く。

現在、大坂本願寺は大坂城本丸周辺に比定する説が有力である。蓮如の十男実悟《じつご》は、かつては虎狼の住む所で家一軒もない畑ばかりの土地であったと記すが（『拾塵記《しゅうじんき》』）、眼下には渡辺津という川湊、少し離れて四天王寺の門前が繁栄し、やがて大坂の地に大坂寺内町が成立する。

また、蓮如は富田にも「富田殿」と呼ばれる布教拠点を設けた。明応七年には蓮如の八男蓮芸《れんげい》が入って教行寺《きょうぎょうじ》を興し、富田でも寺内町が発展した。本願寺と門徒の力は、やがて戦国を代表する勢力へと変貌していく。

第三章　京兆家の争いと国人

京兆家をめぐる戦乱

本章では、細川高国が管領に任じられた永正五年（一五〇八）頃から、高国を倒した細川晴元《はるもと》が京都の天文法華の乱《てんぶんほっけのらん》（天文法難《てんぶんほうなん》）を制した天文五年（一五三六）までを扱う。高国派と細川澄元―晴元派らによる京兆家の家督争いが時代の主題であり、おおむね高国方優勢で推移するも、状況は非常に複雑となった。そこで、はじめに京兆家を中心に時代の目安となる出来事を概観し、以降の話につなげていきたい。

永正五年、将軍足利義尹（義材・義稙）は高国を管領に、在京を続ける大内義興を管領代とした。一方で足利義澄を戴き、近江に没落した澄元方は翌年に三好之長が如意ケ岳《にょいがたけ》（京都市左京区）に出陣するも敗退、阿波へと戻る。永正八年に澄元は一族を糾合し、国人瓦林政頼が拠る鷹尾城《たかおじょう》（兵庫県芦屋市）近くでの芦屋河原《あしやがわら》の戦いに敗れるものの、和泉深井《ふかい》の戦い（大阪府堺市）で高国方二万の軍勢に大勝を収める。結果、大半の摂津国人を掌握したが、京都の船岡山《ふなおかやま》の合戦（京都市北区）に敗れて再び阿波に退く。

以降、しばらく高国の覇権は安定するが、永正十五年に大内義興が帰国した翌年、有馬郡で池田惣

大物崩れ跡の碑　兵庫県尼崎市

領家の信正《のぶまさ》が蜂起し、澄元らが摂津に出陣。同十七年二月、高国は将軍義稙に見捨てられ、近江に落ちる。しかし、近江六角氏や越前朝倉《あさくら》氏を味方にして京都を奪還し、三好之長は自害。六月には澄元が阿波で没し、高国は大永元年（一五二一）に義澄の子足利義晴《よしはる》を将軍とする新たな政権を立てた。

　大永六年七月、高国は典厩家の細川尹賢《ただかた》の讒言《ざんげん》を信じ、澄元の子晴元に内通したとの疑いで近習香西元盛《もともり》を謀殺するが、同じ近習で元盛の兄波多野《はたの》元清《もときよ》と弟柳本《やなぎもと》賢治《かたはる》が丹波で挙兵。翌年三月に足利義稙の養子で義晴の弟義維《よしつな》を推す晴元と之長の孫三好元長らが阿波を発って賢治と合流し、京都西郊の桂川の戦いで高国勢を破った。この戦いが『中川年譜』のいう中川清照が討ち死にした「京都桂川」だろう。

　晴元らは、堺に幕府相当の権力を打ち立て、翌享禄元年（一五二八）に三好元長が将軍義晴を戴く高国と晴元の和睦を模索する。しかし、晴元や一族の三好政長《まさなが》が反対し、翌年に元長は阿波へと戻った。やがて、高国は備前などを押さえる浦上村宗《うらがみむらむね》を味方にして摂津へと軍勢を進め、晴元も元長を堺に召喚。欠郡で両軍勢が対峙し、享禄四年に下郡の大物《だいもつ》（兵庫県尼崎市）で高国が最期を遂げた（大物崩れ）。

勝利を収めた晴元だったが、今度は配下の武将がまとまらず、三好元長と木沢長政《きざわながまさ》・三好政長が激しく対立した。晴元は長政と政長を支持し、翌天文元年（一五三二）に山科本願寺（京都市山科区）の宗主証如《しょうにょ》へ加勢を要請。呼応して蜂起した一向一揆に元長は攻め殺されてしまう。

しかし、一揆の矛先は晴元にも向き、「畿内の天文一揆」がはじまった。晴元は、本願寺を警戒する近江の六角定頼《さだより》や比叡山延暦寺、京都の町衆《まちしゅう》（法華一揆）を抱き込み、山科本願寺と寺内町を焼き払う。結果、証如は欠郡大坂に本願寺を移すが、以降も一向一揆は晴元勢と衝突を繰り返し、丹波では波多野氏や内藤《ないとう》氏が高国の弟晴国《はるくに》を支持して本願寺と結んだ。

一方、京都では法華一揆が実力を行使し、比叡山や六角氏と対立をはじめる。このため、晴元は上郡の芥川城（芥川山城跡。大阪府高槻市）で長期滞在を余儀なくされた。晴元の入京は、晴国が自害し、「天文の法難」とも呼ばれる法華一揆が陥落する天文五年を待たねばならなかった。

孤高を貫く池田惣領家

戦国時代を代表する文芸に、連歌《れんが》がある。参加者が連帯する寄り合いの文芸で、摂津国人の間でも盛んになった（鶴崎一九八八）。文明十七年（一四八五）には、能勢頼則が細川政元から発句《ほっく》を賜る連歌会を主催し、池田綱正《つなまさ》（民部丞）・同正種《まさたね》（若狭守）・同正存（新左衛門尉）・伊丹元親・塩川秀満《しおかわひでみつ》らが出席（「於新住吉御千句」）。長享二年（一四八八）の頼則主催の連歌会には、池田正種・正兼《まさかね》・正存・

正時《まさとき》・正純《まさずみ》、瓦林政頼が参加している（「於摂州千句」）。

連歌会の参加者は、下郡（池田・伊丹・瓦林氏）と北郡（能勢・塩川氏）に限定され、群を抜いて池田一族の参加が多い。池田氏は一族でも連歌会を興行し、連歌師肖柏《しょうはく》が池田に居住するなど、その教養と下支えする経済力を示した。しかし、これらの連歌会に、肝心の池田惣領家が出席した形跡がない。

すでに述べたように、永正五年（一五〇八）、惣領家の池田貞正は細川澄元を支持して池田城に籠もり、細川尹賢を大将に下郡の伊丹氏と瓦林氏、上郡の三宅氏らによる攻撃を受けた。堀を埋められ、貞正も打って出るなど激戦となったが敗北。貞正は切腹し、一族の正盛・与七・弥三郎父子兄弟四人らをはじめ数百人が降伏した。以降の池田一族は、正盛の池田遠江守家が率いていく（『細川両家記』『不問物語』）。

しかし永正十六年には、貞正の子三郎五郎（後の信正）が北郡の有馬郡田中《たなか》（兵庫県三田市）で挙兵。瓦林政頼と塩川国満《くにみつ》、池田綱正（正棟）らが鎮圧に向かうも失敗し、信正は阿波の澄元から弾正忠の称と下郡の豊島郡一円が与えられたという。

北郡のうち、能勢郡は銅の産出地であり、朝廷に収納する採銅所《さいどうしょ》が置かれた。戦国時代には公家小《お》槻《づき》氏の荘園と化し、分流した壬生家と大宮《おおみや》家が領有を争うが、永正十七年に年貢が滞った際、壬生家の使者が代官の野間《のま》石見入道に督促を行なった（『壬生于恒記《みぶにつねき》』）。石見入道によれば、「去年の戦乱で年貢は能勢十郎と野間兵庫らの兵糧になった。高国の下知をとらないと、これから米一粒も年貢は納まらないでしょう」と主張している。信正が蜂起する前年、能勢頼則の後継者国頼《くにより》は有馬郡福嶋村（同三田市）を放火した（「慈聖院文書」）。これらが石見入道の語る去年の戦乱の一端であり、信正挙兵との関係も注目される。

まもなく信正は、高国の下で復権したようだ。大永六年（一五二六）七月、丹波では波多野元清が八上城《やかみ》（同丹波篠山市）、柳本賢治が神尾山城《かんのおさん》（京都府亀岡市）で反高国の兵を挙げた。十一月に高国は八上城へ瓦林修理亮と同弾正忠、塩川国満、そして信正らの摂津国人勢を差し向ける。しかし、翌月に神尾山城攻めの軍勢が崩れると信正が裏切り、撤退中の瓦林氏や塩川氏らを襲って池田城に籠城した（『細川両家記』）。

信正の父貞正は、永正四年に有馬郡福嶋村に入部を図っている（「慈聖院文書」）。そして、信正は波多野元清の甥であった（『細川両家記』）。池田惣領家は、丹波・北郡方面に通じる猪名川を擁した池田という本拠のロケーションを活かし、丹波波多野氏との関係を深め、北郡に足がかりを得ていたと思われる。北郡の能勢郡木代荘（大阪府豊能町）では、文明十八年に池田正種が年貢の算用《さんよう》を提出し、永正三年には相論に池田遠江守が関係した（「石清水文書」）。木代荘は右近の妻ジュスタが生まれた余野（同豊能町）に接し、母マリアは池田氏の一人娘であった（『日本史』第一部三九章）。大文二十一年（一五五二）頃に生まれた右近の義母は、年齢的に信正の娘かもしれない。

また、先々代の充正以降、先述のように池田惣領家は豊島郡垂水荘に進出し、奈良春日社＝興福寺と鋭く対立した。垂水荘では三宅・茨木らの国人、そして池田氏が荘園支配の単位「名《みょう》」を所有する番頭（下級荘官）であったが、信正は荘内榎坂郷で年貢未進を成敗する代官となって他国人の上に立つ。池田惣領家は、春日社目代《もくだい》の今西《いまにし》氏と婚姻関係を結ぶようにもなる（「南郷今西家譜」）。

下郡では、池田氏は伊丹氏と対立しており、惣領家がリードする池田氏の動きは他国人の「縄張り」とも抵触する。このため、同家はほかの国人との「寄り合い」を好まなかったのではないか。池田惣領家は孤高の存在として、京兆家の争いでは澄元方の立場を貫いていく。

細川高国を支える伊丹氏

永正五年（一五〇八）に細川澄元方から離脱して以来（『細川両家記』）、伊丹氏は澄元と対立する細川高国を支える。永正八年七月に澄元勢が和泉深井（大阪府堺市）の戦いで摂津国人勢を打ち破った後も、伊丹元親と子の元扶は、元扶の舎弟寺町通能《みちよし》、細川一族の細川元全《もとよし》、瓦林政頼らと伊丹城に籠もる（『不問物語』）。城内には情報がなく、言葉の応酬で敵をやり込める「言葉戦い」を通じ、彼らは高国の丹波没落を知った。元親は家臣に元扶を連れて城を抜けよと告げるが反対を受け、討ち死にの覚悟を決めた。結果、瓦林政頼のみが丹波の波多野氏の下へ向かい、この後の船岡山合戦（京都市北区）で高国勢が勝利を収める。

和泉深井の戦いでは、近隣の森本《もりもと》（同伊丹市）を拠点とする伊丹一族の森本新左衛門尉・新次郎が家原で戦死、伊丹元扶の注進を受けた高国が森本新五郎に感状《かんじょう》を宛てている（「北河原氏家所蔵文書」）。元扶は元親の子とされるが、惣領家の通字「親」を用いず、その後継者の名も国扶《くにすけ》である。元扶は、庶子として扱われたのかもしれない。永正十一年、国扶は川辺郡の源氏の霊廟多田院（兵庫県川西市）に守護方が懸けた段銭《たんせん》について、催促を止めるよう守護代薬師寺長忠とともに将軍義稙の命を受けている（「多田神社文書」）。

同十七年に澄元勢が瓦林政頼の越水城《こしみず》（同西宮市）を包囲した際、国扶が率いる新五郎らの伊丹勢が押し返した（『細川両家記』「北河原氏家所蔵文書」）。この後に越水城が開城し、高国も没落すると、伊丹城の伊丹但馬守と野間豊前守は、十数年の歳月をかけて「諸侍土民以下」が整備してきた城を捨てることはあまりに悔しいとし、木戸《きど》を閉じて家々に火をかけ、「天守」で腹を切った（『細川両家記』）。野間氏は伊丹近隣の野間（兵庫県伊丹市）の勢力で、後には三好義継《よしつぐ》の家臣野間長前を輩出する（天野二〇一六②）。この「天守」が記録上の天守の初見とされたこともあるが、現在では「殿主《でんしゅ》」の転訛だと考えられている。この後、伊丹城には細川澄元が入った。

大永六年（一五二六）、細川高国が丹波で波多野・柳本氏の鎮圧に失敗した際、伊丹氏は摂津の留守をつとめた。晴元勢が上郡の吹田に進出すると急行し、吹田一族をはじめ首百を取っている。翌年の桂川の合戦での高国大敗後も伊丹城を守り抜いた（『細川両家記』）。一連の合戦には森本新左衛門も参加し、高国（出家して道永《どうえい》）から感状を得ている（「北河原氏家所蔵文書」）。

享禄元年（一五二八）、伊丹氏は晴元方に転じる。その理由は、晴元の武将三好元長が高国―晴元間の和睦を図ったためだと思われる。しかし、実現には至らず、翌享禄二年正月に大山崎（京都府大山崎町）で和睦反対派の柳本賢治と元長・伊丹弥三郎が合戦し、弥三郎ら伊丹一族六人が討ち死にする。また、八月に伊丹城は包囲されて十一月に落城、元扶ら一族三十人以上が討ち死にした（『細川両家記』）。

翌年に高国方が攻勢に転じると、伊丹城には晴元の武将高畠長直《たかはたながなお》が籠もる。城内は阿波勢の拠点と化すが、そこに森本囚幡守の姿があった。富松《とまつ》（兵庫県尼崎市）での合戦にも晴元方として参加し、感状を受けている。また、晴元が森本民部丞へ、高畠長直が伊丹民部丞へ宛てた書状の包紙が残る。森本民部丞と伊丹民部丞とは、同一人物だろう（「北河原氏家所蔵文書」）。森本氏が伊丹惣領家への対抗姿勢をみせ、伊丹を称したのではないか。高国の自害を招いた享禄四年の大物（同尼崎市）の戦いでは、国扶が戦死している（『細川両家記』）。直前の高国方の巻き返しにより、国扶は伊丹城に戻っていたと思われる。

この時期の伊丹氏は、伊丹但馬守と野間豊前守に「諸侍土民以下」が整備してきた城と言わしめたように、近隣村落の土豪たちを従えたと思われる。しかし、一族の森本氏が晴元方に与したように、池田氏と同じく伊丹惣領家も絶対的な存在ではなかった。

瓦林氏の越水築城と灘五郷

高国の下で台頭した国人に、瓦林政頼（正頼。対馬守）がいる。瓦林（河原林）氏は、下郡の武庫郡瓦林（兵庫県西宮市）を拠点とするが、以前の活動はよくわからない。政頼の事績は、永正十四～十六年（一五一七～一九）頃に成立した『瓦林政頼記』（『松若物語《まつわかものがたり》』）に詳しく、永正七年頃に鷹尾城（同芦屋市）を築城し、当時は豊島郡に居たという。

鷹尾城は瓦林から西に約七km、豊島郡からは約十二kmも離れた下郡の灘五郷《なだごごう》（西宮市以西～神戸市）に築かれた山城で、近くに「殺所」（難所）がないことが選地の理由であった（『不問物語』）。豊島郡には丘陵地と平地しかないため、山城にふさわしい場所を求めたのだろう。しかし、この築城に地元の侍たちが反発した。灘五郷の大半は菟原郡に属し、武庫郡の町場である西宮を含む五つの郷に分かれていた。寺社本所領の荘園と称して守護代の命に従わない七～八百もの「侍」がいたという。彼らは村落の土豪を核とした集団だろう（以下、「灘侍衆」と略）。

灘侍衆は築城を迷惑と断じて、郷内で対立中の西宮と本庄（神戸市東灘区）も協力して城攻めの準備を開始。一方で、政頼の同名《どうみょう》（一族）で灘侍衆でもあった足高氏と下村《しもむら》氏が細川澄元方に通じたため、翌年五月に高国の命で鷹尾城の軍勢が足高氏を討つ。鷹尾城には外堀を構え、本庄にも攻撃を加えた。この築城をめぐる争いが細川高国と澄元の全面衝突を誘引し、芦屋河原の戦いを迎える。

永正十二年頃、政頼は新たに越水城（兵庫県西宮市）を築く。西国街道が通る平地との比高差約

越水城跡　兵庫県西宮市

一〇〇mの台地の南東縁辺に立地し、およそ東西一〇〇m×南北一四〇mの館城の様相を呈した。この後にも越水城は使用されるが、そのアウトラインは政頼の時点でできあがったとみられる（中西二〇一八）。

『瓦林政頼記』によれば、「家城」の越水築城は、毎日五〇〜一〇〇人が堀を掘って壁を塗り、土居を築いて櫓をあげる急ピッチで進められた。そして「本城」に政頼、「外城」に子の春綱《はるつな》ら一族や与力と被官、そして約一km離れた西宮に家人が居住した。この家人とは、高国の優位が定まるなか、政頼に従った西宮の住人かもしれない。山麓に土塁で囲まれた惣構《そうがまえ》を想定する説もあるが、摂津国内のほかの城郭と比較した場合、その成立は疑わしい。なお、鷹尾城には与力の鈴木《すずき》与《よ》次郎《じろう》が置かれた。

永正十年、政頼は高国の下で能勢頼則とともに川辺郡代をつとめた（「多田神社文書」）。また、当初に鷹尾城に入った政頼の舎弟吹田又五郎は、上郡の吹田氏の一族になっていたのだろう。宿老《しゅくろう》の麻《あさ》田《だ》宗圓《そうえん》は豊島郡麻田（大阪府豊中市）、与力の富松彦三郎は武庫郡富松（兵庫県尼崎市）、稲津《いなづ》小五郎は同郡稲津（大阪府豊中市）の勢力だと思われる。政頼の瓦林惣領家が本拠瓦林から外部へ進出し、勢力を伸ばしたことがうかがえる。

一方で、政頼は以降も灘侍衆や城内の与力、被官を掌握できていなかった節がある。政頼は、帰参後の灘侍衆の河島兵庫助を澄元方へ内通の噂で殺害しており、永正八年の澄元方の攻勢時、政頼自身は伊丹城にいた。同十七年には越水城を澄元勢に開くが、城内の京兆家内衆の若槻元隆《わかつきもとたか》は老齢を理由に腹を切っている。この後、高国は政頼に切腹を命じることになる。

翌永正十八年、瓦林幸綱《ゆきつな》（六郎三郎）は西宮神社（兵庫県西宮市）へ連歌を奉納する人々に土地を売却し、知行を保証した（「岡本文書」）。文中に「殊修理亮方親にて候」とあり、大永六年（一五二六）の八上城攻めにも修理亮と弾正忠が参加している（『細川両家記』）。彼らは対馬守を称さない庶子家の人物であろう。馬部隆弘氏によれば、政頼同名の灘侍衆足高氏とは、細川澄元に属した瓦林出雲守のことであり、後継者の日向守在時は澄元の側近となった（馬部二〇一八）。享禄三年にも細川晴元方として瓦林左衛門尉が戦死している（『細川両家記』）。瓦林氏でも、京兆家の争いに乗じ、惣領家に代わる庶子家の動きがあった。

活動の幅を広げる北郡の塩川氏と能勢氏

高国の時代、下郡の瓦林氏と同じく、北郡の塩川氏と能勢氏が活動の幅を広げた。

塩川（河）氏は、川辺郡北部を拠点とする国人である。惣領家は「秀」「満」を諱の通字とし、鎌倉時代以来の多田院御家人であった（渡邊二〇〇五）。川辺郡多田（兵庫県川西市）は摂津源氏発祥の地で、同郡を中心に多田荘という広大な荘園が広がる。多田院御家人とは、鎌倉幕府が源氏の根拠地掌握を目的に制度化したもので、源満仲《みつなか》らを祀る多田院（多田神社）への奉仕を役とした。一般御家人とは違い、多田院御家人には村落の有力者が含まれる。塩川氏は、多田荘を中心に勢力を広げ、文明年間（一四六九～八七）には京兆家の被官となった。

文明十七年（一四八五）には、先述の能勢頼則が主催の連歌会に塩川秀満の出席が確認できる。明応四年（一四九五）には、種満《たねみつ》が京兆家奉行人の斎藤元右から多田院に段銭を寄進する旨が伝えられた（「多田神社文書」）。そして、細川高国の下では国満がたびたび軍勢催促に応じるようになった。永正十六年（一五一九）には有馬郡で挙兵した池田信正の鎮圧に向かい、大永六年（一五二六）七月には八上城攻めに参加している。国満は妻が高国の縁戚にあたり、諱の「国」の字は高国から与えられた偏諱《へんき》だろう。

能勢氏は、能勢郡東部（東郷）を拠点とする国人である。惣領家が「太郎」「下野守」を称し、「頼」を諱の通字とした（末柄二〇一〇）。源氏の流れを汲み、鎌倉時代には幕府の御家人、室町時代には将軍家奉公衆として在京する一方、地元では多田院御家人の顔をもった。なお、先述した東郷の野間氏は、採銅所預職を歴任した大江《おおえ》氏の流れを汲み、「資」を諱の通字とした。やはり野間氏も多田院御家人である。石見入道が能勢十郎の名を出したように、能勢氏に属したと思われる。

応仁の乱以降の能勢氏には、庶流家と思しき「源左衛門」「源次郎」を称する京兆家被官が登場する。乱の勃発からまもない応仁元年（一四六七）七月、細川勝元に従う京都の戦で源左衛門と弥次郎が戦死した（「能勢家文書」）。この後継者が能勢頼則（頼豊《よりとよ》）で、頼弘の流れは山城国乙訓《おとくに》郡今里《いまさと》（京都府長岡京市）でも土豪となった（森田一九九四）。

頼則は、文明十年七月の三宅攻撃の際、下郡代の薬師寺長盛の手に属している。この後は高国方として永正六年の如意ヶ岳の戦いにも下郡代の薬師寺岩千代（国盛《くにもり》）に属し、余田十郎・久代与四郎・同新左衛門らを従えて敵の首を獲た（「能勢家文書」）。久代氏は、伊丹に近い武庫郡久代（兵庫県伊丹市）の土豪だろう。そして、頼則は高国が築いた芥川城（大阪府高槻市）の城代となり、上郡へと進出する（後述）。

高国の命令に反する西郷諸侍中

北郡の能勢郡は、大きく東郷と西郷という地域に分かれ、東郷は能勢氏の本拠であった。一方の西郷には、多田院御家人の系譜を持つ大町《おおまち》氏や森本氏らの土豪がおり、永正十七年（一五二〇）十二月の日付を持つ細川高国の奉行人飯尾秀兼《いいおひでかね》の奉書案は「西郷諸侍中」に宛てられている。これによれば、高国の被官庄林《しょうばやし》木工助《もくのすけ》が買得した採銅所の一部について、たびたびの高国の命令にも関わらず、西郷の諸侍が年貢を納めなかったため、従わなければ成敗するとある（「壬生家文書」）。

採銅所の領主であった壬生家にも、年貢は納入されなかった。「壬生家文書」には、永正十八年二月付けの三通の関連文書が残され、高国の奉行人飯尾元兼《もとかね》が年貢を納めない「百姓等」への対応を守護代薬師寺国長に求め、直接「当所名主百姓中」にも納入を命令。国長が小守護代《こしゅごだい》の薬師寺梅千代《うめちよ》に「名主沙汰人中」への督促を命じたことがわかる。つまり、西郷諸侍中とは、名主らの村落上層部、村の侍身分を含む集団であった。高山荘に置き換えると、高山氏と御百姓衆を一体にしたイメージである。

西郷には、丹波国境の剣尾山《けんぴさん》山頂（標高七八四m）に顕密系の月峯寺《げっぽうじ》が所在した。月峯寺には、文亀元年（一五〇一）からまもない頃の「往古水帳《おうこみずちょう》」（「月峯寺文書」）が伝わる。西郷における寺領年貢の請負者や作職《さくしき》所有者が記され、ここに「方」「殿」の尊称を付す侍身分が確認できる。「往古水帳」に登場する大町氏・森本氏・山田氏は多田院御家人で、中でも六ヶ所と多くの記載がある大町氏が有力者であったとみられる。なお、寛正七年（一四六六）の採銅所別当は「能勢大町宗忠《むねただ》」であった（「壬生家文書」）。

後世の手によるが、永禄二年（一五五九）の年紀を持つ「能勢郡諸侍書上覚写」（「井戸源内氏文書」）では、村々に一七〇名もの侍が列挙され、「往古水帳」と重複する人名も多い。下郡の灘侍衆と同じく、やはり西郷諸侍中とは十豪を核とし、村々の侍層を含む集団として理解できる。以前にも、彼らは京兆家の下知に応じなかったことがあった。文明十一年（一四七九）、西郷の採銅所は年貢を細川政元の被官高橋三郎の守護請《しゅごうけ》としていたが（『晴富宿祢記』）、壬生雅久《まさひさ》の書状によると「在地 輩《ざいちのともがら》」が守護の成敗に応じないとしている（「壬生家文書」）。

同時期の上郡では、守護代薬師寺元長が国人茨木氏と吹田氏を追い落とし、高山荘では御百姓衆と元長が関係を深めていた。これらの西郷諸侍中の動きにも、京兆家や能勢氏といった国人が関係していたに違いない。この点は後述する。

細川高国による芥川築城

上郡に目を転じると、瓦林政頼の越水築城と同じ永正十二年（一五一五）頃、細川高国は澄元方への備えにふさわしい城郭が摂津に必要と考え、芥川宿から約三・五km北に離れた山塊に芥川城（芥川山城跡。大阪府高槻市）という山城を築く。普請《ふしん》は、朝から晩まで三百〜五百人の人夫を使い（『瓦林政頼記』）、西国一とされる要害構築に通じた出雲国住人の馬木繁綱《まきしげつな》の意見を容れた。屏や鹿垣《ししがき》をまわして堀や陣屋《じんや》、櫓を設けたという（『不問物語』）。高国は、この城を北郡の能勢頼則に任せた。連歌師柴屋軒宗長《さいおくけんそうちょう》は、永正十三年正月にこれを祝う歌を詠んでいる（『那智籠《なちごもり》』）。

しかし、すでに上郡には「芥川城」が存在した。柴屋軒宗長は永正二年正月に有馬温泉へと下る途中、芥川城で能勢頼則が催した連歌会に参加している（『宇津山記《うつやまのき》』）。かつて、細川政元は「守護所」を茨木に定める以前、西国街道の芥川宿周辺を押さえようとしたことがあった。西国街道は、宗長が目指す有馬温泉への道でもある。この芥川城は、政元が芥川宿周辺に設けた平地の城館に違いない。

芥川山城跡を南から望む　大阪府高槻市

能勢頼則には、上郡で京兆家の城を預かったキャリアがあった。『瓦林政頼記』は、高国の芥川築城を瓦林正頼の越水築城の直前に記す。しかし、築城の動員数をみると、芥川城の「五百人三百人」に対し、越水城の「五十人百人」と差が大きく、前者は山城、後者は台地上の館城である。高国は、新たに築城した芥川城を平地の茨木に代わる拠点としたが、全国的にも平地の守護所は山城へと機能を移す。芥川城と越水城は、ともに澄元方に備えた同時期の築城であるが、守護の山城と国人の居城という城郭の性格には違いがあった。

　さて、大永三年（一五二三）の秋、頼則の後継者能勢国頼は「城山」（芥川城）で千句連歌会を開く。国頼の「国」の字は、高国からの偏諱だろう。翌年、国頼は高野山《こうやさん》から帰京する前内大臣の三条西実隆《さんじょうにしさねたか》をもてなす名誉の機会を得た。国頼は輿《こし》や馬、渡辺津（大阪市中央区）からの舟運を手配し、芥川宿に近い善住寺《ぜんじゅうじ》に迎えた（『高野参詣日記』「能勢家文書」）。また、大永五年、国頼は芥川宿を見下ろす霊松寺に山林を寄進した（「霊松寺文書」）。高国の芥川城代就任後、澄元派の国人芥川氏が本拠とした芥川宿周辺に能勢氏が力を持ちはじめていたことがわかる。

なお、戦国時代の合戦では、敗れた側の山城の主体が後背の山間部へと没落する事例が多い（中西二〇〇四）。芥川城の後背にあたる北摂山地に能勢郡は位置した。後の永禄十一年（一五六八）、高山右近の父飛騨守は芥川城主和田惟政の城代となるが、やはり高山荘は後背の山間部に位置する。高国が能勢氏を城代とした背景には、国人の本拠と山城との位置関係も考慮されたのかもしれない。

高国の近習となった上郡の国人たち

永正八年（一五一一）の和泉深井の戦い（大阪府堺市）において、細川澄元勢は高国方の池田・伊丹・三宅・茨木・安威・福井・太田・入江氏ら二万の軍勢に大勝を収めた（『不問物語』）。このときの高国勢は、池田・伊丹氏を除くと上郡の国人ばかりであった。

高国の近習は、馬部隆弘氏による永正十七年の「十念寺念仏講衆《じゅうねんじねんぶつこうしゅう》」の検討で把握された。彼らは守護代や国人の一族で、一揆的なつながりがあるという（馬部二〇一八）。このうち、摂津国人は三宅宣村（大和守）、茨木秀俊《ひでとし》（藤次郎）、中条長家《ながいえ》（五郎左衛門尉）、太田元親（越前守）、入江国忠《くにただ》（孫四郎）、森親忠《ちかただ》（八郎左衛門）で、不詳の森氏以外は全員が上郡の国人である。中条氏は、細川政元の越後下向に従った近習中条弥五郎に連なる人物だろう。高国は、政元と同じ上郡で近習を取り立てたことがわかる。

三宅宣村は、惣領家の通字「村」を使用しながらも惣領家の「出羽守」を名乗らず、入江国忠も惣領家の諱「信」の通字を用いていない（後述）。宣村と国忠は、国人庶流家出身の可能性がある。茨木秀俊は、文明十四年（一四八二）の一族没落後、政元が取り立てた茨木藤次郎の流れを汲む人物だろう。

この頃の上郡では、澄元派の国人芥川氏にも変化が生じている。かつての芥川氏は守護代薬師寺氏から養子を迎えたが、今度は阿波三好氏の一族となった。永正十七年五月に京都で澄元の重臣三好之長が自害した際、二人の息子も切腹するが、そのうちの一人が芥川姓であった。澄元方が高国の基盤である上郡の「楔《くさび》」とすべく、之長の子に芥川氏の名跡を継がせたのだろう。もちろん、従来の芥川一族もいたと思われる。

なお、之長の息子二人の名は、孫四郎と芥川二郎（『元長卿記』）、芥川次郎と孫四郎（『二水記《にすいき》』）、芥川次郎長光《ながみつ》と弟の孫四郎長則《ながのり》（『細川両家記』）と、諸記録によって混乱している。三好長光という人物の肖像画（模本。京都大学総合博物館所蔵）には、天文十三年（一五四四）に子の三好長逸《ながやす》が認《したた》めた賛文《さんぶん》が記される。芥川氏に関する記述はなく、長光は孫四郎を称していた。このため、芥川次郎の名は長光ではなく、長則であった可能性が高い。ただし、長逸は天文二十三年まで「長縁《ながより》」の名を用いるため、賛文との年代に齟齬がある。

また、大永六年に細川晴元勢が欠郡へと進出した際、「三宅須田」が悦んだという（『細川両家記』）。これはおそらく、三宅氏と復活した吹田氏のことである。両氏は、河内や欠郡との関係が深い上郡の国人であり、晴元勢の手引きをしたと思われる。

おおむね上郡の国人の大半は高国方であったが、芥川・三宅・吹田氏らは澄元―晴元につながった。大永七年二月に晴元勢が高国方の守護代薬師寺国長・国盛兄弟を大山崎（京都府大山崎町）で敗北させると、国長は入江氏の高槻城（大阪府高槻市）へと逃げ込み、高国方の芥川城・太田城・茨木城・安威城・福井城・三宅城が次々と落ちる（『細川両家記』）。これ以降、上郡での能勢氏の活動も途絶え、高国の勢力は後退した。

一向一揆と細川晴国

天文元年（一五三二）五月、三好元長と対立する木沢長政の飯盛城（大阪府大東市・四條畷市）が攻撃されると、本願寺宗主の証如が反元長の細川晴元を支持して山科本願寺（京都市山科区）を出立、一向一揆が堺（堺市堺区）で元長を討つ。この後、晴元方と対決する一向一揆、そして本願寺に与した高国の後継者である弟晴国への摂津国人の反応はさまざまだった。

同年八月五日、池田城を攻める一向一揆が仲介で撤退する一方、二十四日には山科本願寺が陥落した。ところが九月末、一部の国人らが一揆と手を結び、晴元方の柳本勢を大山崎で崩す（『祇園執行《ぎおんしぎょう》日記《にっき》』）。しかし、十二月には薬師寺国長らの上郡の軍勢が富田の教行寺と寺内町を焼き払い、下郡では池田氏と伊丹氏がことごとく道場（真宗の寺院）を放火した（『細川両家記』）。蓮如の末子実従《じつじゅう》は、津国衆が皆裏切ったと日記に書き残している（『私心記《ししんき》』）。

下郡では、この畿内の天文一揆の際、川辺郡塚口《つかぐち》（兵庫県尼崎市）の正玄寺《しょうげんじ》に一揆が立て籠もったという。この後に塚口では、惣構構造（第Ⅱ部第三章の池田城を参照）の寺内町が形成された（山上二〇一五）。小浜《こはま》（同宝塚市）でも寺内町が成立し、豊島郡の南部では蓮如以降に次々と寺院が建立されている。池田氏が力を伸ばす垂水荘では、翌天文二年正月に一揆勢が目代今西氏の屋敷を襲った（古野二〇〇九）。

同じく天文二年二月、一揆は堺の晴元を淡路に追った後に伊丹城を攻め、一町（約一〇〇m）の長さの「らうか」二通りを構築し、昼夜の境なく「尼女」までが堀を埋めて追い詰めた。しかし、来援した木沢勢と法華衆に敗れて五〇〇人余りが切り捨てられ、下郡の「村々里々」がことごとく放火された（『細川両家記』）。一揆と下郡の村々は一体であり、出家した女性までも戦いに参加していたことがうかがえる。池田氏と伊丹氏にとっての一向一揆とは、膝下の村落の武装蜂起であった。

四月になると、晴元が池田城に入り、大坂本願寺攻めを開始。一方で、丹波の内藤氏が庇護する細川晴国が摂津進出の様子をみせ、六月には晴国方の細川国慶《くによし》が晴元方で京都守備の任にあった薬師寺国長を戦死させた（馬部二〇一八）。この後、元長の子三好千熊丸（後の長慶《ながよし》）が調停する形で、晴元と本願寺の間に休戦が成立。しかし、晴国方の瓦林氏らが欠郡中島（大阪市淀川区など）を拠点に軍事行動をはじめ、九月には一揆勢とともに晴元方から越水城を奪還した。しかし、池田氏と伊丹氏が長慶の被官三好連盛《つらもり》・長逸と越水城を攻め、瓦林勢は中島方面へと撤退していく（『細川両家記』）。

当時の瓦林氏は、永正十七年（一五二〇）に政頼が自刃した惣領の対馬守家が没落、一族も分立した。澄元方の日向守在時は高国方となったが、享禄四年の大物崩れで戦死。翌享禄五年三月、晴元は瓦林帯刀左衛門尉に元長を討つべく忠節を命じ、天文三年の帯刀左衛門尉の戦死後は、晴元方の太久丸が確認できる（「末吉文書」）。一方で対馬守春信《はるのぶ》・越前守・四郎兵衛尉は晴国に属した（「能勢家文書」「小畠文書」）。春信は、政頼の子という春綱と同一人物かもしれない。能勢国頼に晴国が本来の領地と「芥河分」を保証したと伝えている（「能勢家文書」）。かつての国頼は高国の芥川城代であり、晴国に応じて丹波八上方面へと軍勢を動かす。

翌天文三年八月、今度は三好連盛らが晴元から離反し、下郡の椋橋《むくはし》城（大阪府豊中市）に入った。この背景には、晴国と長慶の連携模索が想定されている（馬部二〇一八）。連盛らと欠郡中島で交戦した伊丹氏は、一族の馬場《ばば》氏が討ち死にするなど敗北。十月には、一揆と連盛らの軍勢の前に晴元方の三好政長・伊丹・池田勢が敗れた。しかし、連盛らは伊丹氏と木沢長政の仲介で晴元に帰参する（『細川両家記』）。

さて、大坂本願寺の周囲には六つの町から成る寺内町が展開し、全体を土塁で囲む惣構の上には櫓が林立した。城郭に匹敵する軍事施設であり、この場所に一揆勢や各地の門徒が集結する。天文四年六月、晴元勢は五百～六百の一揆勢を討ち（『後奈良院宸記《ごならいんしんき》』）、十一月に本願寺と晴元は和睦する。

本願寺は三宅氏を介して晴元に人質を差し出し、三宅国村《くにむら》は晴国と河内の畠山稙長《たねなが》をつないだ（岡田二〇一二）。天文二年、国村は芥川氏の拠点の霊松寺（大阪府高槻市）に禁制《きんぜい》を出して上郡に存在を示しはじめていた（「霊松寺文書」）。本願寺と晴国に近い国人として、国村の存在感が高まった。

国村の本拠である三宅には、本願寺坊官下間《しもつま》（川那部《かわなべ》）一族の称願寺《しょうがんじ》があり、その二人の妹は国村と隣村の土豪味舌浜氏にそれぞれ嫁いでいた。下間一族の娘は、茨木近江守の妻にもなっている（「下間系図」）。従来から、三宅氏と茨木氏は河内畠山氏や欠郡との関係が深く、国村は天文三年二月に真宗門徒になったばかりであった（『私心記』）。それは宗教的な動機ではなく、欠郡に位置する大坂本願寺との関係を重視したためではないか。晴国方として動いた背景も同様かもしれない。

休戦後も欠郡中島では一揆の抵抗が続き、天文五年三月には伊丹勢の次屋城《つぎや》（兵庫県尼崎市）、椋橋城が開城（『細川両家記』）。一方で、丹波の波多野秀忠《ひでただ》（元清の後継者）が晴元方に転じたため、後ろ盾が弱くなった晴国は国村のいる摂津に迎えられた。しかし、まもなく国村は晴国を欠郡天王寺（大阪市天王寺区）で殺害する。『細川両家記』は、この行為を平安時代の武将源義朝《よしとも》が家人に殺害された例になぞらえている。晴国の扱いは実に軽い。この後、一揆は収束に向かい、国村は晴元方に転じた。

近隣の吹田や郡山《こおりやま》（大阪府茨木市）には寺内町が成立し、富田教行寺も再興された。

台頭する国人と京兆家の関係

これまでの研究によって、細川高国の時代に国人を凌駕する有力内衆の動きが消え、国人が守護の支配機構で存在感を持つことが明らかにされている。一方で、国人と高国との関係は不安定で、土豪層の被官化や荘園支配の深化によって自立化を示した（今谷一九八五、森田一九九四）。この傾向は下郡に顕著で、国人惣領家に拮抗する庶流家の動きもはじまる。これまでの動きをまとめておこう。

下郡では、池田惣領家だけが澄元―晴元派であり、それ以外の国人はほぼ高国派となった。この「派閥」は、池田氏と伊丹氏という二大国人間の対立に加え、池田惣領家による北郡や丹波方面への働きや垂水荘などでの在地支配が突出した結果、他国人が連携した構図のように映る。一方で、池田惣領家を除く下郡・北郡の国人らは、京兆家の下での連帯を確認する場であった連歌会を開催しなくなる。国人たちの京兆家からの自立化は進んでいたのだろう。下郡では高国が池田氏の池田城、澄元や晴元が伊丹氏の伊丹城に入っている。彼らの城館は、京兆家当主が入るにふさわしい城郭になっていた。

政元以来の京兆家の基盤である上郡では、茨木・吹田氏ら国人惣領家に成長の跡がなく、庶流家が高国の近習となった。ただし、澄元方の国人である芥川氏では阿波三好氏との一体化が進み、河内や欠郡との結びつきが強い三宅氏や吹田氏も澄元―晴元派の場合が多かった。この上郡を確保すべく、高国は平地の「守護所」茨木に変わる軍事拠点として芥川城という山城を築いた。そして能勢氏を「城代」に登用する。

高国は、下郡・北郡の国人のうち、瓦林氏と能勢氏、塩川氏ら「新興」の国人を自らの支配機構で活動させた。下郡では、池田氏と伊丹氏という二大国人が力を強めている。そこで、瓦林氏は下郡でも東に寄る池田・伊丹氏の拠点を避けるように、西の灘五郷へと拠点を移す。ここは薬師寺下郡代家が拠点とした反面、自立的な侍層がおり、いまだ国人勢力が弱い地域であった。能勢氏では、庶流家が上郡の芥川城の「城代」に就き、澄元派の国人芥川氏を脅かす。これは高国の動きとも読み取れ、そのうえで自身は上郡を確保する勢力図を描いていたように思う。畿内の天文一揆の際、瓦林・能勢氏が高国後継の晴国方として行動した理由は、彼らが高国を依り代にしていたことを示している。

一向一揆と国人庶子家

さて、一向一揆は北陸や東海地方でも展開し、加賀国は「百姓の持ちたる国」となった。真宗は民衆に支持された宗教で、「往生極楽」を求める彼らの魂を救った。その勢いは、信仰という一面をもつだけに盛んとなっていく。

畿内の天文一揆は、民衆の蜂起という性格が強く、その背景には本願寺を当事者とした領主層からの知行権の奪取も推測されている（金龍二〇〇四）。国人らは、古代以来の権門領主との対峙を経て、勢力を広げた。しかし、今度は民衆が領主との対峙に目覚め、国人らが突き上げに見舞われた。畿内の天文一揆が下郡の勢力図をくつがえし、長年対立してきた池田氏と伊丹氏は連携した。

一方で、池田一族の大西氏は、池田に真宗寺院の弘誓寺《ぐぜいじ》を開基し、寺内町をモデルとするような町場の振興を意図しはじめたとされる（天野二〇一五）。上郡では、本願寺と結ぶ三宅国村が、天文一揆勃発後の天文三年（一五三四）に門徒となった。国村の真宗への「入信」は、政治手段なのだろう。本願寺や一向一揆は、自らを脅かす反面、支配の手立てにもなった。これは、京兆家の家督も同様である。国村は晴国を自害に追い込むが、これ以前に国人の思惑で殺された京兆家の人物はいない。

各国人の家では、惣領家が支持する京兆家家督の対立派閥に庶流家が属することがあった。高国派国人の瓦林惣領家では対立する一族の灘侍衆足高氏、伊丹惣領家では近郊の村の名を名字とする森本氏が澄元―晴元方に属した。惣領家にとっての庶子家の掌握とは、土豪層の掌握を意味する。

北郡の能勢郡西郷では、西郷諸侍中が高国の年貢納入の命を受けなかったが、能勢氏や近隣の塩川氏は高国方の国人である。かといって、西郷諸侍中が澄元―晴元方に属した形跡はない。「白か黒か」の勢力図ではなく、このようなグレーゾーンの掌握も国人の頭にはあったように思う。

晴元の時代になると、瓦林氏と能勢氏が没落するなか、力を伸ばす勢力があった。その代表が、かつて今谷明氏が注目した摂津国人茨木長隆《ながたか》である（今谷一九八五）。細川政元の時代、薬師寺氏ら京兆家有力内衆に軍勢動員をかける奉行人が現れ、幕府から「管領代」と呼ばれた。歴代の「管領代」は、幕府奉行人の庶子家から輩出されたが、長隆は上郡の国人一族である。今谷氏は、政元段階の京兆家は摂津国人の不登用策を採ったと考えたので、長隆の登場を大きな画期とした。

この理解が成立しないことは先述したが、これまで上郡の国人一族が京兆家奉行人となったことはない。晴元の時代、京兆家中枢のメンバーは高国被官から晴元被官の系譜へと変化した（浜口二〇一四）。長隆には、京兆家と国人との関係変化をみることができる。なお、茨木氏の人名復元は難しいが、惣領家が「藤次郎」を称した可能性が高い。長隆は、庶子家の出身なのかもしれない。

さて、この時代にも高山氏・中川氏の活動は確認できない。しかし、土豪層は次の時代に台頭し、両氏の姿も新たな権力者の下、歴史の表舞台へと現われる。その準備期間ともいえる時代であった。

第Ⅱ部　高山飛騨守の登場

『太平記英勇伝』に描かれた高山右近　高槻市立しろあと歴史館蔵

第一章　覇権は細川から三好へ

細川晴元と三好長慶

本章では、およそ天文五年（一五三六）の天文法華の乱収束後から、三好長慶が芥川城（大阪府高槻市）を居城としてしばらく経った永禄元年（一五五八）までを扱う。細川晴元が畿内の中央を掌握し、その後に細川高国の後継として細川氏綱《うじつな》を擁する勢力が出現。やがて、長慶が晴元を駆逐する時代である。そして高山右近と中川清秀が生まれ、池田家中に中川氏が登場する時代でもあった。

はじめに、年代の目安となる出来事を概観し、以降の話につなげていきたい。天文五年七〜八月、晴元と対立する京都の法華一揆と畿内の一向一揆、高国の弟・細川晴国を推す勢力が没落し、ようやく九月に晴元は長慶（千熊。翌年に利長《としなが》）と波多野秀忠・木沢長政を率いて入京を果たす。晴元は三好一族の政長を重用し、天文八年に起きた河内十七か所という河内国茨田《まった》郡西部の大荘園をめぐる長慶と政長の争いは、晴元と長慶の対立に発展した。武力蜂起を図る長慶を将軍足利義晴《よしはる》は宥め、摂津国人らに説得を命じた。しかし、長慶は上郡の芥川城を占拠したうえ、軍勢を率いて上洛する。近江の六角氏が仲介して和睦が成立した後、長慶は越水城（兵庫県西宮市）を獲得し、以降は下郡で力を培うことになった。

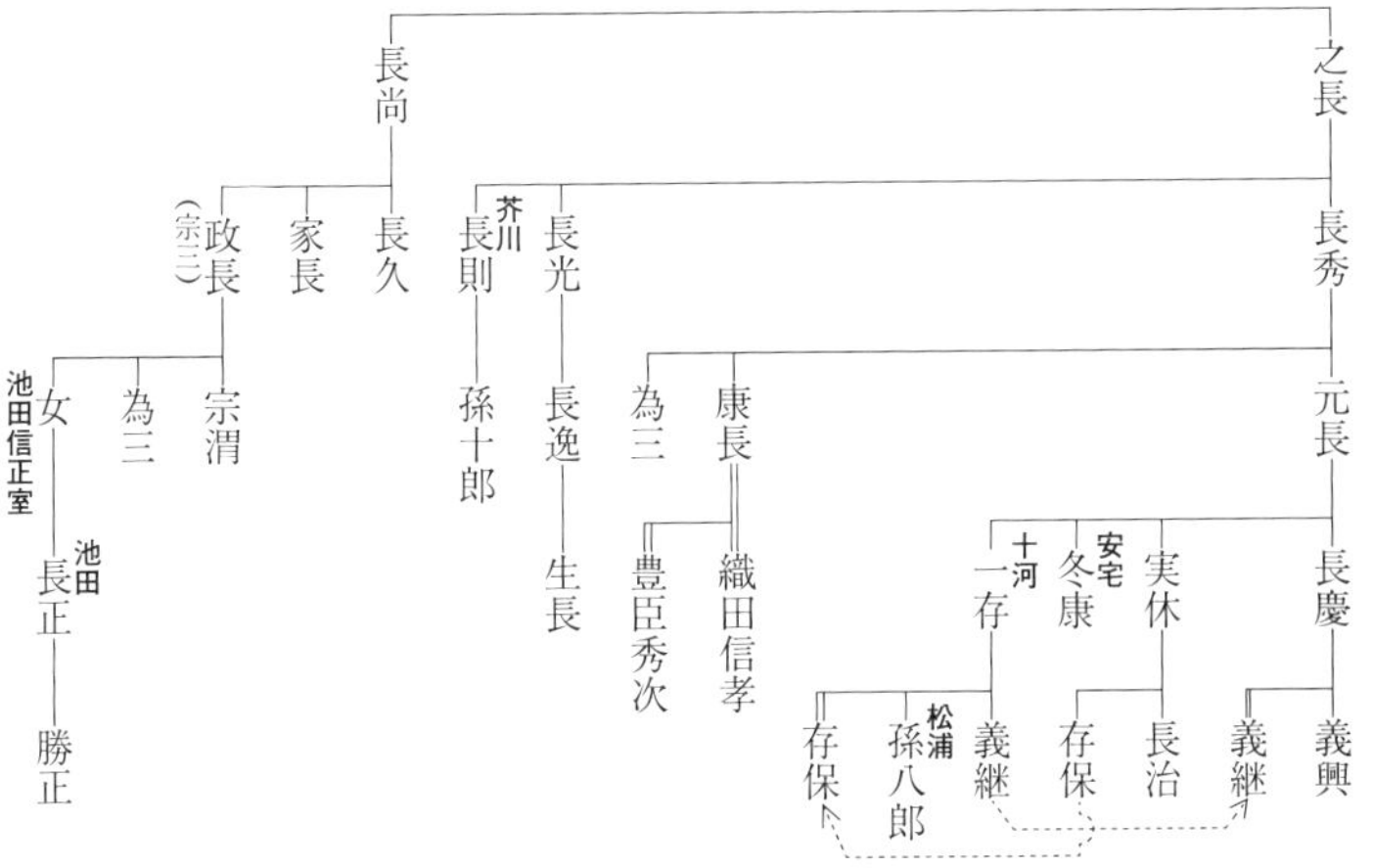

系図４　三好氏略系図

天文十年になると、同じく政長への不満から北郡の塩川国満、下郡の伊丹親興《ちかおき》、上郡の三宅国村という旧高国派の国人が晴元と対立し、木沢長政と手を組んだ。この背景には、高国の跡目を称する細川氏綱の登場もあった。しかし、国村は晴元に帰参し、翌年の河内太平寺《たいへいじ》（大阪府柏原市）の戦いで長政は討ち死にを遂げる。翌天文十二年、細川国慶らを味方に氏綱が挙兵したが、晴元は芥川城に入って軍勢を進めた長慶が鎮圧した。しかし、同十五年に再び氏綱は挙兵し、今度は守護代遊佐長教《ながのり》ら河内守護畠山氏の勢力の支援を受けて欠郡を制圧し、摂津でも国村と下郡の池田信正が氏綱方となった。

晴元方は、長慶の弟である阿波の三好之虎《ゆきとら》（実休《じっきゅう》）の来援によって勢いを取り戻す。天文十六年には下郡の原田《はらだ》城（同豊中市）を開かせ、上郡の三宅城（同茨木市）を落とした。奪還した芥川城には長慶一族の芥川孫十郎が入り、池田信正が舅の三好政長を通じて帰参した。そして欠郡の

『英雄三十六歌仙』に描かれた三好政長
当社蔵

舎利寺《しゃりじ》の戦い（大阪市生野区）で氏綱や長教らに勝利し、翌年、両陣営は和睦した。

この後、晴元は氏綱方についた信正を自害に追い込んだ。政長が池田氏の「私物化」を進め、信正の跡を孫にあたる池田長正《ながまさ》が継ぐ。これは池田家中の総意ではなく、ついに長慶が政長に不満を抱く勢力を糾合して晴元と袂を別った。

天文十八年に長慶は氏綱・長教と手を結び、讃岐《さぬき》にいる弟十河一存《そごうかずまさ》の来援も受け、ついに欠郡の淀川べりで起きた江口《えぐち》の戦い（大阪市東淀川区）で政長を討つ。晴元と将軍義輝《よしてる》・義晴父子は京都を落ち、長慶は氏綱とともに上洛を果たした。長慶は、一時は協力関係にあった伊丹親興と戦いをはじめるが、翌年には長教の仲介で和睦。そして天文二十年、日本へキリスト教を伝えたイエズス会の宣教師フランシスコ・ザビエルが上洛を果たす。

天文二十一年になると、氏綱が細川京兆家の家督に就く。出家した晴元は、若狭へと向かうも策動を続け、芥川孫十郎と池田長正が長慶から離反した。事態は一端収束するものの、孫十郎は翌年に再び離反し、七月に長慶が芥川城を囲んだ。翌八月には晴元方が北郡の塩川勢と池田に進もうとするが失敗、長慶が孫十郎を屈服させた。以降、長慶は上郡の芥川城を居城とし、下郡の支配は松永久秀《まつながひさひで》にある程度を委ねた。そして丹波や大和、播磨方面へと軍勢を動かし、義輝や晴元との抗争を続ける。

芥川城を居城とした長慶は、室町幕府に代わり、当時の人々が「天下」の所在地と認識していたおおむね首都圏の掌握に成功。京都の住民間紛争や山城国や摂津国の在地相論などの裁定をはじめ、将軍権力に代わる新たな「天下人」となった。長慶は上郡の土豪鳥養《とりかい》（飼）氏の一族を奉行人とし、晴元の奉行人であった茨木長隆を配下にするなど、その足場を固めていた。

池田家中で台頭していく荒木氏

天文四年（一五三五）、後の高山右近と中川清秀に関わる重要な人物が誕生した。荒木村重である。以下、『荒木略記《あらきりゃっき》』によれば、村重は清秀の叔母を母とした。清秀とは、従兄弟になる。同十一年に摂津で生まれた清秀からみれば約七歳の年長となり、以前から荒木氏と中川氏に接点があったことになる。

村重の祖父荒木大蔵大輔は丹波波多野氏の「一門」で、牢人し、下郡の武庫郡小部（神戸市北区か）に居たとされる。諸記録から荒木氏を探すと、永正十七年（一五二〇）の細川高国の近習を示す「十念寺念仏講衆」に荒木大蔵大夫がみえる。この荒木氏は多紀郡大芋社領に関係し（「十佐家文書」）、丹波に拠点を置いた（馬部二〇一八）。大蔵大夫は、高国の馬廻として大永六年（一五二五）の丹波攻めでの功が賞され「安芸守」となるが、翌年の桂川の戦いで息子や一族十四人らとともに戦死した（『細川両家記』)。
天文六年の細川晴元らによる丹波の金輪寺《きんりんじ》(京都府亀岡市)への寄進奉賀帳《きしんほうがちょう》には、荒木新兵衛尉がみえる。新兵衛尉は名を清長《きよなが》といい、後には山城守を称して波多野秀忠から丹波国船井《ふない》郡代に任じられた。荒木山城守家は、多紀郡の細工所《さいくしょ》(兵庫県丹波篠山市)を拠点とし、波多野氏の被官として活動する(中西二〇〇七)。

一方、この時期の池田氏や下郡周辺でも、荒木氏の活動が散見されはじめる(天野二〇一五)。天文年間初頭(一五三〇年代)、下郡の小曽根村(大阪府豊中市)の堤の管理に関し、荒木宗次《むねつぐ》が池田正行《まさゆき》や下村仲成《しもむらなかなり》、宇保《うほ》安家《やすいえ》らと連署状を出している(「今西家文書」)。下村氏は、池田から約一・三km北上した木部《きべ》(大阪府池田市)の土豪かと思われる(後述)。宇保氏も池田近隣の宇保(同池田市)の土豪だろう。この荒木氏は、池田近隣の土豪層とともに池田氏の被官として働きはじめた。

池田氏と関りが深い勝尾寺にも、荒木国清《くにきよ》が書状を出している(「勝尾寺文書」)。丹波の新兵衛尉清長と「清」の文字が通じるところが興味深い。やがて、池田正詮《まさのり》とともに荒木卜清が水損《すいそん》を受けた垂水荘の年貢に指示を出すようになり(「今西家文書」)、池田一族の有力者「池田四人衆」の池田正朝《まさとも》と正秀《まさひで》、そして荒木村重が瀧安寺《りゅうあんじ》(同箕面市)に周辺の山林を「宗田(信正の法名)」の筋目として保護を加える(「滝安寺文書」)。信正は天文十七年に没し、その後の池田家中の人々は信正の時代を規範にしたのだろう。かつ、荒木一族が急速に台頭していく。

荒木氏の出自は不明だが、『荒木略記』のいう丹波の可能性が高いと思う。池田信正は波多野元清の甥とされ、享禄四年（一五三一）には元清が池田城に入った後、摂津の「山田」で切腹している（『細川両家記』）。その父清秀は、細川政元が石見国の吉見《よしみ》氏一族から取り立てた近習で、文明十七年（一四八五）には吹田氏や伊丹氏が関係した下郡の武庫荘（兵庫県尼崎市）の代官職、野間荘（同伊丹市）でも同様の職を得ている（中村二〇〇一）。波多野氏は、下郡に権益を有する時期があり、池田氏と波多野氏との関係を通じ、丹波の荒木一族が池田氏の被官になるという流れに不自然さは感じない。

池田氏の被官となった中川氏

天文十五年（一五四六）、池田信正は垂水荘南郷目代今西氏と春日社へ御供米を出す契約を結ぶ。この御供米は、信正の配下の知行から出すもので、翌年の御供米未進分「四斗」を「中河方」、天文十八年の「四斗　津田弥六分」を「但中河方」とする記録が残る。この頃、中川氏が池田氏被官となったのだろう。以降、池田氏の周囲で中川吉介、新左衛門、和泉らが活動している（「今西家文書」）。

この中川氏が清秀へとつながるはずだが、その拠点やルーツは不明確である。そこで、いくつかの可能性を提示したい（第Ⅰ部第一章も参照）。一つは『寛永諸家系図伝』が採った山城国出身説であるが、同書にはこれ以上の情報がない。そこで、山城国で活動する当該期の中川氏を探ると、細川国慶の与力に中河秀信《ひでのぶ》という人物が確認できる。天文二年〜翌年、秀信は安井《やすい》（京都市右京区）の地子銭《じしせん》に関する文書に名を現わすため、安井から丹波に向かう周山《しゅうざん》街道沿いの中川（京都市右京区）の勢力だと考えられる。

さて、細川国慶とは、高国の後継として晴国、続いて氏綱を擁立し、京都周辺で軍事行動を繰り返した細川玄蕃頭《げんばのかみ》家の当主である。近年の馬部隆弘氏の研究により、天文十五年からしばらく京都を支配し、流通に関わる勢力などを内衆にしたことが判明した（馬部二〇一八）。国慶は天文十六年に討死にするが、父の元全は永正八年（一五一一）に下郡で伊丹氏と伊丹城（兵庫県伊丹市）に籠城している。細川一族が下郡の国人と関係をもつなか、配下の中河氏が池田氏の被官となった可能性はゼロではない。

もう一つは、下郡（豊島郡）の中川原説である。『中川年譜』では清秀のルーツを多田源氏とし、南北朝の内乱で南朝方となった源清深が「摂津国豊嶋郡中川村」に居住、中川を名字にしたとする。中川原は近衛家領細川荘の一画であり、文明十一年（一四七九）の代官は池田若狭守であった。池田氏被官の下村氏の拠点・木部村の隣村でもあり、中川原は池田氏被官の拠点にふさわしい。ただし、史料や記録において、この地に中川氏の活動は確認できず、伝承なども残らないようである。

次に、通説の上郡中河原（大阪府茨木市）である。南北朝時代、上郡では「芥川」を名字に冠する武士の集団が形成され、戦国時代になっても「芥川中川（河）原氏」という勢力が確認できる。その拠点はこの中河原だろう。同氏は歴代将軍家から所領を宛がわれ、細川政元や澄元、享禄二年

（一五二九）には典厩家の細川晴賢《はるかた》からも感状を受けた（『知新集《ちしんしゅう》』六「芥川柳庵旧記写」）。しかし、これ以降の歴史は不詳で、江戸時代には安芸国広島に子孫が居住している。

ところで、同氏が将軍家から宛がわれた「大畠公文三位房同蔵人太郎跡」は、川辺郡内に所在していた。そこで北郡へと目を向けると、能勢郡北端の天王《てんのう》（同能勢町）の「吉良《きら》家文書」に芥川縫殿助正清《まさきよ》と高山十郎次郎重清による二通の連署状が伝わる。「吉良家文書」とは、土豪吉良氏が伝えた文書群で、南北朝時代の多田院御家人の軍忠状と戦国時代後半の文書が核を成す（高槻市立しろあと歴史館二〇〇九）。この連署状は年紀を欠くも、後者の時期とみてよい。両名が吉良氏の知行安堵と馳走の必要、守護請銭の納入と百姓への申し付けなどを伝えている。

嘉吉三年（一四四三）の能勢郡採銅所の西郷分年貢の算用状には、「満足名銅代分」を芥川に返すなどとある（「壬生家文書」）。芥川氏は惣領家が「豊後守」を称して「信」を諱に用いるため（第Ⅰ部第二章）、「吉良家文書」の芥川正清は庶流家の人物なのだろう。この芥川氏が上郡から移った芥川中川氏の流れを汲むのかもしれないが、積極的に想定はできない。

ここでは、もう一人の高山重清に注目したい。『中川年譜』では、清秀の父重清を高山氏からの養子とする。つまりは「高山重清」である。連署状の重清が清秀の縁者ならば、中川氏は北郡周辺の勢力に位置し、池田氏の被官となることも理解しやすい。芥川氏との関係も想定でき、この高山氏には地理的に近い島下郡高山、つまりは右近を輩出する一族の可能性も浮上する。

ただし、右近を詳述する宣教師たちが清秀を親戚と記すことはなかった。後述するように、両氏の勢力は構造的に対立し、従兄弟説はもちろん、清秀と右近に親近性は想定しづらい。また、戦国時代の上郡中川原には芥川中川原氏がいた可能性が高いが、この流れが清秀につながることも確認できなかった。以上、思いつくままを述べてきたが、結局のところ、中川氏のルーツが提示できる史料は乏しく、天文十一年の清秀誕生直前か幼少の頃、おそらくどこかの土豪であった同氏が池田氏の被官となった以上の想定は難しい。今後の研究に期待をしたい。

将軍と結ぶ摂津の国人勢力

国人池田氏の被官として、新たに荒木氏と中川氏が活動をはじめたが、この頃の国人たちは晴元を取り巻く実力者の木沢長政や三好政長、そして三好長慶と姻戚関係を結んでいた。伊丹氏は長政の弟に娘を嫁がせ、伊丹親興と塩川国満、三宅国村は「内縁《ないえん》」と称されている（『細川両家記』）。池田信正は政長の娘を妻に迎え、芥川孫十郎（三好一族の芥川長光《ながみつ》の子）は長慶の妹を妻としたという。この結果、国人らは木沢氏に連なる伊丹氏・塩川氏・三宅氏、三好氏に連なる池田氏・芥川氏という二派に分かれた。前者が旧細川高国方、後者が旧澄元方の国人であり、天文十年（一五四一）には両勢力間での合戦に至る。晴元周辺の抗争は、従来の国人派閥と重なっていた。

国人たちは将軍義晴との関係も深め、天文二年には伊丹左近将監・池田信正・芥川中務丞が御内《ごない》書《しょ》を賜った（「御内書引付」）。天文八年には信正、同十年には三宅国村、同十一年には芥川孫十郎が守護大名や幕府直臣の栄典「毛氈鞍覆《もうせんくらおおい》」「白傘袋《しろかさぶくろ》」の使用を義晴から許されている（『大館常興日記《おおだちじょうこうにっき》』『親俊日記《ちかとしにっき》』）。鞍覆とは替馬の鞍橋《くらぼね》を覆う馬具で、傘袋は行列の先頭に立つ長柄《ながえ》の傘の覆い袋である（二木一九八五）。池田・三宅・芥川氏らは、他国人との違いを誇ったことだろう。

摂津国人との関係強化は、義晴にとってもメリットがあった。天文八年閏六月に三好長慶が挙兵した際、義晴は木沢長政と柳本孫七郎、そして伊丹親興・池田信正・三宅国村・芥川豊後守らの摂津国人に牽制させている。彼らを通じ、将軍は存在感を示した。

天文年間になると、伊丹氏と池田氏の惣領家は地域の安全を軍事的に保証する禁制や地域支配に関わる文書の発給数を増加させていく。天文十六年に芥川孫十郎が芥川城（大阪府高槻市）に入るが、理由は「本領」であったためという（『足利季世記《あしかがきせいき》』）。後の永禄九年（一五六六）には「伊丹領内」（『細川両家記』）、元亀二年（一五七一）に「池田の領地の境界」（一五七一年九月二十八（十八）日付フロイス書簡）、天正元年（一五七三）に「池田領」（一五七三年五月二十七日付フロイス書簡）との文言が記録にみえる。フロイスは、池田領に入ったことがないという。天正六年（一五七八）には、織田信長が「塩川領中」に禁制を出した（「中山寺文書」）。北郡に塩川氏、下郡に池田氏と伊丹氏、上郡に芥川氏と三宅氏という地域を代表する国人が出揃い、「領」という支配エリアを築きつつあったことがイメージされる。

また、京兆家との婚姻は、各国人を代表する家が結んだとみるべきで、将軍との関係も同じである。懸案だった庶流家の動きを惣領家が封じつつあった。ただし、事が簡単に進んだかといえば、そうでもない。池田氏では、勘右衛門尉正村《まさむら》・十郎次郎正朝《まさとも》・山城守基好《もとよし》・紀伊守正秀が「四人衆」と呼ばれ、先述のように信正の時代を規範とするなど、惣領家池田長正の下で編成された。永禄元年になると、彼らは「家中之儀《かちゅうのぎ》」という文言を使用し、惣領家当主に代わって禁制を出すようになる（「大徳寺文書」）。

一方で、四人衆は三好之虎から垂水西牧での「孫八郎」の押領を止めるよう求められる（「三好助一氏文書」）。孫八郎は長正の弟と考えられ、彼らは当主周辺に圧力を加える存在とも見なされている（天野二〇一五）。国人の惣領家にとっては、「四人衆」のような家中と自らのバランスが求められるようになった。

また、芥川氏では義晴と結ぶ孫十郎が一族の中心となる構図が生じていたが、惣領家の豊後守も活動し、天文十九年には庶流家の中務丞が高槻の入江藤四郎とともに摂津復帰を図っている（「増野春氏所蔵文書」。中西二〇一一）。

越水城主となった三好長慶

天文八年（一五三九）に挙兵した三好長慶は、占拠した芥川城（大阪府高槻市）を晴元方の六角勢に明け渡し、下郡の越水城（兵庫県西宮市）に入る。越水城は、国人瓦林氏の築城にはじまるが、すでに惣領家（対馬守家）は没落していた。そして、三好氏（長慶の本宗家）が初めて畿内に持った居城となり、以降の長慶は、晴元の摂津下郡代として、下郡の国人・土豪を掌握した（天野二〇一五）。伊丹氏と近しい野間氏の被官化に成功し、池田一族の大西《おおにし》氏が代官であった久代荘（同伊丹市）の段銭も納入されている（「久代村古記録」）。

しかし、越水城時代の三好氏には、細川高国派の国人であった瓦林氏の跡を踏襲する一面があった。翌天文九年、長慶の意を奉じた松永久秀は、西宮神社の千句講《せんくこう》の田地を保証した。これは、永正十八年（一五二一）に瓦林庶流家の幸綱《ゆきつな》が売却・保証した権利の追認にあたる。この時代も下郡では池田氏と伊丹氏が健在であり、その勢力から外れた場所に拠点を移したのが前城主の瓦林氏であった。越水城の立地と構造は、ほかの国人との間に大きな違いは認められない。天文十七年に長慶が晴元と対立した際、晴元は瓦林惣領家を取り立てた。このとき長慶は激怒し、細川氏綱の擁立を決意したという（『細川両家記』）。長慶は、晴元の行為を現越水城主の否定、当てつけと感じたに違いない。

とはいえ、三好本宗家と瓦林惣領家とでは格が違う。前者が四国の阿波国を拠点に周辺を押さえる三好一族の惣領、かつ晴元の有力武将であるのに対し、後者は高国の下での新興国人であった。軍事的な動員力には圧倒的な差があり、長慶には天文八年に単独で京都へと兵を進める力があった。

天文十五年に高国の跡目・氏綱が挙兵すると、上郡の三宅国村と下郡の池田信正は氏綱方へと離反した。しかし、翌天文十六年に晴元方が巻き返し、芥川城も薬師寺元房《もとふさ》より奪還、芥川孫十郎が城に入った。信正は舅の三好政長の仲介で帰参するものの、天文十七年五月に晴元から死を強要された。この後、政長による池田家中の「乗っ取り」が進む。これに関して、同年八月十二日付けで長慶が晴元の側近に宛てた書状写がある（「後鑑所収古文書」）。

長慶は、政長が晴元を軽んじ、将軍を悩ます悪行を重ねたと断罪する。信正の死後、子の長正《ながまさ》（太松。政長の孫）が惣領家の家督を継ぐが、勝手に振る舞う政長を信正殺害の張本人と考えた一派が政長派を一掃。一族や与力、被官らが相談して城を固めているという。そして、政長との対立を深める長慶は、晴元周辺の横暴から池田氏という国人を守る姿勢を示す。この結果、畿内近国の守護代・国人層がこぞって長慶を支持した（天野二〇一五）。摂津では「上郡は三宅出羽守。芥川孫十郎。入江。茨木孫次郎。安威弥四郎。下郡は池田。原田。河原林弥四郎。有馬殿」という面々である（『細川両家記』）。

ただし、「オール摂津国人」ではない。旧木沢長政派（旧高国方）の塩川氏や伊丹氏の名がない反面、芥川孫十郎は長慶の親族であり、従来も河内の動向を意識してきた三宅氏は、長慶が河内守護代遊佐長教と共闘したことが支持の理由ではないか。また、国人の名乗りをみると、茨木孫次郎と河原林弥四郎は庶流家の人物と思われ、これまで安威氏と原田氏が摂津を代表する国人として動いたことはない。摂津国人らは、従来の勢力動向の延長線上で晴元方と長慶方に分かれていたとみるべきだろう。

伊丹氏は、天文十六年に伊丹親興が「西宮御神家中」に上分米《じょうぶんまい》を納めている（「西宮神社文書」）。一方で長慶は、かつての池田惣領家と同じく丹波を意識し、天文九年には波多野秀忠の娘を妻とした。

伊丹氏や池田氏にとって、長慶は下郡に出現した「格上」の新興勢力として脅威になったはずである。

　江口の合戦の後、長慶は伊丹周辺を放火している（『細川両家記』）。池田氏の内紛への長慶の感想は、あくまで長慶サイドの見方であり、池田家中には追放された政長方が存在した。長慶の言い分は、池田家中の反政長方の人々が政長と対立する長慶と結んだ結果にすぎないようにも思える。

謎多き松永久秀の出自

　さて、越水城主の三好長慶は、従来の阿波の勢力に加えて摂津の人材を家中に取り立てた。その代表が松永久秀である。『多聞院日記』の永禄十一年（一五六八）二月十九日条には「松源八当年六十一才也」とある。「松源」とは松永弾正少弼の略「松弾」の誤記であり、久秀は永正五年（一五〇八）生まれとなる。前半生は謎に包まれ、初見は三十歳を過ぎた天文九年（一五四〇）、先述した長慶の意思を西宮の住人に伝える出頭人《しゅっとうにん》としての姿であった。

　出身地も阿波国や山城国西岡などの諸説があるが、摂津上郡の東五百住《ひがしよすみ》（大阪府高槻市）出身とみて間違いない（古藤二〇一六・中西二〇一二③）。元和六年（一六二〇）、歌人松永貞徳《ていとく》は、子の朱子学者松永尺五《しゃくご》に「家譜」（『尺五堂先生全集』）を撰しめ、貞徳の父松永永種《ながたね》を高槻城主入江一族とした。永種は、その父入江政重《まさしげ》の遺言「不継武業」を理由に、祖母妙精《みょうせい》の松永姓を名乗ったという。

　この妙精が、「松永氏久秀之伯祖母」である（小高一九八八）。東五百住は、高槻から西に約二km離

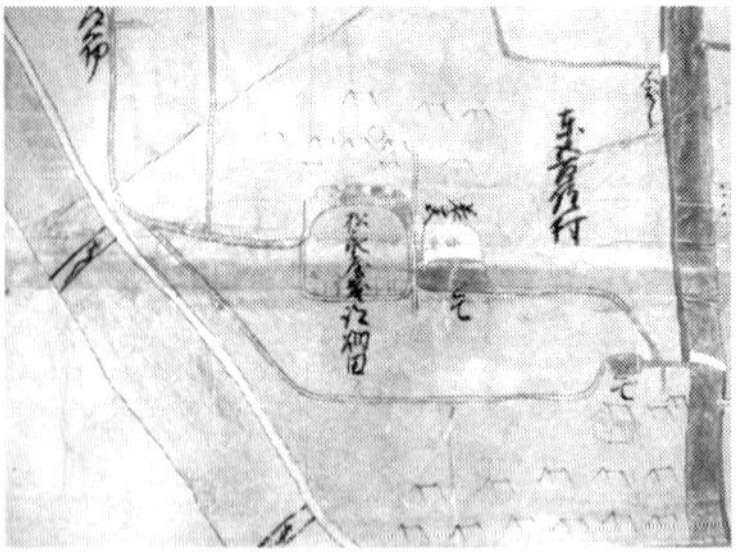

郡家村・東五百住村境見分絵図　郡家財産区蔵　画像提供：高槻市教育委員会

れた場所にあり、享保十四年（一七二九）の「郡家村・東五百住村境見分絵図」（郡家財産区蔵）には、集落に接して「松永屋敷跡畑田」という一画が描かれる。溝がめぐり、土塁を思わせる樹木表現もある。小字「城垣内」の範囲と絵図の区画を照合すると、規模半町（五〇m）四方の土豪クラスの館城跡の可能性があり、「家譜」が久秀を高槻城主入江氏周辺の人物としたことに矛盾しない。

十八世紀末に徳川幕府が官選した「山崎通分間延絵図」（五海道其外分間見取延絵図）では、「東五百住村」近くに土塁で囲まれた「松永弾正屋舗跡」を描く。『摂津名所図会《せっつめいしょずえ》』をはじめとする江戸時代の地誌や絵図にも松永屋敷跡が登場し、久秀ゆかりの地とされた。『摂津名所図会』では、「東五百住に在城」の久秀が毘沙門天《びしゃもんてん》信仰で知られる天台宗の本山寺（同高槻市）に帰依して武門の名誉を得たため、天文年間に荘園と「葡萄硯《ぶどうけん》」「向雁石」を寄進したとある。同寺に伝わる葡萄硯は、十五～十六世紀の朝鮮王朝で製作された希少な優品で、足利義政《よしまさ》旧蔵との由緒ももつ。

久秀の甥松永孫六は、三好勢が弘治三年（一五五七）に波多野氏を追った後、八上城（兵庫県丹波篠山市）に入った。丹波では、久秀の弟松永長頼《ながより》が守護代内藤氏を継ぎ、内藤宗勝《むねかつ》として勢力を拡大したが、永禄八年（一五六五）に長頼が戦死すると、孫六も翌年に八上城を奪還された。丹波篠山市には、孫六が五百住から八上に移し、篠山城下に再移転したという妙福寺《みょうふくじ》（日蓮宗）が所在し、「永禄五年壬戌七月吉日彩色　施主松永孫六良敬白」と書かれた室町期の木造日蓮上人《にちれんしょうにん》坐像を伝える。孫六の八上在城は十年に満たず、後世に篠山の人々が由緒を求める人物ではない。ここにも、松永氏と五百住との関係が読み取れる。

先の「家譜」には、「重」を諱に用いた入江氏が登場する。史料では、寛正三年（一四六二）に芥川宿近くの霊松寺（大阪府高槻市）へ高槻と五百住の間の津之江村（同高槻市）の土地を寄進した入江孫左衛門尉信重《のぶしげ》「霊松寺文書」）、天文十七年には高槻の東約一・五㎞を流れる桧尾川《ひおがわ》の堤防「天河堤」の修築に携わる入江左衛門尉成重《なりしげ》が確認できる「保井芳太郎氏所蔵文書」）。入江惣領家は「左衛門尉」を称して「重」を諱の通字に用いたと想定され、「家譜」の信憑性も裏付けられる（中西二〇一二①）。

『絵本豊臣勲功記』に描かれた松永久秀　当社蔵

入江氏は、南北朝時代に駿河国入江郷（静岡市）から高槻に入り（『寛政重修諸家譜』）、大永七年（一五二七）の「高槻入江城」（『細川両家記』）や天文十六年の「タカツキ方・入江方」（『享禄天文之記《きょうろくてんぶんのき》』）、永禄四年（一五六一）の「入江所へ高槻へ」（『私心記』）、同十一年の「高槻之入江」

（『言継卿記《ときつぐきょうき》』）など「高槻」との併記が認められ、「高槻南北武士」（『本福寺草案《ほんぷくじそうあん》』）との記述もある。高槻と呼ばれる地域に松永氏らをメンバーとする土豪層の一揆があり、その中心に入江一族が位置したのだろう。

享保二年（一七一七）刊の『陰徳太平記《いんとくたいへいき》』では、久秀を五百住に生まれて「豊嶋ニ住シケルアヤシノ村民」とする。いつしか久秀は下郡（豊島郡）に移り、長慶に才能を見出されたのだろうか。久秀のルーツは弟の長頼（内藤宗勝）とともに上郡五百住の土豪周辺にあった。

塩川国満と能勢氏の没落

さて、北郡では塩川氏が力を伸ばしていた。一つの舞台は能勢郡西郷である（第Ⅰ部第三章を参照）。天文十四年（一五四五）十二月十三日付けで守護細川晴元の奉行人飯尾元運が波多野秀親《ひでちか》（与兵衛尉）に宛てた奉書案によると、晴元に敵対した西郷諸侍中の成敗に忠節を働いた結果、秀親には西郷での御料所三分の一を宛てがうので、塩川国満（伯耆守）と相談するようにとある（「諸家文書纂」）。秀親は、丹波波多野氏の庶流家の人物で、同氏が本拠とする多紀郡ではなく、能勢郡に接した丹波国桑田《くわた》郡の数掛山《かずかけやま》城（京都府亀岡市）を拠点に勢力を拡大していた。当時の丹波では、守護代内藤氏が反晴元に動く細川氏綱方に呼応し、七月には三好長慶が波多野氏の求めに応じて内藤方の城攻めへと出陣している。

塩川国満は九月九日付け（年欠）で、能勢氏の本拠東郷の山内村名主百姓中に書状を宛て、「西郷分」の納入は昨年までの能勢源左衛門尉ではなく、当年以降は波多野秀親に納めよと変更を伝えた（「能勢文書」）。これが秀親に宛てがわれた得分の一部で、九月二十二日付けの国満書状によると、国満は晴元から西郷の処分を任されていたようで、秀親の得分を在所三分の一で調整していた（「能勢文書」）。

能勢源左衛門は、その名乗りから細川政元と高国の芥川城代をつとめた能勢国頼の後継者だと考えられる。西郷諸侍中とは、土豪を核とした村々の侍層を含む集団であり、かつては細川高国の年貢納入の命に応じないことがあった。これまでは成敗を受けるようなことはなかったが、おそらく高国の有力被官・能勢氏に属することで、複雑な情勢を潜り抜けていたのだろう。

能勢国頼は、高国の後継・晴国方として行動したが、源左衛門は晴元から山城国西岡での得分や洛中地子の安堵を受けた。ただし、天文十四年の京兆家をめぐる緊張に際しては高国の後継・氏綱に与したのだろう（「能勢家文書」）。これに西郷諸侍中も同調したものと思われる。以降も能勢氏は存続するが、中央での活動が見られなくなり、西郷諸侍中は塩川氏らの勢力に飲み込まれた。

この天文十四年（一五四五）の西郷における混乱は、その後も語り継がれた。元禄十四年（一七〇一）刊の地誌『摂陽群談《せつようぐんだん》』によると、所領を奪おうとする波多野与兵衛尉が天文十四年十二月二日に月峯寺に乱入、放火され、西郷の氏神岐尼《きね》神社は「天文年中」に塩川伯耆守が能勢小重郎に仕掛けた戦で社家や旧記などをことごとく焼失し、山辺《やまべ》神社下社は塩川伯耆守に破壊されたという。能勢氏では、

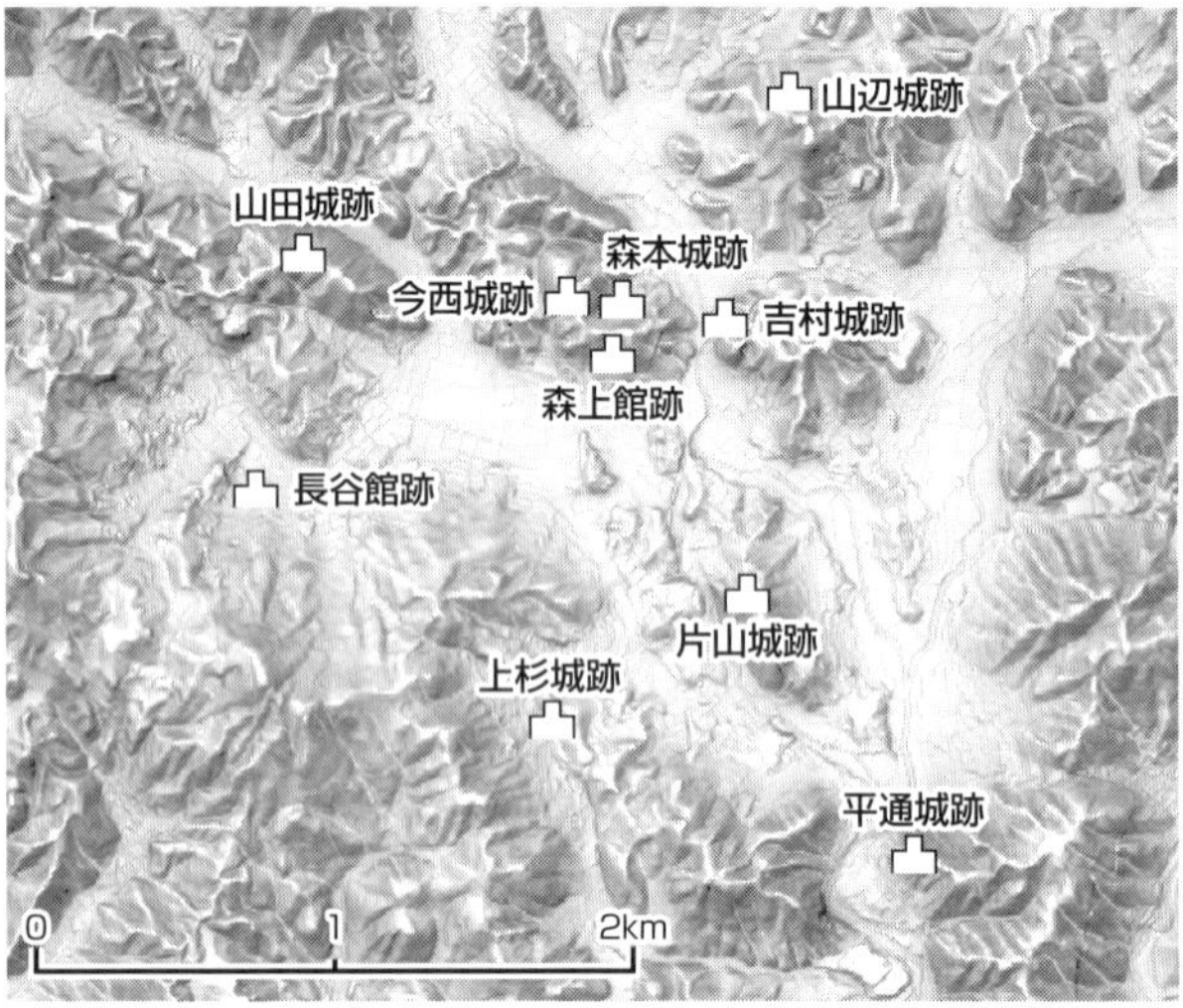

図２　西郷の城館分布図

国頼の先代頼則が十郎を称しており、「小重郎」とは後継者にふさわしい名乗りである。先の能勢源左衛門が塩川国満と波多野秀親の軍勢を迎え撃ち、敗れたのだろうか。享保二十年（一七三五）刊の『摂《せっ》津志《つし》』では、西郷に残る今西城跡は能勢十郎がこの頃に築いたものとし、山田城は塩川氏が奪ったとしている。

一方、西郷諸侍中らも黙したわけではない。記録は残らないが、今に残る城跡がそのことを物語る。西郷は大阪府下において最も城跡が密に分布する地域で、十ヶ所の戦国時代の城跡が確認できる（図２）。『摂陽群談』によると、西郷の山辺城は大町宗長《むねなが》の城郭で能勢一族の詰城《つめじろ》でもあり、天文年中に数度の合戦に及んだという。今西城は天文年中に森本左衛門尉が築城し、塩川伯耆守と合戦したと伝える。大町氏と森本氏は、西郷諸侍中の有力者で、ほかに伝承される城主も、文亀元年（一五〇一）の「月峯寺領水帳」が「殿」「方」表記で年貢請負人に記す侍身分、つまりは西郷諸侍中の面々であった。

西郷諸侍中と塩川氏の城跡

　西郷のように数多くの城郭が成立した地域として、土豪層による一揆体制が成立した伊賀国（三重県伊賀市・名張市）と近江国甲賀《こうか》郡（滋賀県甲賀市）が知られる。一般に、土豪が営む城館は五〇m程度の規模とされ、両地域には五〇m四方の単郭《たんかく》（一つの曲輪）を基本とした小さな城跡が濃密に分布する。この様相は、突出した存在を許さない一揆による「規制」と権力の分散を示すものである。

　西郷でも城郭の基本構造は単郭、もしくは複郭で、前者は五〇m以内の規模に収まる（中西一九九七）。西郷諸侍中は土豪の一揆という性格をもち、彼らが身の丈

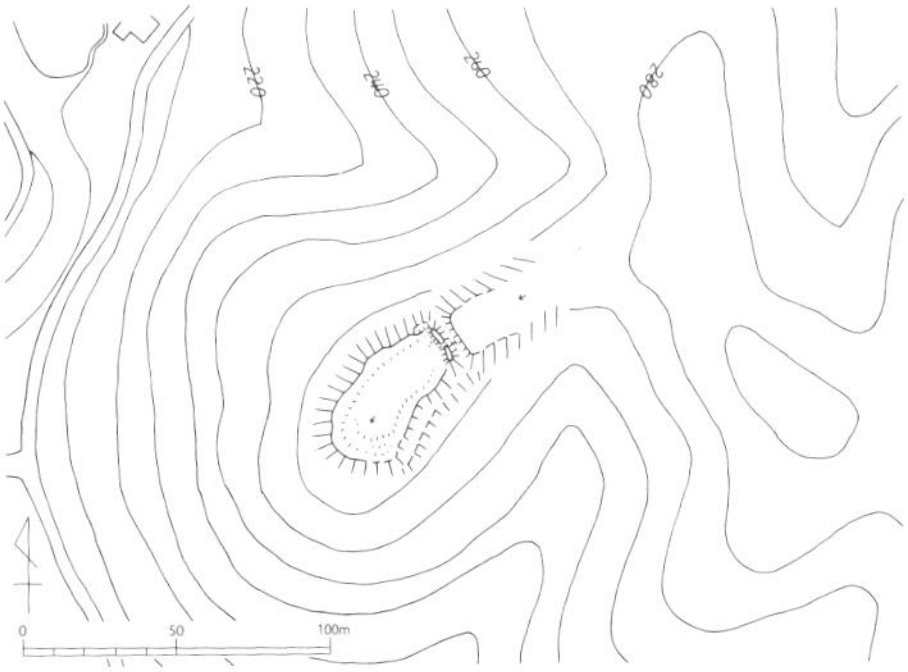

図３　吉村城縄張り図（中西作図）

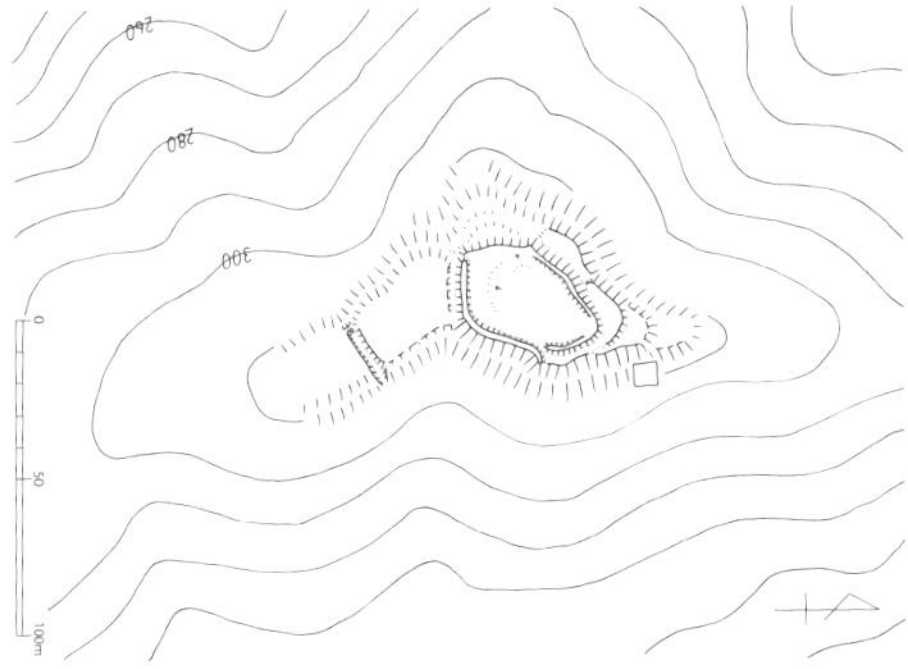

図４　片山城縄張り図（中西作図）

に合う形で自らの世界を守ろうとしたことを示す。

一方、西郷成敗の前後、細川晴元方が苦境に立つことが多いなかで、北郡の塩川氏は存在感を示した。その拠点は、川辺郡に築いた山下《やました》城（兵庫県川西市）である。麓からの比高は約一〇〇mで、主体部である古城山と谷を西に挟んだ場所の二ヶ所に遺構を残す。およそ主体部は一〇〇m×一五〇mと大規模で、天文十年（一五四一）に三好長慶や波多野秀忠、池田信正らが囲んだ「塩川城郭」（『惟房公記《これふさこうき》』）・「多田一蔵城」（『細川両家記』）、同十八年に摂津回復を企てる晴元と三好政長が丹波から入った「多田塩香城」に該当するだろう（『厳助往年記《げんじょおうねんき》』）。塩川氏は、京兆家当主を迎え入れるだけの山城を整備していた。なお、摂津の山城には城下をもつ例がないため、街区が整う山麓の山下町は近世の所産であろう（中西二〇一五①）。

さて、天文十八年に山下城に入った晴元勢は、猪名川沿いを南下して池田の町を放火し、その河口にあたる尼崎の本興寺《ほんこうじ》（兵庫県尼崎市）は、塩川国満と伊丹親興らから禁制を獲得している。分裂した京兆家の対立は、合戦だけではなく、複数の国にまたがる大規模な軍事的緊張をもたらした。

同様の緊張が生じた際、畿内では、敗者が特定の山間部へ没落後、その地域を軍事的後背地として勢力を立て直し、勝者が拠る国支配の拠点城郭の奪還を図る合戦の構図が生まれていた。西郷成敗の翌天文十五年、池田信正と三宅国村が細川氏綱方となった際、晴元は京都から丹波に没落し、北郡を経て下郡への進出に成功している。晴元にとって、丹波南部から北郡の山間部は軍事的後背地であり、西郷はその一画にあたる（中西二〇〇二）。西郷の掌握は、晴元にとっても意味をもった。

軍事的後背地の土豪のなかには、没落してくる守護らとの関係を通じ、立身出世を遂げる者も現れる。典型的な事例が、やはり甲賀である。永正四年（一五〇七）と翌年、甲賀には細川澄元が没落し、京都復帰時には望月《もちづき》氏らの甲賀衆が従った（『足利季世記』）。後に甲賀の山中《やまなか》氏は晴元の摂津欠郡郡代となり、望月氏も晴元の側にいる（『天文十七年細川亭御成記』）。西郷諸侍中にも同様の動きは想定できるだろう。先述の天文十四年の飯尾元運奉書案をみると、西郷諸侍中の山田源兵衛尉兄弟と被官人は成敗の対象外とされた。西郷諸侍中も一枚岩ではなく、後に突出した勢力が現れる（後述）。

なお、伊賀と甲賀の城跡は、集落の裏山や内部に所在するが、西郷では大半の城跡が集落から比高差をもつ山上にある。この特徴は、伊賀や甲賀よりも高い軍事的緊張に西郷が見舞われたことを想像させる。一般論として、考古学的には十六世紀前半に地表面に遺構を残すような山城が出現すると指摘される（山上一九九〇）。西郷に塩川氏らが乱入した天文十四年の時点で、西郷の山城群が機能していても不思議ではない。西郷は軍事的後背地に留まらず、軍事侵攻を受けた。そのために土豪たちは守りやすい立地を求めて、山城という形を選択したのだろう（中西二〇一〇）。

ザビエル上洛

西郷が成敗を受ける以前の天文十二年（一五四三）、ポルトガル人が薩摩国種子島《たねがしま》（鹿児島県）に鉄砲をもたらした。ただし、前年の出来事とも、すでに中国人が伝えていたとの説もある。いずれにしても、東南アジアの海域を人々が行き来し、そこに大航海時代を迎えたヨーロッパのポルトガルが加わった。そして、インドのゴアにイエズス会宣教師のフランシスコ・ザビエルが派遣される。ザビエルはマラッカでの日本人アンジローとの出会いをきっかけに、日本布教を志した。そして天文十八年、コスメ・デ・トレースらと中国商人の船に乗り、薩摩国坊津《ぼうのつ》（鹿児島県南さつま市）に上陸する。

ザビエルの来日は、上洛の後に天皇から布教許可を獲得した後、勘合符《かんごうふ》を入手して中国で布教すること、「大学」にあたる高野山《こうやさん》・根来寺《ねごろじ》・延暦寺《えんりゃくじ》・園城寺《おんじょうじ》という顕密寺院から情報を収集し、宗論《しゅうろん》と布教への備えとする目的であった（松田一九六七）。翌天文十九年にザビエルは肥前国平戸《ひらど》（長崎県平戸市）に移り、周防国山口《やまぐち》（山口市）で戦国大名大内義隆《よしたか》に面会した後、年末に堺（堺市堺区）へと到着した。

天文二十年の年明け、ザビエルは上洛する。京都は、近江に没落中の将軍足利義輝の軍勢が慈照《じしょう》寺《じ》（京都市東山区）背後の中尾《なかお》城から進出し、細川晴元方の芥川孫十郎らが撃退した直後であった。ザビエルは、あちこちで戦争が起こりかけていたと述べている（一五五二年一月二十九日付けザビエル書簡）。目指す比叡山に連なる山々にも、勝軍《しょうぐん》城（京都市東山区）などの城郭（跡）があったはずだ。天皇の無力さと都の実情を目にしたザビエルは、比叡山にも面会を拒否され、十一日間で京都を去った。

さて、ザビエルは堺（堺市堺区）で後にキリシタンとなる商人日比屋《ひびや》の家に滞在したが、冷遇されて住吉神社の松林で小屋がけをしたとの説もある（『日本教会史』）。けれども、この滞在はあらかじめ紹介状を得たもので、上洛も日比屋の取り計らいで武士一行に加わった。在京中には、堺商人に連なる小西了佐《こにしりょうさ》（小西行長《ゆきなが》の父）と接触したようだ。日比屋は本願寺門徒で、大内氏と本願寺をつなぐことがあった。川村信三氏は、この政・商・教による「瀬戸内海リンク」がザビエルの上洛を可能にしたとする（川村二〇一一）。京都と遠隔貿易の拠点を結ぶ人のネットワークは、海を介して摂津につながっていた。

さて、当時の堺の人々は日蓮宗を支持し、天文五年の天文法華の乱（天文法難）後には日蓮宗の本山が京都から堺へ避難していた。その一つの本能寺《ほんのうじ》は、ようやく天文十六～十七年頃に帰洛したという。日蓮宗も畿内と遠隔地の人々を結ぶ宗派であったが（天野二〇一五）、信者以外の施しを受けず、施しを与えない不受不施《ふじゅふせ》の法理、他宗への排他的、戦闘的姿勢のために弾圧も受けてきた。これらは、後に京都や畿内で弾圧され、日本の宗教と対峙したキリスト教にも通じる。

京都の日蓮宗は、永仁二年（一二九四）の日像《にちぞう》上洛にはじまるが、比叡山延暦寺が布教を許さなかった。長らく日蓮宗寺院は「堂」の扱いを受け、退去と破却の憂き目に遭う。しかし、洛中に「町」が形成され、土倉や酒屋を営む町衆らが強い信仰を持つと、日像派などの多くの流派が形成。応仁の乱前後には洛中に二十一の本山寺院が成立、京都は「題目《だいもく》の巷」と称されるに至った（河内二〇一三）。

フロイスは、既存の宗教以外の教えを京都で布教するには、比叡山の許可がなければ絶対にできないことと述べる（『日本史』第一部一三章）。フェルナンデスによれば、ことごとく諸宗は比叡山の分派であり、承認を受けていた（一五六四年十月九日付フェルナンデス書簡）。浄土真宗の本願寺も比叡山西塔の末寺に位置付けられ、天文法華の乱後に比叡山は日蓮宗寺院にも末寺化を迫った。日蓮宗は、比叡山へ「末寺銭」相当の銭を毎年納めることで解決を図った。ザビエルは、宗論を目的として比叡山に向かったが、京都をめぐる宗教情勢、とくに堺では本願寺や日蓮宗関係者から比叡山末寺化の話も耳に入ったのではないか。天皇の次に比叡山を目指したのは、何らかの感触を得ようとしたのかもしれない。

摂津でも、山城国に近い上郡上牧の本澄寺《ほんちょうじ》（大阪府高槻市）などの東部で日蓮宗が信仰され、やがてキリスト教は比叡山や日蓮宗と対峙していく。右近が生まれたのは、ザビエル上洛の約一年後の天文二十一年頃であった。キリシタン大名の高山右近の前史、宗教的環境として押さえておきたい。

芥川城の晴元と芥川孫十郎

芥川城（芥川山城跡。大阪府高槻市）は、最大で東西五〇〇m×南北四〇〇mの城域をもつ摂津最大の山城である。山麓との比高差は、約一一〇m。まとまった面積の曲輪が連なり、堀切や土塁など典型的な戦国時代の山城遺構が残る。直接の城下はもたず、近隣の町場は約三・五㎞離れた西国街道の芥川宿であった。山頂の主郭では、六・五七m×三・九m以上の縁がめぐる礎石建物が発掘され、焼土層も確認された。焼土層は弘治二年（一五五六）正月に三好長慶の子義興《よしおき》と松永久秀らの「陣所」が焼失した火災にともなうものと思われ、後に久秀は醍醐寺《だいごじ》（京都市山科区）の「金剛輪院殿御厨子所」を移築している（『厳助往年記』）。

芥川山城跡の主郭周辺　大阪府高槻市

現在の城跡は、おおむね長慶入城の状態を示しているが、畿内の天文一揆や天文法華の乱が勃発した天文二～五年（一五三三～三六）には細川晴元が長期滞在し、整備も進んだと考えられる。天文二年には、公家の山科言継が家《け》礼《らい》を芥川城に派遣し、晴元の奉行人茨木長隆から奉書を得た（『言継卿記』）。上賀茂《かみがも》神社と大徳寺《だいとくじ》の間で起きた土地争いでは、大徳寺が芥川城の晴元から下知を得たと主張している（「大徳寺文書」）。城には権門が持ち込む訴訟に対応できる奉行人がおり、ふさわしい施設があった。

在京を志向する晴元にとって、芥川城は摂津の守護所・軍事的拠点であり、天文十年の木沢長政との対立時や同十二年の細川氏綱の挙兵時に入城している（『多聞院日記』）。天文十五年には氏綱方に芥川城を奪われるが、翌年五月には敵方の守護代家薬師寺元房から城を奪還。このとき晴元は茨木城を利用し、芥川城には「タカツキ方・入江方」二千の兵がいたという（『亨禄天文之記』）。

この後、芥川城には芥川孫十郎が入城した。ただし、敵方の三宅城から香西勢が進出した際、芥川城にいた三好長逸《ながやす》が西河原（大阪府茨木市）で討ち破るなど（『細川両家記』）、複数の武将が在城していた。天文十一年三月には、「筑前」を名乗る人物が山科言継を訪問したが（『言継卿記』）、この筑前が長慶ならば、芥川城に詰めたことになる。長慶の被官のうち、上郡の淀川べりの鳥飼（同摂津市）の土豪一族である奉行人鳥養貞長《さだなが》は天文二十年、同じく上郡の出身の松永久秀は天文九年以降から活動している。越水城時代から、少なくとも長慶は上郡と接点をもっていた。

天文十八年の江口の戦いの後、芥川城には「本領」（『足利季世記』）として、再び芥川孫十郎が入った。直後の同年六月二十八日に孫十郎は京都の妙《みょう》蓮寺《れんじ》、七月七日には清水寺《きよみずでら》に禁制を掲げる（「妙蓮寺文書」「清水寺文書」）。孫十郎は将軍直臣で、晴元が去った後の芥川城にふさわしい人物と見なされたのだろう。天文二十一年に晴元を外し、将軍足利義輝と長慶との間で和睦が進むと、孫十郎は池田長正とともに三好方を離れた。そして四月に長慶と久秀の殺害を企て（『細川両家記』）、七月には「右近大夫」に名乗りを変えて大山崎に禁制を出す（「離宮八幡宮文書」）。孫十郎や長正は三好氏の縁者であるが、長慶が突出することを嫌ったのではないか。孫十郎は帰参するが、翌年には再び敵方の将軍義輝に通じた。

これに対し、長慶は七月三日から芥川城の東に隣接する帯仕山《おびしやま》に陣を置き、孫十郎の動きを封じた。この陣は芥川城の主郭よりもわずかに高く、城域の端とは約二〇〇mしか離れていない。現在も土塁や堀という陣城遺構が残されている。やがて孫十郎方は兵糧が尽き、城を開くが「人質衆」は誅せられ、阿波へと没落した（『細川両家記』）。『お湯殿《ゆどの》の上《うえ》の日記《にっき》』は、九月二十三日のこととしている。

芥川城主としての三好長慶

天文二十二年（一五五三）以降、芥川城は長慶の三好本宗家の拠点となった。以降の芥川城には、当時の人々が「天下」の範囲と認識する首都圏の訴訟が持ち込まれた。天文二十三年の山城国乙訓郡上植野村（京都府向日市）と今里村（同長岡京市）の用水相論、永禄二年には眼下に見下ろす郡家村と真上村（ともに大阪府高槻市）の用水相論などである。彼らは登城のうえで、現地の検分を受けた。

戦国時代の畿内では、中小の国人や土豪らが連合し、用水や治水という地域の公的問題を処理したが、より村に近い人々は「惣《そう》」という地縁結合を形成し、やがて「惣村《そうそん》」という自治的組織が誕生した。天野忠幸氏は、三好氏が発給する「惣」宛ての文書に着目し、国人連合から地域の公権を吸収した織豊政権の前提として評価した（天野二〇一五）。年未詳ながら、上郡の淀川べりの三島江、柱本（ともに高槻市）、鳥飼からの排水と堤の管理について、長慶の奉行人鳥養貞長の一族鳥養入道宗慶《そうけい》が三好氏の意向を「惣」に伝えている（「葉間家文書」）。この頃、近江の六角氏や浅井《あざい》氏も村落間の相論を同

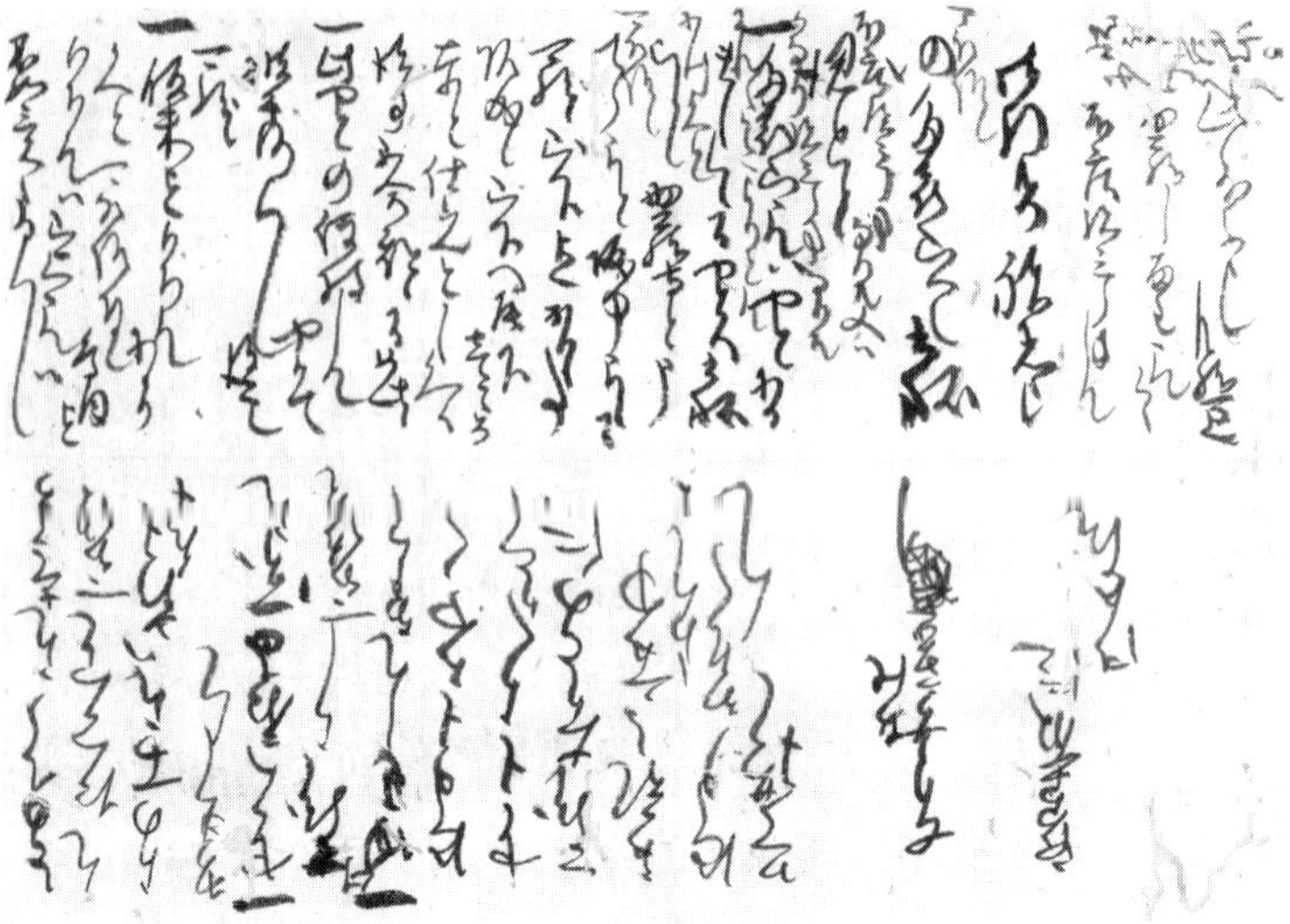

弘治２年７月10日付け安井宗運書状　「東寺百合文書」　京都府立京都学・歴彩館蔵

様に裁いたが、三好氏は首都京都を抱えた点がほかの大名と大きく異なる。

長慶の芥川入城後、上郡では芥川氏が没落し、三宅氏の活動が低調になる一方、下郡では池田氏と伊丹氏が健在であった。ただし、天野忠幸氏は、下郡の紛争解決が国人の仲介から三好氏の裁定へ変化し、池田・伊丹の両氏が三好氏の軍事動員に応えた点に注目する（天野二〇一五）。下郡の支配は「一《いっ》職《しき》」という形で松永久秀が所管し、池田一族の池田教正《のりまさ》や伊丹近郊の野間氏など、国人や土豪が「越水衆」に再編された。伊丹氏の「弟玄哉」も、松永氏の被官となっている（『言継卿記』）。

久秀は、下郡に滝山《たきやま》城（神戸市中央区）という山城を構え、兵庫津を押さえた。長慶を迎えた連歌会や能も催され、権門の使者が登城した。ただし、弘治二年（一五五六）七月十日付けの安《やす》井《い》宗運《そううん》書状では、登城の不便さが説かれている（「東寺《とうじ》百合文書《ひゃくごうもんじょ》」）。城は下郡でも西端に立地し、播磨の勢力との緊張に対応するなど軍事的機能が強い山城だったのだろう（中西二〇一六①）。

なお、北郡では播磨赤松一族の有馬氏が長慶の裁定を求めるようになり、有馬氏に応じて三好氏も播磨に出兵するようになる。

さて、天文二十二年の長慶の芥川入城時、その横には六郎（昭元《あきもと》・信良《のぶよし》）という細川晴元の子がいた。六郎は永禄元年（一五五八）に芥川城で元服している。同十一年、芥川城は上洛を目指す織田信長の軍勢の攻撃を受けるが、この直前にも六郎が在城していた。これは阿波三好家の拠点勝瑞《しょうずい》（徳島県藍住町）に、主家の阿波細川家がいたことに通じる。長慶の居城でありながら、節目において芥川城には京兆家当主に相当する人物を置く必要があったのではないか。天下を束ねる三好本宗家の本城であり、その基盤が摂津にあることは間違いないものの、注意しておきたい。

第二章　高山ダリヨの誕生

国人の名を称した土豪

　本章では、主に永禄二年（一五五九）から同十一年の足利義栄が将軍となるまでを取り扱う。松永久秀の下、高山右近の父・飛騨守が主に大和国で活動し、畿内の武士らがキリスト教を受容した時代である。そして、畿内にキリスト教が広がりはじめ、右近が入信した。その信仰の背景についてもふれてみたい。

　この前後の時代、荒木氏や中川氏のように、それまで歴史の表舞台に登場しなかった人々が現れてくる。はじめに、その事例を紹介したい。能勢郡の西郷である。

　先述の「吉良家文書」には、塩川国満が川辺郡仁部村（兵庫県猪名川町）に宛てた書状のほか、能勢豊後守宗清《むねきよ》書状、大町弥太郎宗治《むねはる》書状、縫殿助景康《かげやす》書状などの戦国時代後半の十三通の文書が残る（高槻市立しろあと歴史館二〇〇九）。なお、縫殿助景康は森本氏だと思われ、大町・森本氏はかつての西郷諸侍中の有力メンバーであった。だが、能勢宗清が国人能勢氏の流れを汲むかというと、そうではない。これ以前に豊後守を名乗る能勢氏は確認できず、能勢一族が諱に使う「頼」の文字も使用していない。

では、能勢宗清とは何者だろうか。「吉良家文書」には、森本景康との連署状を含む豊後守（大炊頭）宗清による四通の文書が残り、一通には「永禄二年」の付箋がある。能勢宗清と、この宗清の花押が一致し、つまりは同一人物である。大町氏の系図には、大町宗治の父か兄とする人物が宗清を名乗っている（中谷一九六七）。また、かつての採銅所代官に「能勢大町宗忠」がおり、大町氏が「宗」を諱に用いる一族であることがわかる。能勢宗清とは、能勢氏を称した大町宗清に違いない。

宗清の書状は、吉良氏への出陣要求や村の「隠田」などに関する内容で、解釈は難しい。ただし、「御馳走肝要候」「弥々御忠節専一候」などという文言は、彼が吉良氏と上級権力を結ぶ立場にあったことを示す。弘治二年（一五五六）、三好長慶は東寺領への宮野《みやの》浄忠《じょうちゅう》らの押領行為を問題とし、丹波守護代内藤宗勝（松永久秀の弟）に対応を求めた。しかし、宗勝によれば、それは細川高国以来の正当な知行であり、丹波はともかく、能勢郡への対応は「大町」の合力を得たものの理由に欠くと回答している（「東寺百合文書」）。大町氏は内藤氏、さらには三好氏と在地土豪層との間を取り持っていたのである。

東郷を本拠とする能勢氏は、高国方の没落と歩調をあわせ、天文十四年（一五四五）の細川晴元方国人の攻撃で西郷での権益を失った。その後、能勢氏の活動は低調となる。「能勢大町宗忠」という記述をふまえると、能勢郡では上郡の芥川氏のように「能勢」を冠する集団が成立していた可能性もある。ただし、例えば森本氏に能勢を称した形跡が認められず、大町氏のみが称した可能性が高い。

また、天正七年（一五七九）に落城した山辺《やまべ》（鷹爪《たかづめ》）城（大阪府能勢町）の城主は、大町宗長という人物と伝わる（後述）。山辺城は、慶長十年（一六〇五）作成の「慶長十年摂津国絵図」（西宮市立郷土資料館蔵）にみえる五ヶ所しかない古城跡の一つで、能勢郡だけではなく、摂津国内でも指折りの規模を誇る。十六世紀の半ばの西郷では、大町氏が西郷諸侍中から突出し、丹波守護代家との関係も築いた。北郡という丹波に接した摂津山間部で独自の存在となり、国人能勢氏の名を称するに至ったのだろう。

高山荘に現れた飛騨守

そしてこの頃、ついに高山氏も歴史の表舞台に登場する。右近の父飛騨守である。

高山荘の高山氏は、十六世紀の初頭に京兆家の細川政元と薬師寺元長・元一らの守護代を核とする京兆家有力内衆との抗争のなかで、御百姓衆との対立を経るなど小世界での権力争いを経験した。この後の高山荘では、勝尾寺の支配が安定したようだが、引き続き年貢の納入者には「高山方」が確認できる。高山氏は、地元有力者としての姿を保ち続けていた。

勝尾寺では、天文十八年（一五四九）に奥坊で火災が起こった。このとき、「守護代衆」が寺を見舞い、勝尾寺は「高山殿」へ礼をした。高山氏はたびたび勝尾寺の世話をしたという。高山荘から勝尾寺への年貢納帳は天文十三年を最後とした（「勝尾寺文書」）。おそらく高山氏は高山荘を押さえ、勝尾寺が頼らざるをえないような存在になっていたのだろう。この高山殿こそ、史料における飛騨守の初見との見解がある（『箕面市史』一）。飛騨守は大永年間（一五二一～二八）の生まれであり、この頃は二十代であったと考えられる。

高山荘が所在する小盆地には、二ヶ所の城郭が存在する。一つは、大正一一年（一九二二）刊の『大阪府全志』が右近の居城と記す高山城である。この城跡は「高山右近生誕之地」の石碑が立つ「殿町」「松町」という集落背後の山に所在する。しかし、集落とは反対側に選地し、眺望は盆地外部に効く。もう一つの高山向井城も小盆地の南西外縁部に立地し、集落には面していない。

高山城が堀切と曲輪のみの単純なプランである一方、高山向井城は横堀を伴うなど構造には違いがある。しかし、ともに五〇ｍ未満と小規模で、立地は高山荘の外部を意識している。この規模の城館は、土豪を築城の主体とし、集落に接した立地が一般的である。高山荘に残る二つの城跡は、外の世界へと目を向けた高山氏の動きを示すのだろう（中西一九九九）。

そして永禄三年（一五六〇）、三好長慶の武将松永久秀の下、飛騨守は遠く大和で活動をはじめる。西郷の大町氏に比べると、

「高山右近生誕之地」の碑　大阪府豊能町

地元を離れた飛騨守の動きは唐突にみえる。しかし、戦国時代前半、京兆家や国人たちの思惑のなかで、ともに高山氏や大町氏という土豪が侍層を含む村落の人々と向き合い、高山では衝突、西郷では結合した。やがて高山氏が外部、大町氏が内部と相反する形になったが、土豪層の台頭として評価は共通する。能勢氏ら旧高国方の国人が没落し、京兆家に代わる三好氏が勢力を築くなかでの出来事であった。地域社会の枠組みは、大きく変わろうとしていたのだ。

松永久秀の下で沢城主となる

永禄二年（一五五九）五月、畠山氏の内紛に介入した三好長慶は「摂州衆」「摂州上下の国衆」を率いて、河内へ軍勢を進めた（『細川両家記』）。別に松永久秀を主将とする軍勢が大和へ進み、敵対する大和国人筒井《つつい》氏らを攻略。八月には、長慶の武将松山重治《まつやましげはる》が「津国衆」を率いて大和の井戸城（奈良県天理市）を攻めた（『享禄天文之記』）。以降、大和を席巻する久秀が率いる軍勢に、飛騨守の姿があった。

翌永禄三年、三好氏の勢力は飛躍する。正月に長慶が将軍の相伴衆《しょうばんしゅう》という守護大名クラスの地位に就き、正親町《おおぎまち》天皇から修理大夫に任じられた。子の義興は筑前守に任官し、長慶は天皇の即位式を警護するなど、中央での地位を固めた。

宣教師ガスパル・ヴィレラは、この頃に上洛した。北部九州を従えたキリシタン大名の大友宗麟《おおともそうりん》を介し、翌年に彼は将軍義輝から布教の許可を獲得、これを長慶も認めた。以降、徐々にキリスト教の

図５　畿内の勢力図（永禄４年ごろ）

信者が誕生していく。しかし、宣教師らには好奇の目も向き、京都では天台宗や禅宗、日蓮宗の僧侶や町衆からの迫害がはじまる。

久秀は十一月、「摂州衆」とともに伊勢・伊賀との国境である大和国宇陀《うだ》郡へと侵攻した（『細川両家記』）。そして、伊勢国司北畠《きたばたけ》氏に属した国人沢《さわ》氏の沢城や檜牧《ひのまき》城（奈良県宇陀市）を攻撃し、久秀の与力である今村慶満《いまむらよしみつ》や結城《ゆうき》忠《ただ》正《まさ》らが沢氏を城から追った（「沢氏古文書」）。

この後、沢城を任されたのが飛騨守である。飛騨守の立場は、長慶の被官として久秀に付属する与力であったと考えられる（天野二〇一四②）。後に沢城を失うと、飛騨守は久秀と行動をともにせず、高山へと帰った。この行動は、飛騨守が久秀の家臣ではないことを示唆している。

永禄三年、長慶は家督と芥川城を義興に譲り、河内の高屋城《たかや》（大阪府羽曳野市）は弟の三好実休（之虎）に任せた。そして、芥川城から河内の飯盛城《いいもり》（大阪府四條畷市・大東市）へと居城を移す。大和支配を担当する久秀は信貴城《しぎ》（信貴山城跡。奈良県平群町）に入り、翌年には奈良に迫る丘陵上に多聞城（奈良市）の築城をはじめた。従来の三好権力の多くの拠点が既存の城郭を利用するなかで、多聞城は「初」の新規築城となった。

多聞城では、複数の美しい瓦を葺く白壁の高層櫓が建築され、贅を尽くした御殿や家臣の屋敷が並んだ。近世城郭のように、本格的な瓦や高石垣、天守のような重厚な壁を備えた高層建築が城郭に出揃うのは、天正四年（一五七六）に築城が始まった織田信長による安土城《あづち》（滋賀県近江八幡市）が本格的な皓歯となる。高石垣こそ欠くものの、多聞城はその前史として新しい城郭の姿を現わした。

飛騨守もたびたび多聞城を訪れたことだろう。大和全体からみれば、多聞城は山城国境寄りの北端に位置する。信貴城も河内国境に近い反面、長慶の飯盛城は大和国境に近い。また、大和・山城国境付近にあたる鹿背山城《かせやま》（京都府木津川市）という大規模な山城も、城郭の構造から松永方の利用が推定されている（中井一九八七）。久秀は、大和の外縁部の城郭を取り立てたが、三好権力の「東端」の沢城もこれらと同じである。飛騨守は久秀の信頼を得、それだけの城を任されていた。

飛騨守の本拠高山は丹波への山道が通過し、沢城がある宇陀郡も伊賀・伊勢に向かういくつもの街道が通る。飛騨守が本拠を離れた国境の城主に抜擢されたのは、山間交通の掌握に長けていたためかもしれない。三好氏の権力は、今村氏に代表される京都近郊の交通に関わる勢力を重用し、摂津でも上郡の淀川べりに拠点を持つ鳥養（飼）氏を奉行人とした。中央権力での活動経験がなくとも、彼らは取り立てられて取次《とりつぎ》や検使《けんし》、申次《もうしつぎ》といった役割で権力の中枢を支えていく。文書発給などの活動は確認できないが、この面々に飛騨守も含まれるように思う。

洗礼を受ける飛騨守と右近

永禄五年（一五六二）以降、三好氏には危機が迫り、時代が変わる予兆が見えはじめた。同年三月、三好勢は久米田《くめだ》の合戦（大阪府岸和田市）で畠山高政《たかまさ》・根来寺衆に惨敗し、長慶の弟実休が戦死。五月には教興寺《きょうこうじ》（同八尾市）で合戦が行なわれ、松永久秀や「摂州の衆」も参加した三好勢は返り討ちに成功した。摂津では、上郡の三宅出羽守（国村か）が畠山方となり、下郡を放火してまわる。しかし、戦後には「浪人」となって没落した（『細川両家記』）。

翌永禄六年三月には、上郡の富田（大阪府高槻市）に隠遁していた細川晴元が世を去った。八月には長慶の一人息子で、将来を嘱望された義興が芥川城で病死し、十二月には細川氏綱が死去、下郡でも池田長正が死んだ。

さて、永禄六年は高山飛騨守が奈良でキリスト教に入信した年でもある。当時、久秀は比叡山から宣教師追放の要望を受け、与力の結城忠正らに可否を諮問していた。だが、キリスト教の教義を聴いた忠正は信仰に関心を持ち、明経博士《みょうぎょうはかせ》の公卿清原枝賢《きよはらえだかた》とともにヴィレラから洗礼を受けた。その評判を聞いた飛騨守は、久秀の命で他出のところを奈良に留まってまで受洗《じゅせん》する（『日本史』第一部三八章）。洗礼名は「ダリヨ」。畿内でも初期のキリシタンの一人となった。

飛騨守は、ロレンソを沢城（奈良県宇陀市）に招請する。その訪問は翌永禄七年のことで、飛騨守の妻（洗礼名マリア）や子どもたち、そして「身分ある人たちや城兵たち」の一五〇人に受洗したという（『日本史』第一部三九章）。その一人が右近であり、年齢は十二歳前後とまだ若い。彼ら彼女らの入信は、飛騨守の意向によるところが大きかった。

飛騨守らの入信は、畿内における布教のエポックとなった。しかし、一五六四年十月九日付けのフェルナンデス書簡では、結城忠正と清原枝賢だけを入信者に記す。当事者のヴィレラも「若干の人がキリシタンになったが、特に彼らの宗旨にいとも精通していた二名の俗人がおり、彼らを介して他の多くの人が真理を知るに至った」としている（一五六四年七月十三（十五）日付けヴィレラ書簡）。この二名の俗人が結城忠正と清原枝賢だろう。宣教師は、飛騨守の名をリアルタイムで記さなかった。

この一件に飛騨守が加わるのは、右近の事績を主題とした一五七六（七七）年八月二十日付けフロイス書簡、そしてフロイスが『日本史』をまとめるようになってからである。また、永禄八年に沢城を訪れた一五六五年十月二十五日付けの宣教師ルイス・アルメイダの書簡では、飛騨守（ダリヨ）のことを「ドン・フランシスコ」と誤って記している。

入信時の飛騨守は、久秀の使者として奈良を発つところであった。久秀には重用されていたのだろうが、さほど宣教師は重要人物とは考えていなかったようだ。武将としてはいまだ駆け出しだったのだろう（中西二〇一七①）。

数を増やす河内キリシタン

飛騨守らが入信した翌年の永禄七年（一五六四）、すでにキリシタンであった結城忠正の子左衛門尉（アンタン）は、飯盛城にロレンソとヴィレラを招いた（『日本史』第一部三八章）。一五六四年七月十三（十五）日付けのヴィレラの書簡によれば、京都での布教が思うように進まないため、ヴィレラ側からも飯盛での聴聞者の有無を探っていたようだ。飯盛にロレンソが派遣された結果、身分のある人や武士ら七十余名が入信し、三好家中にキリスト教が広がった。

二回目の派遣でも同数が入信したが、「筆頭たる君主」は聴聞しなかったという。ちなみに同年十月九日付けのフェルナンデス書簡によれば、城には教会が設けられたとある。また、この後に飯盛城では信仰に妨害がなされたため、忠正の取次で城から一日の旅程を要する所に住む「三好殿」をヴィレラが訪問し、キリスト教保護の回答を引き出している。

フェルナンデスは、この夏に京都の周囲にある五ヵ所の城にも教会を設けたと記す。先のヴィレラの書簡が七月十三（十五）日付けであるため、一連の動きは永禄七年春頃の出来事だと考えられる。

同年五月、飯盛城では長慶が実弟の安宅冬康《あたぎふゆやす》を殺害し、七月には長慶が死去。三好家中での信仰の広がりは、長慶が死ぬ直前の混乱のなかではじまった。先の「筆頭たる君主」とは、長慶だろうか。

現在、このとき入信した人々を「河内キリシタン」と呼ぶ。代表的な人物には、結城一族（アンリケ忠正、アンタン左衛門尉、ジョルジ弥平次、ジョアン）と三箇《さんか》父子（伯耆守サンチョ・マンショ父子）、池田シメオン教正、「天正九」「礼幡」と刻むキリシタン墓碑の出土で知られる田原レイマンらがいる。

結城氏は、飯盛城近隣の甲可《こうか》郷（大阪府四條畷市）を所領とする室町幕府奉公衆の一族で（『康正二年造内裏段銭並国役引付』）、城の西北麓で東高野《ひがしこうや》街道と清滝《きよたき》街道が交わる岡山、砂寺内町を拠点とする。三箇氏は、飯盛城西麓の三箇を拠点とした。三箇は、大坂からの舟運が通じる深野池《ふこのいけ》に浮かぶ島である。田原レイマンは城の東方、大和側で清滝街道と磐（岩）船街道が交差する田原の土豪である。飯盛城の山麓周縁には、河内キリシタンの拠点が点在した。

フロイスによれば、三箇が浮かぶ深野池には夥しい数の独木舟《まるきぶね》や小船があり（『日本史』第一部三八章）、三箇サンチョが堺から飯盛へ向かう宣教師らへの船便を手配している（『同』第一部五九章）。宣教師らは深野池で下船し、駕籠《かご》に乗り換えて城に向かった。三箇は、飯盛城の外港にあたる。また、砂に建設された教会にはキリシタンの武士らも集まった（『同』第一部三八章）。いわば、河内キリシタンの拠点は、飯盛城の「城下」のように機能し、彼らは三好氏が重視した交通に関わる土豪（在地領主）層であった。長慶が芥川城から飯盛城へと居城を移転した理由は、発達した都市を結ぶ水陸交通と拠点（山城）の近接性を求めた結果だと思われる（中西二〇一三②）。

なぜキリシタンになったのか

なぜ、三好家中でも、この時期、もしくは飯盛城周辺でのみ、キリシタンが増加したのだろうか。全国的にも、キリスト教が広まった地域と時期は限られていたことが、近年のキリシタン墓碑に関する調査から指摘されている（大石二〇一二）。信仰は、イエズス会が教区とした九州の「下」（長崎・島原・天草周辺）と「豊後」（大分周辺）、「都」（京都・大阪周辺）を中心とした。飛騨守や右近の信仰を考えるうえでも大切な指摘である一方、容易に答えは出せないが、理解の糸口なるいくつかの視点はある。

戦国の畿内では、真宗が急速に信者を獲得し、結ばれた一揆が戦乱の趨勢を左右するに至った。この信仰を支えるベースに、「講《こう》」という信者の互助組織があるが、ヨーロッパのキリスト教においても同じような「コンフラリア」という組織が機能した。また、「阿弥陀仏《あみだぶつ》を唱えよ」という真宗の教えは、キリスト教におけるデウスへの信仰に近い一神教的な面を示したとされる（川村二〇一一）。真宗とキリスト教には共通性がみられるが、限定的な信仰の受容には、考える余地もある。

飯盛城の麓には結城氏が屋敷を構え、教会を建設した砂寺内町があった。ここは真宗の寺内町であり、街区形成が認められるなど、町場としての態を成していたと考えられている（福島二〇一五）。フロイスは、この砂でキリシタンとなった老人の行動、態度を記しており、その内容が興味深い。

この老人には名望があり、善良な性格で自らの霊魂の救済を切に望んでいだ。ほかの七十三名と数日前に洗礼を受けたというから、時期的に永禄七年（一五六四）の飯盛城における集団洗礼の中にいた一人だろうか。非常に寒い日、老人は教会前の広場に行き、以前から持つ仏教徒の数珠で祈っていた。その様子を見た司祭《しさい》は驚き、「あなたはキリシタンではありませんか」と声をかけた。「さようでございます。伴天連《ばてれん》様」と老人は答える。「では、いったいあなたのキリシタンのコンタツはどこにあるのですか」と聞くと、「腰のところに付けております」と言う。コンタツとは、キリシタンが持つ数珠、ロザリオである。再び司祭が、なぜ仏教徒の数珠で祈るのかと聞くと、老人はこう答えた。

> 伴天連様、私は今まで大の罪人でございました。そして私は、キリシタンのコンタツでもってお祈りをし、私たちの主なるデウス様に、私の霊魂に御慈悲を垂れ給えとお願い申しております。しかし私はお説教において、主なるデウス様はお裁きの折、大変に厳正であると承りましたので、私が死にます時、自分の罪があまりに多いために、デウス様が私をその栄光の中へ導くに値しないと思し召さることがたぶんあり得るように存じます。それゆえ、私はそういう場合に備えて、この数珠で阿弥陀様にもお祈りをし、その時には極楽と言われる浄土へお導き下さるようにと願っているのです。
>
> （『日本史』第一部三八章）

洗礼に際しての心境が透けてみえるだろう。真宗は畿内で広がったが、彼らにとってはキリスト教との間に大きな垣根はなかった。死後のあり方、つまり厳しい戦乱のなかを生きてきた自らが認められ、魂の救済が叶えば、どちらでもよいのである。ザビエル以来、そもそもキリスト教は仏教の一派とも理解され、イエズス会もデウスを「大日如来《だいにちにょらい》」と訳した時期がある。

そのうえで、飯盛城が所在する河内では、真宗寺院を核とする寺内町が発達し、西麓の深野池の舟運は堺などの大阪湾岸の港町と直結した。海外の文物への抵抗感がない一方、人々との間をつなぐツールとして、権威を帯びた既存宗教にとらわれない気風もあったのだろう。

一方で、キリスト教の信仰は、京都や堺、尼崎、京都の外港・鳥羽《とば》（京都市南区）で受容する住民が現われる一方、農村での展開は畿内でも摂津上郡・北郡の山間部、つまりは高山氏の周辺にとどまった。キリスト教は、「都市」という性格の場になじむ宗教としても理解が可能である（仁木二〇一五）。

京都では、比叡山や法華宗の僧侶、町衆である信者がキリスト教排除に動いたが、彼らは京都という都市から利益を得ていた人々であった。また、堺でも有力な商人は入信することなく、意外に信者の数は少なかった（吉田二〇一八）。このグループに属さない人々、つまり反面ではその周縁にいる貧しい人々が既存宗教に救われず、魂の救済を新しい宗教に求めたとしても不思議ではない。

このような地域で権力を築いた三好氏は、在地領主層を中心に抱えた。新興勢力の彼らは、既存宗教とは異なるキリスト教を紐帯として関係を深め、長慶がキリスト教を家臣の育成に利用したとみることもできる（天野二〇一六③）。長慶がキリスト教を容認したのは、堺や兵庫津などの貿易港や都市支配者の顔があったゆえかもしれない。なお、三好一族からの入信者は出なかった。

教義ではなく人ありきの信仰

永禄七年（一五六四）七月、ヴィレラは摂津の高山に招かれた。実際は飛騨守とロレンソが赴き、高齢で「異教徒」の飛騨守の母と「男女の召使いたち」が入信した。召使いといっても、実態は村人や高山家に仕える人々だろう。さらに、飛騨守は高山近郷の余野（大阪府豊能町）にいる「友人」で「遠縁」の「クロン殿」に入信を勧めた。その結果、ロレンソが四十日間滞在し、その一族ら五十三人が洗礼を受けたという（『日本史』第一部三九章）。

彼らが即座にキリスト教を解したとは考えられず、入信の動機は高山飛騨守というキリシタンの土豪にあったに違いない。この後、修道士が止々呂美《とどろみ》（同箕面市）でクロン殿の「家臣たち」に説教した際、一人の若者が激昂した。そして、久しく信仰してきた神や仏を侮辱し、別に庶民を救う者があると叩き込まれているにすぎないと主張している。これまで地域の神仏を信仰してきた人物として、この考え方は自然だろう。しかし、周りの人々は受洗した。ここでは、洗礼を受けたクロン殿の存在が影響したに違いない。

余野のクロン殿の妻は、国人池田氏の出で、娘は右近の妻となった。彼も飛騨守と同じく地元の土豪だろう。人々は教義ではなく、土豪の勧めを受け入れたというのが実像だろう。土豪は、村の有力者である名主や侍層との関係が深く、ときには領主化を志向した。実際に高山氏は、村の名主らを従えようとしている。反面、一般論として彼らは村の利益を優先して上級権力とも交渉し、軍事的な危機には村人を率いるなど地域社会のリーダーの顔をもつ（坂田ほか二〇〇二）。高山周辺では、このような土豪という地域社会での立場を介し、信仰が広がった。

飛騨守が沢城（奈良県宇陀市）で信仰に導いた人々は、池田氏や伊丹氏のような有力国人ではなく、大半は「摂州衆」と呼ばれる飛騨守と同じ土豪だったと思われる。中には、彼らに従う村人もいたに違いない。本当に、当初の飛騨守やクロン殿が信仰を素晴らしいと思ったゆえかどうかはわからない。単に目新しいものを示し、自らを誇ろうとしただけなのかもしれない。しかし、飛騨守の推すキリスト教が上郡の山間部にはじまり、地縁や血縁をもつ土豪層を通じ、ダイレクトに村人へと伝わった。

摂津上郡の山間部に位置する千提寺《せんだいじ》や下音羽《しもおとわ》（大阪府茨木市）は、「かくれキリシタン」の里として知られる。大正年間、この地で近世初めのキリシタン墓碑が「発見」され、「フランシスコ・ザビエル像」などのキリシタン遺物が、当主しか開けてはならない梁《はり》に括られた「開けずの櫃」から見つかった。禁教の近世を通じて「信仰」が継承されたのは、飛騨守らによる布教が地域社会の裾にまで及んだことの証である。もちろん、これらの地域が後年に右近の支配地となったことも大きな理由だろう。

一方では、クロン殿が死去すると、池田氏出身の妻マリアは親類らに説得されて棄教した。家臣らも同様であったという。しかし、マリアは右近のもとに迎えられた後、再びキリシタンとなっている。信仰は、まさに人ありきという状況にあった。

なお、余野の地には、能勢氏や野間氏と「能勢三惣領」と称された能勢一族の余野氏がおり、余野頼幸《よりゆき》が城館を構えたという。後に、余野国綱《くにつな》は右近と交わってキリシタンとなり、寺社を破却し百姓を苦しめたというが、天正十二年（一五八四）に高山城を攻めて右近に敗れたとも、天正八年に右近と戦って野に下ったともいう（『東能勢村誌』）。ただし、その実態やクロン殿との関係はわからない。

永禄政変の余波

さて、永禄七年（一五六四）に長慶が没すると、三好氏は新たな当主義継《よしつぐ》（義重《よししげ》）を三好三人衆（三好長逸・三好宗渭《そうい》・石成友通《いわなりともみち》）と松永久秀・久通《ひさみち》（義久《よしひさ》）父子が支える形となる。翌永禄八年五月十八日、公卿の山科言継は上洛した三好長逸、義継、久通の順で訪問した。言継は有職故実《ゆうそくこじつ》に通じ、武家との親交を日記『言継卿記』に書き残したことで知られる。この翌日、三好氏の軍勢が将軍義輝の御所へと乱入し、剣を抜く将軍をなぶり殺す大事件が起きた。言継が「不可説不可説、前代未聞儀也」と記した、永禄の政変である。

義輝は剣術に通じ、天下を治める器量との評判もあった。長慶は、この将軍と何とかバランスを保っていたが、その死が後継者たちを動かした。義継らは、かつての長慶のように、将軍を擁立しない権力を目指したと考えられている（天野二〇一六①）。なお、大和にいた久秀は将軍殺害に加わらず、義輝の同母弟で奈良興福寺の一乗院門跡覚慶《いちじょういんもんぜきかくけい》（後の足利義昭《よしあき》）を軟禁するにとどまった。

一五六五年十月二十五日付けのアルメイダによる書簡は、この前後の飛騨守の動きにふれている。五月七日、飛騨守は自分と同じ久秀配下の武将を沢城から四、五里離れた城に訪ねた。その要件は、武将が敵方につくのを引き留めることであった。書簡の日付から、この出来事が永禄八年だとすると、永禄の政変直前、飛騨守は久秀の足元を固める役割を果たしていた。アルメイダによれば、飛騨守は他者に勝る肉体をもち、優雅にして快活、極めて勇敢で武器に熟練し、我慢強い人物であった。

さて、朝廷は義継らを支持するが、将軍殺害への反発は大きく、畿内では畠山氏が義昭支援に動き、七月に義昭は近江国甲賀（滋賀県甲賀市）へと脱出した。再びアルメイダの書簡によれば、飛騨守は「美濃の国主」への久秀の使者となった。このとき、美濃で身分ある二人がキリスト教に関心をもったため、沢城に滞在中のアルメイダは美濃に趣こうと考えたという。しかし、実現はせず、書簡の日付の十月、アルメイダは肥前国福田（長崎県）にいた。このため、飛騨守の美濃訪問も永禄の政変に近い時期となる。

当時の美濃国主は斎藤龍興《さいとうたつおき》で、美濃侵攻を意図する尾張の織田信長とは緊張関係にあった。義輝の死後、信長は望ましい治世の象徴である想像上の動物・麒麟《きりん》の「麟」の文字をベースとした花押を使いはじめたが、そこには義輝死後の天下を再興する意が込められたとも解されている。義輝の殺害で苦しい立場になった三好氏は、「義輝派」を標榜する信長と対立した斎藤氏との連携を模索し、久秀は飛騨守を使者に立てたのではないか。

しかし、やがて三好三人衆は松永父子の行動を問題視するようになり、十一月になると飯盛城の義継に松永父子との手切れを迫った。これを義継は受諾し、飯盛城を出て三好康長《やすなが》が守る高屋城へと移る一方、松永父子は畠山氏らと手を組む。これにより、三好氏の勢力は分裂することとなった。

和田惟政との接触

三好氏勢力の東端に位置する沢城は、緊張に曝された。永禄八年（一五六五）頃には、先の城主沢氏が伊賀から奪還を試みている（『日本史』第一部三九章）。飛騨守は、早朝に礼拝所のある「小さい砦」での祈りを日課としていたが、これを知った「豪農」の密告を受け、沢氏は二、三千の兵を出し、飛騨守を狙撃しようとしたという。しかし、事前に情報が漏れ、計画は失敗に終わった。「豪農」のような地元有力者には、かつての城主沢氏に通じる人物も多くいたことだろう。

この最前線の城郭を維持しながら、先述のように飛騨守は外交面でも働いた。そして一五七一年九月二十八（十八）日付けのフロイス書簡によれば、この時期に飛騨守は京都で和田惟政《わだこれまさ》と会っている。すでに両人は親しい間柄にあり、勧められた教会での聴聞で、惟政はガスパル・ヴィレラに称賛の言葉を述べたという。しかし、惟政は生国の近江国へと急いで帰った。

永禄の政変が起きたのは、この数日後であった。惟政は飛騨守へ書状を送り、キリシタンになるための修道士の派遣について、政変後に都を追われて堺にいた宣教師にお願いしたいと依頼したという。

しかし、実際の惟政は多忙を極めたに違いない。足利義昭の奈良脱出の手引きをし、本拠地の近江国甲賀へと義昭を迎えたのである。そして義昭の上洛を実現すべく、義輝の近臣であった細川藤孝《ふじたか》や奉公衆らと各地の大名への助力交渉へ奔走していく（「和田家文書」）。やがて信長が義昭への供奉《ぐぶ》を申し出るが、これも惟政の働きかけが大きい。

　惟政は、飛騨守と同じ土豪であった。戦国の甲賀では、土豪らが横のつながりをもち、対外的な危機には一揆を結んで備える独自の社会があった。惟政はその一員でありつつ、和田氏は近江守護六角氏の流れを汲む名家とされる。惟政は将軍義輝に仕えたというが、詳しくはわからない。ただし、惟政は京都に滞在しており、その可能性は高いように思う。

『太平記英勇伝』に描かれた和田惟政　個人蔵

　甲賀の山間部を拠点としつつ、惟政は外部の勢力に通じた。また、飛騨守も物見遊山ではなく、松永方の武将としての在京だっただろう。この惟政と飛騨守が永禄の政変直前の京都で会い、その後も書状が遣わされた。

　このような時期の惟政と飛騨守の接触は、少々きな臭い。憶測となるが、飛騨守はさまざまな勢力と接し、永禄の政変直前の京都で情報収集にあたっていたのではないか。飛騨守が政変を事前に知っていたか否かはわからない。ただし、このような行動が功を奏してか、後に飛騨守は惟政に仕えることになる。

さて、先のフロイス書簡によれば、久秀の命で政変後に宣教師は都を追われ、教会は奪われたという。久秀は、日蓮宗からキリシタンの排斥を依頼されていたが、このときは京都にいないので当事者である可能性は低い。京都でのキリスト教は、将軍義輝から布教の許可を得ていた。このキリスト教への対応は、三好義継らが義輝の行為を否定した一つとみたい。宣教師らは堺を避難先としたが、これは天文五年（一五三六）の天文法華の乱後に洛中での活動を禁じられた日蓮宗寺院と同じであった。堺にキリシタンがいたことが原因だろうが、どこか被るように思える。

不安定な立場の池田勝正

さて、翌永禄九年（一五六六）二月、ついに三好義継・三好三人衆と松永・畠山方の間で戦乱が勃発した。和泉国上野芝《うえのしば》（堺市西区）の戦いでは、義継・三人衆らが勝利を収めて堺を制圧。ただし、近江では矢島《やじま》（滋賀県守山市）に移った足利義昭が還俗《げんぞく》し、四月に朝廷から将軍にふさわしい従五位下左馬頭に任じられていた。

五月になると松永・畠山方が堺を奪い、ここに下郡の国人伊丹氏が加わる。堺を包囲する義継・三人衆方にほかの上・下郡の国人も参加するが、とくに池田勝正が手持ちの軍勢の大半を動員するなど意気盛んであり、松永父子に決戦を呼びかける。しかし、父子らが逃亡したため、勝正は引き揚げる際に伊丹氏の領内に放火して「本望」にしたという（『細川両家記』）。

ではなぜ、勝正はこの戦に入れ込んだのか。勝正は永禄六年に家督を継承し、永禄の変直後の永禄八年十月に尼崎の本興寺（兵庫県尼崎市）、十一月には大山崎や京都の東寺に禁制を出している（「本興寺文書」「離宮八幡宮文書」「東寺百合文書」）。勝正は順調に池田氏を率いたようにみえるが、家督継承時には池田四人衆の山城守基好と勘右衛門尉正村を討つという混乱が生じていた（『言継卿記』『細川両家記』）。勝正は長正の子とされるが、当主への擁立に際して家中は割れたようだ。

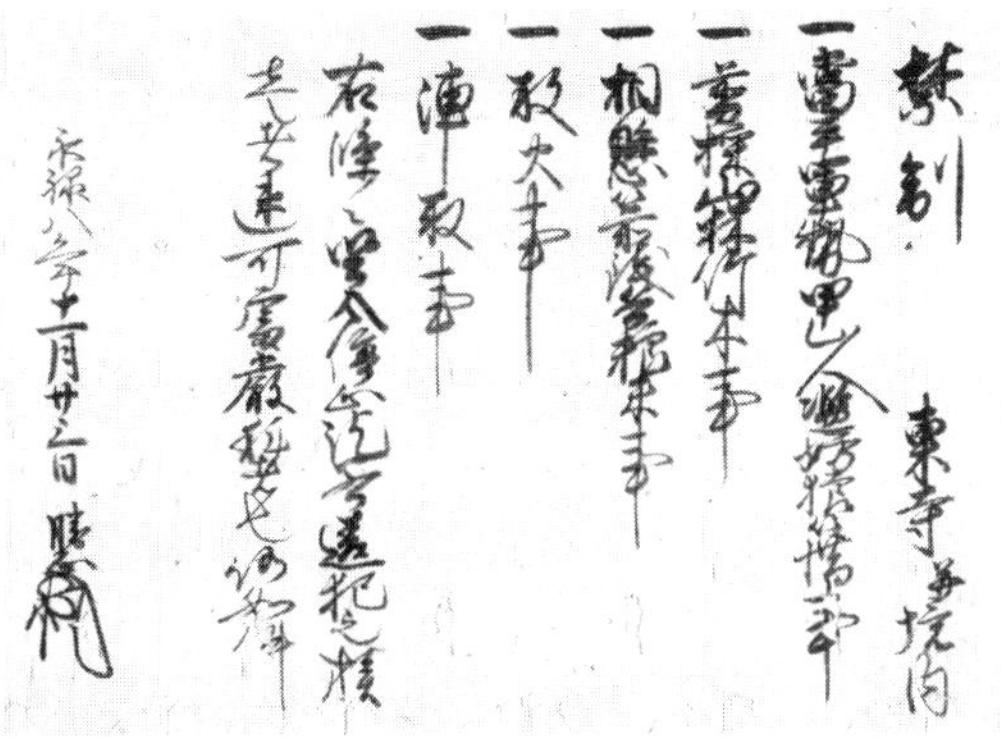

永禄8年11月23日付け池田勝正禁制「東寺百合文書」京都府立京都学・歴彩館蔵

いまだ家中には勝正を支持しない勢力があり、足元は不安定だったのだろう。そこで自らが戦の先頭に立ち、長らく対立する伊丹氏を攻めたことだけでも戦果にしたかったように思う。永禄七年、被官の荒木宗次が垂水西牧の日代今西氏に宛てた書状に「奉行衆」という文言がある（「今西家文書」）。

勝正は家中で新たな体制を整えようとしていた。四人衆には、池田周防守と同豊後守を加えたが（『言継卿記』）、彼らが連署で文書を出すことはなく、宛てられることもなくなった。そして、勝正は新興の荒木氏、とりわけ荒木村重を取り立てて家中の再編を図る（下川二〇一〇・天野二〇一五）。

戦後、義継・三人衆と畠山氏との間で講和が進み、長慶以来となる将軍不在の畿内支配が実現した（馬部二〇〇七）。松永方の城々が明け渡され、永禄九年六月二十四日に長慶の葬儀がようやく河内の真観寺《しんかんじ》（大阪府八尾市）で行われる。

しかし、七月には義昭を推す勢力が京都南郊で蜂起した。前年の十二月には、信長が義昭上洛への供奉を表明しており、姿を潜める松永父子らとも通じていたと思われる。義昭は、信長と美濃の斎藤龍興との停戦を調定したが、これを信長が破って逆に大敗北を喫した。義昭の計画は破綻し、越前国敦賀《つるが》（福井県敦賀市）へと居を移すことになった。

このころ、阿波では阿波三好家の有力武将篠原長房《しのはらながふさ》が「堺公方《さかいくぼう》」足利義維《よしつな》の子・義栄《よしひで》を将軍に推していた。義昭らの動きを前に、義継と三人衆は長房と手を組む。そして、将軍の擁立へと舵は再び切られた。九月、義継・三人衆陣営に下郡の伊丹忠親《ただちか》が加わり、直後に義栄は阿波から渡海、下郡の越水城（兵庫県西宮市）に入った。十二月八日、山科言継は前日に義栄が上郡の総持寺《そうじじ》（大阪府茨木市）に移ったとの情報を得る（『言継卿記』）。最終的に義栄は、富田の普門寺《ふもんじ》（同高槻市）に居を据えた（『細川両家記』）。

翌永禄十年二月、京都では池田家中の面々も参加する前将軍足利義輝追悼の六斎《ろくさい》念仏《ねんぶつ》大施《だいせ》餓鬼《がき》が盛大に催された。しかし、家中は岐路にあり、直後にはじまる松永父子の反撃に一部が与し、勝正と袂を別つ（『言継卿記』）。おそらく、彼らが勝正の家督継承以来の抵抗勢力なのだろう。この動きは、新たな戦争への導火線となった。

松永方は堺周辺で蜂起し、三人衆らが軍勢を進めるが、こともあろうか将軍擁立に不満を抱くようになった義継が、久秀の陣所に身を投じたのである。そして両者は堺から信貴城（奈良県平群町）へ移動し、やがて大和の多聞城（奈良市）に入った。驚いた三人衆と勝正の軍勢は、奈良へと向かう。

在国の将軍・義栄

五月二日、池田勝正は三好三人衆の石成友通と約一万の軍数で東大寺《とうだいじ》念仏堂《ねんぶつどう》や二月堂《にがつどう》、大仏殿回廊《だいぶつでんかいろう》に陣を張る。五日には勝正らの軍勢四千〜五千が陣替えし、十七日には勝正自身が奈良西方に位置する西方寺《さいほうじ》に陣を取った。五月十九日、池田勢が敵方の宿院城（奈良市）へと夜討ちをかけたが痛手を負い、百人ばかりの兵を率いる大将・下村重介が討ち死にする（『多聞院日記』）。

池田城から約一・二km北上した木部（大阪府池田市）には、江戸時代に庄屋《しょうや》をつとめた下村家が続く。木部砦の城主とされ、その「城ヶ前」「土居」と呼ぶ土地を縁戚で所有してきた（中西 二〇一七③）。下村重介が木部の下村氏という確証はないが、おそらく戦いには池田近郊の土豪が参加しただろう。

勝正らは戦局を優位に進めたが、十月十日に松永方が東大寺の大仏が焼失した合戦で起死回生の勝利を収める。久しく久秀は大仏を焼いた悪人といわれてきたが、『多聞院日記』は三人衆方の失火だと記す。それはともかく、やがて勝正は大半の軍勢を摂津に引き揚げ、残留した一部が三人衆の軍勢らと多聞城を包囲した。一方、三好義継と久秀らは足利義昭の上洛に事態打開を期待し、信長も十二月一日付けの書状で上洛を告げてきた（柳生文書・岡文書）。信長はこの頃、「天下布武《てんかふぶ》」の印判を使うようになっていた。

翌永禄十一年（一五六八）正月、大和・山城国境に近い河内の津田《つだ》城（大阪府枚方市）の軍勢が義継・松永方へと裏返り、まもなく義継自身が入城する（『多聞院日記』『細川両家記』）。津田城は国見山《くにみやま》城ともいい、摂津上郡から河内の大阪平野を見下ろす絶好のロケーションにある。視界に収まる富田寺内町の普門寺には、将軍就任を目指す足利義栄がいた。

二月八日、京都の山科言継は、前日に内々に上洛した越前の義昭の使者に会った（『言継卿記』）。義昭の元服に際し、越前への下向を求める使者で、一乗谷《いちじょうだに》（福井市）に義昭を庇護する朝倉義景《あさくらよしかげ》の口添えもあり、言継は丁寧に対応する。ただし、この日の京都では義栄への将軍宣下が行なわれた。

前年の十一月、言継と勧修寺《かじゅうじ》晴右《はれすけ》は富田に下向し、義栄と対面。義栄は、父義維や弟義助《よしすけ》のほか、畠山安枕斎ら多くの家臣を従えていた。居所の普門寺は、三好長慶から富田庄を宛がわれた細川晴元が隠居、死去した地である。富田寺内町の核を成す教行寺の住職佐栄は、義栄を推す篠原長房の妻の兄で、後には本願寺の宗主顕如《けんにょ》との間にも立つ（若松二〇一三）。富田には、義栄を迎える環境が整っていた。

言継と晴右は別々の宿をとり、湯豆腐などを食している。寺内町周辺の賑わいも目にしたことだろう。ただし、このときは将軍任官が叶わず、引き続き義栄サイドは朝廷周辺へ働きかけていた。そして二月十三日、将軍任官を伝える言継らが西国街道を富田に向かう。一行は大山崎からの馬を上宮天満宮《じょうぐうてんまんぐう》の天神馬場《てんじんばば》で返し、午後二時頃に到着した。義栄は上洛を果たさず、摂津上郡に在国のまま将軍となった。この後、津田周辺では三人衆が勢力を盛り返し、義継は多聞城へと帰った。

さて、大和で松永方が劣勢となっていくなか、いつしか高山飛騨守も沢城（奈良県宇陀市）から没落した。一五七六（七）年八月二十日付けのフロイス書簡によれば、敵の大軍が沢城を包囲し、持久戦をとった。食糧と火薬が不足したため、飛騨守は城を明け渡した。おそらくは、元城主の沢氏にだと思われる。飛騨守は摂津の高山へと帰ったが、まもなく行動をはじめたようである。というのは、久秀の下で「外交」に関わった飛騨守は、先述のように和田惟政と親交があり、惟政は信長と義昭を結びつけた人物であった。久秀と義昭・信長が結びつく際、飛騨守と惟政の関係は有効である。実際に両者の交渉が確認できるわけではないが、翌年の惟政上洛時、その横にはすでに飛騨守の姿があった。

第三章　和田惟政と池田勝正

義昭と信長の芥川入城

本章では、主に永禄十一年（一五六八）から元亀二年（一五七一）までを取り扱う。足利義昭と織田信長が上洛し、摂津の権力構造が大きく変化した時代である。右近と清秀が摂津の主役となる直前にあたり、その「母体」たる和田惟政と池田勝正が表舞台で活動した。

永禄十一年七月、義昭は越前の朝倉義景の庇護を離れ、美濃の信長に迎えられた。敵対する三好三人衆が近江の六角義賢《よしかた》と対策を練る一方、四月八日付けの書状で信長は近江国甲賀郡の土豪たちに惟政が説明するとし、八月二日付けの書状では惟政の派遣を告げる（「山中文書」「大野与右衛門氏所蔵文書」）。来る上洛に向け、惟政が地元甲賀で人々の間を説いてまわっていたのである。

奈良では多聞城や東大寺周辺で断続的に合戦が続くなか、ついに九月七日、義昭を擁する信長の軍勢が岐阜《ぎふ》城（岐阜市）を発つ（『信長公記《しんちょうこうき》』）。信長近江進出の報を受け、三人衆の石成友通は十日に近江国坂本《さかもと》（大津市）へと出張るが、翌日には撤退（『言継卿記』）。十二日、信長勢が六角氏の居城観《かん》音寺《のんじ》城（近江八幡市）へ攻めかかった。十三日には義賢らが没落し、残る城内の勢力は信長に降る。

二十二日になると、義昭が観音寺城に接する桑実寺《くわのみでら》に動座。翌二十三日には惟政と細川藤孝が近

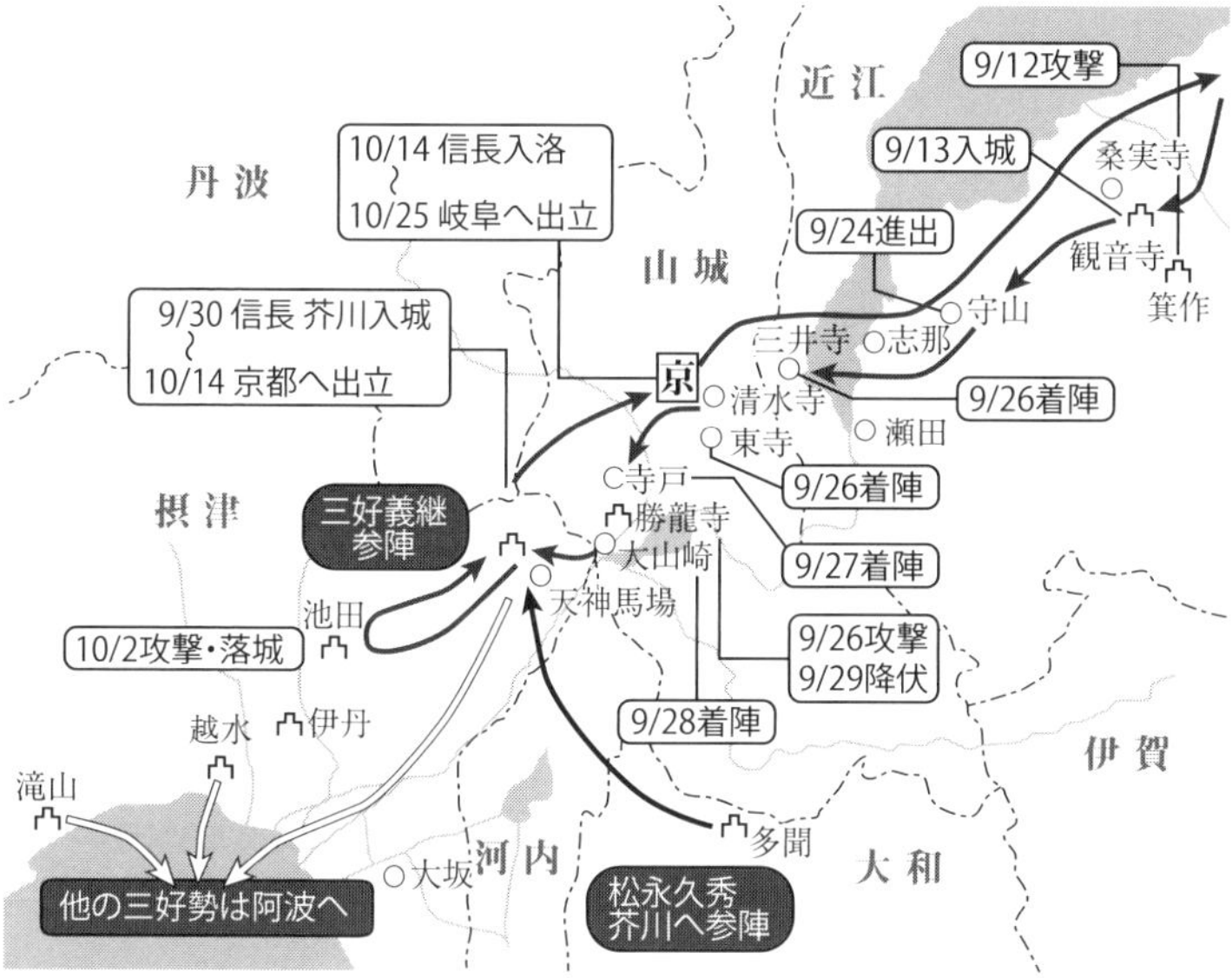

図６　信長の上洛図

江で服属した国人たちを率い、一万の軍勢で義昭・信長に先駆けて入京した（『多聞院日記』）。しかし、義昭と信長は洛中に入らず、軍勢は清水寺や東寺を経由して西岡の寺戸（京都府向日市）に進む。京都南郊の淀や鳥羽、さらに河内方面を攻め、勝龍寺《しょうりゅうじ》城（京都府長岡京市）の石成友通とは和議を結んだ。

二十八日、その軍勢は細川六郎（昭元）と三好長逸が拠る芥川城（大阪府高槻市）を目指す。義昭は大山崎（京都府大山崎町）に入り、先鋒が西国街道の芥川宿と思われる「芥川之市場」を放火。翌二十九日、義昭は芥川宿に接する天神馬場（大阪府高槻市）に進み、軍勢は芥川城の麓を焼いた。そして三十日、昭元と長逸は城から落ち、越水城（兵庫県西宮市）の篠原長房や滝山城（神戸市中央区）の軍勢も阿波に退く。

そして信長の供奉のもと、義昭は芥川城に入った。河内の飯盛城（大阪府大東市・四條畷市）、高屋城（同羽曳野市）も開城する（『細川両家記』）。

同日、信長勢は将軍義栄の在所富田（同高槻市）を攻撃した。富田には複数の町場があり、「寺外」は破却され、「寺内」は回避した。「寺外」が後の在郷町の中心となる東岡地区、「寺内」は旧寺内町の南岡地区だと考えられる。なお、腫物を患った義栄は、この日に死去したといい（『公卿補任《くぎょうぶにん》』）、十月八日に阿波の撫養《むや》（徳島県鳴門市）で没したともいう（『平嶋記《ひらじまき》』）。

やはり同日、信長の軍勢は摂津上郡の郡山寺内町を破却した。郡山には、同じ小笠原《おがさわら》一族として三好氏に身を寄せた信濃守護小笠原貞慶《さだよし》の妻がいた。郡山は、富田と同じく三人衆方と関係があったのだろう。この後、信長勢は下郡の池田勝正の攻撃に向かう。

勝正の「降伏」と池田城

摂津に残る反義昭・信長方の勢力が、池田勝正だった。下郡では、以前から伊丹忠親が義昭方に通じており、三万石は賜るだろうと色めきだっていたという（『細川両家記』）。永禄十一年（一五六八）十月二日、信長は池田城（大阪府池田市）を見下ろす「北の山」（現在の五月山《さつきやま》）に陣を置く（『信長公記』）。

池田城は、標高約三一五ｍをピークとする五月山から南に伸びる台地縁辺部に位置する。多くの城郭は立地に地形の高所が求められ、池田氏の力であれば五月山に城があっても不思議ではない。しかし、池田城の範囲は台地上に収まり、城の麓に町場が接する。池田氏は、城郭に軍事性よりも町との近接性を求めた。その結果、城攻めは信長が見下ろすなかではじまり、信長の馬廻が「外構」に乗り込み、激戦となる。

池田城は、台地縁辺部の主郭と隣接する曲輪を中心部（内郭）とし、十六世紀初頭から本格的に整備がはじまった。発掘調査によって、このエリアが日常生活の中心であったことが判明している。十六世紀半ばになると東の台地続きに堀が開削され、広大な外郭が設けられた。内部を通る近世能勢街道に沿う小規模な町場を想定し、池田城を惣構《そうがまえ》構造とする見解もある（田上二〇〇三）。

惣構とは、一六〇三年に刊行された『日葡辞書《にっぽじしょ》』というポルトガル人の日本語辞書に「Ｓｏｇａｍａｙｅ　市街地や村落などの周囲をすっかり取り囲んでいる柵、または、防壁」とある。惣構は、京都の上京《かみぎょう》や下京《しもぎょう》、真宗の本山である山科・大坂本願寺の寺内町、港町の堺などにみられた。城下町では、慶長五年（一六〇〇）の関ヶ原《せきがはら》合戦後、新たに建設された姫路《ひめじ》（兵庫県姫路市）や郡山（奈良県大和郡山市）、彦根《ひこね》（滋賀県彦根市）などに採用されている。戦国時代の都市プランが近世城下町へと受け継がれる形での整理が可能であり、城郭と城下のプランの変遷、相互の関係が注目される（仁木一九九七・二〇〇三）。

この意味において、池田城の外郭は実に興味深い。ただし、発掘調査では外郭内での顕著な町場遺構は検出されておらず、多くは空閑地と考えられる。池田城を惣構とする評価には、慎重を要するだろう（中西二〇一三②）。

一方、池田の町は川湊や神社門前として成立し、道沿いに家屋が並ぶ街村状の態をなす。町には溝がめぐり、垣根で囲まれた姿が江戸時代の地誌『摂津名所図会』の挿絵に描かれる。この町は城郭以前から存在し、天文十五年（一五四六）に細川晴元勢が池田城を攻めた際は、「西の口」から入った軍勢が「市庭《いちば》」を放火するなど戦場となった（『細川両家記』）。町は「口」が設定される囲繞《いにょうち》地であったと思われ、惣構のイメージと合致する。なお、町西側にのみ伝承される土塁は猪名川方面にあたるため、治水の堤の可能性もあるだろう。

話を戻すと、信長の攻撃は町の放火後に終わり、勝正は信長に人質を出して降伏する（『信長公記』）。先の「外構」とは、この町の惣構のことではないだろうか。一般的に、城郭の外郭には臨時的な駐屯地や周辺住民の避難地の機能があった（千田二〇〇〇）。しかし、池田では町が戦場となる一方、町が城郭の内部に移ることはなかった。城下町的な存在であったが、その住民と池田氏の間には微妙な距離があったように思う。なお、『細川両家記』によれば、放火の後に「曖《あつかい》」があり、勝正は二万石を賜ったという。勝正は一方的に敗北したわけではなく、和睦を成立させたのかもしれない。

義昭の摂津支配構想

永禄十一年（一五六八）十月三日、朝廷の周辺では義昭を将軍に任官しようとする動きが本格化した。義昭と信長が滞在する芥川城には、畠山高政・秋高《あきたか》、三好義継と松永久秀、そして池田勝正のほか、上郡の入江氏・茨木氏らが礼に訪れた。義継と久秀にとっては信長との連携が功を奏し、三好三人衆との膠着した局面を打開したことになる。このとき、久秀は大名物の茶入「付藻茄子《つくもなす》」を信長に贈った（『信長公記』）。

義昭は、芥川城で新たな畿内支配の枠組みを示し、義継には河内半国、残りの半国は畠山氏に与えられ、久秀は大和を切り取り次第、摂津は和田惟政・伊丹忠親・池田勝正が知行するとの風聞が流れた（『細川両家記』）。多くの公家や今井宗久《いまいそうきゅう》らの商人が登城し、城は門前市《もんぜんいち》をなす光景となったという（『信長公記』）。なお、細川一族では典厩家の細川藤賢《ふじかた》（和匡《かずまさ》）が義昭の配下となった。典厩家は西成郡の分郡守護であったことから欠郡に力をもち、永禄の政変後、藤賢は三人衆と対立する松永方として行動していた。

十日になると、義昭の「両大将」である惟政と藤孝、信長の「大将」佐久間信盛《さくまのぶもり》ら約一万の軍勢が大和に進出し、久秀を支援する（『多聞院日記』）。そして、十月十四日に義昭と信長は上洛を果たした。この後の信長の在京期間は十日余り。一方で、義昭は芥川城に十四日間も滞在した。髙橋康夫氏によれば、戦国時代の将軍は京都復帰時に旧天下人たる前将軍の御所を再生して、一時的に入る行動をとっており、権威や秩序、権力の継承に場所と家屋の記憶が利用された可能性がある（髙橋二〇一五）。これを今回の義昭の行動に置き換えると、将軍ではない三好氏による天下成敗の城郭という場を認め、

足利義昭画像　東京大学史料編纂所蔵模写

継承を意図した可能性も想定でき、従来の将軍とは一線を画したことになる。

上洛後の義昭は、信長を「御父」と称え、桐紋《きりもん》と二両引紋《にりょうびきもん》を与えた。そして惟政と忠親、勝正を召し出し、良い関係を築くようにと命じる（『細川両家記』）。『続応仁後記《ぞくおうにんこうき》』では、この三人を摂津の「三守護」と括るが、そもそもの立場はバラバラである。惟政は上洛戦で軍勢を率いたが、摂津とは無縁の近江国甲賀郡の土豪、伊丹氏と池田氏は摂津国人であるものの長らく対立し、忠親は上洛前から義昭に通じたが、勝正は三好三人衆方であった。天野忠幸氏は、信長が上郡に惟政を入れた以外、下郡は池田・伊丹氏の支配を承認したものと評価する（天野二〇一五）。下郡でも、池田氏は豊島郡、伊丹氏は川辺郡と、それぞれの拠点がある地域に文書を出している。

惟政に注目すると、その評価は踏み込める。惟政は義昭を支える駆け出しの武将であり、三好氏の居城であった天下の芥川城主になる一方、在京して義昭の取次をつとめた。翌永禄十二年の五月下旬には「己れの城を幾つか」を整え、訪問するために京を発つ。そして下郡の越水城に入り、兵庫津を経て上郡の高槻城に戻った（一五六九年六月一日付けルイス・フロイス書簡、同七月十二日付けルイス・

フロイス書簡）。行程的に、「己れの城」は下郡に所在したはずである。

以降の摂津では、寺社の求めに応じて義昭の幕府や信長が寺領安堵を行うが、後述のように惟政は下郡にも文書を発給した（「禅昌寺文書」）。惟政の行動は、上郡と下郡という戦国摂津の支配の枠組みを超えている。また、直前まで三好氏が押さえていた越水城と兵庫津を掌中にしていた。惟政の実力とは、到底考えられない、これは、将軍義昭による自らの武将を軸とした摂津支配構想に基づくものに違いない（中西二〇一三①）。

かつて細川澄元・晴元の時代にも、甲賀郡の土豪山中氏が欠郡守護代として活動したことがあった。これは澄元が永正四年（一五〇七）に甲賀へと逃れ、山中氏が畿内復帰をバックアップしたことを背景とした。義昭と惟政の関係と同じである。フロイスは、惟政を「山城および津の国の執政官、もしくは副王」と称したが、当を得ている（一五六九年六月一日付けフロイス書簡）。惟政は、信長の家臣らとも広域の支配を担っていく。

永禄十二年八月、堺の町人今井宗久は、伊丹氏や池田氏に摂津での権益を脅されたため、対応を丹《に》羽《わ》長秀《ながひで》や木下秀吉《きのしたひでよし》に訴えた。だが、高槻城で秀吉に面会を求めたものの果たせず、宗久はこの旨を惟政に申し入れている（「今井宗久書札留」）。惟政は、義昭の権威と信長の武力をバックに勝正や忠親の上に立った。和田氏と池田・伊丹氏を「三守護」とするのは間違いである。

本圀寺合戦と新しい城郭の出現

三好義継は、大和の平定を認められた松永久秀と軍事行動を開始した。しかし、信長の上洛から二ヶ月にも満たない翌永禄十二年（一五六九）正月五日、三好三人衆が本圀寺《ほんこくじ》（京都市下京区。現在は移転）を居所とする義昭を襲う。本圀寺合戦である。

三人衆らは堺の住民を味方に、阿波から前年末に和泉方面へと進出、約一万の軍勢で正月四日には東福寺《とうふくじ》（京都市東山区）周辺に陣取った。義昭の周りには細川典厩家の細川藤賢や信長一族の織田左近・明智光秀《あけちみつひで》らがいたが劣勢で、救援のため池田勝正と伊丹忠親が京都へと西国街道を急ぐ。しかし、上郡の安満《あま》、古曽部《こそべ》（大阪府高槻市）で三人衆方に転じた入江氏に阻まれたために山道を迂回し、向日《むこう》神社（京都府向日市）付近まで進出。義継らの軍勢と桂川付近へ向かった。

三人衆らは翌六日、同方面に軍勢を進め、七条付近（京都市右京区）で池田・伊丹勢との戦いがはじまった。池田勢には、後に将軍直臣となる池田清貧斎《せいひんさい》（正秀《まさひで》）や荒木村重の姿があり、細川藤孝や上郡の茨木勢も参加した。激戦のなか、徐々に追い詰められ、勝正は池田城へ引き返したという。しかし、伊丹勢が三人衆を退かせ、勝龍寺城に陣を取った。義継討ち死に、勝正不明との噂が流れるが、九日には義継・藤孝・勝正らが勝龍寺城に合流、十二日には岐阜から信長が駆けつけた（『言継卿記』『信長公記』『細川両家記』）。なお、このときの惟政の働きは不明だが、芥川城から西岡まで出陣した後、味方を待ちきれずに単騎で本圀寺へ馳せ参じたともいう（『続応仁後記』）。

本國寺合戦は、京都での義昭の安全確保が課題であることを示した。そこで信長が取り仕切り、翌二月から上京と下京という町の中間で御所造営がはじまった。兄義輝の御所跡に、本格的な平地の城郭、いわゆる二条城《にじょうじょう》(旧二条城)が出現する。同時期には惟政が芥川城から平地の高槻城に居城を移し、義継も飯盛城から平地の若江城《わかえじょう》(大阪府東大阪市)へと居城を移す。後に明智光秀が築く坂本城(大津市)、藤孝の勝龍寺城も平城である。この時期の義昭配下の武将は山城ではなく平城を選択し、その結果、畿内における武家の拠点がほぼ平城となった。

戦国の畿内では、港町や寺内町などさまざまな都市が成立し、摂津では池田氏らが先行する町の隣接地に城郭を営んでいた。義昭らの城郭には平城であることに加え、既存の都市と交通の利便性に場所での選地という特徴が共通する。彼らは、拠点と都市や交通路との距離を縮めることを意図したのだろう。

また、それらの城郭は四角い(方形)プランを基本とし、瓦や石垣の使用、城内への出入り口(虎口《こぐち》)を枡形《ますがた》状にするなどの工夫がみられた。そして、後に城郭のシンボルとなる天主(天守)を出現させる。文献で確認できる最古の天主は、元亀二年(一五七一)七月の義昭二条城(『元亀二年記』)であり、同三年十二月の坂本城(『兼見卿記《かねみきょうき》』)、元亀四年三月の高槻城(同前)、同年十一月の若江城(『信長公記』)が続く。天主、つまり「天の主」とは、義昭らによる「天下再興宣言」のように思える。

やがて信長や豊臣秀吉周辺の武将は、石垣や瓦の使用、虎口の発達、天守という高層建築などを特

勝龍寺城本丸北西隅の枡形虎口　京都府長岡京市

徴とする「織豊系城郭《しょくほうけいじょうかく》」という一群を営み、近世城郭への流れをつくった（千田二〇〇〇・中井一九九〇）。山城からの交通の利便に富む平城へという城郭史上の転換も、織豊系城郭の動きとも理解されている（村田一九八六）。

ただし、当該期の義昭周辺の武将は、その先駆けとなる動きを示した。彼らは、都市や交通の発達という畿内の地域性に対応し、かつ自然地形に依拠できない平地での軍事性を確保するため、新しい要素を持つ城郭を出現させたと考える（中西二〇一七②）。

惟政がキリシタンと交わった理由

永禄十二年（一五六九）二月、三好三人衆に加担した堺に対し、義昭方は佐久間信盛ら信長の家臣五名、松永久秀の家臣結城忠正と竹内秀勝《たけうちひでかつ》、三好義継の家臣野間長前、そして義昭の家臣和田惟政らを上使として派遣。彼らは、翌三月に摂津の多田院（兵庫県川西市）に用脚免除の連署状を発給する面々で（「多田神社文書」）、それぞれの家中を代表する武将であった。

堺には京都を追われていた宣教師のルイス・フロイスがおり、惟政の隣には家臣となった旧知の高山飛騨守がいた。飛騨守は、フロイスの京都復帰と信長への取り成しを強く請い、これを惟政は受諾。

堺商人でキリシタンの日比屋了珪《りょうけい》らとも親しく交わった（『日本史』第一部八五章）。フロイスは、キリスト教の庇護を頼む人物として、信長の武将佐久間信盛と惟政の名をあげ（一五六九年六月一日付けフロイス書簡）、期待通りに惟政はフロイスと義昭、信長との対面実現に奔走する。

やがて、信長の上洛許可を得たとの連絡が惟政からあり、フロイスは堺を発つ。上郡の富田に投宿後、翌日に天神馬場で飛騨守の出迎えを受けるが、雨が降りそうなので、その日は飛騨守が「守将」の芥川城に宿泊。そして、上洛後のフロイスは義昭や義継らの家臣であるキリシタンの大歓迎を受けた。ちなみに、堺に赴いた久秀家臣の結城忠正も、河内キリシタンの中心人物である。

これ以降も、惟政はキリシタンの保護に心を砕き、一連の行動は自らの名誉に関わる、すでに心中はキリシタンなどと語った。また、義昭も惟政に恩を着せるために協力をしたという。そして、信長との対面が建設中の義昭御所（二条城）の橋の上で実現し、フロイスが「諸人から極度に畏敬」「日本の王侯をことごとく見下し」「神仏やあらゆる類の偶像、いっさいの異教的占いを軽蔑」などの有名な信長評、信長のイメージを書き記した（一五六九年六月一日付けフロイス書簡）。

四月になると、三好三人衆に与した入江氏が信長に謀殺され（『多聞院日記』『細川両家記』）、惟政が高槻城を手にした。下郡の巡見から戻った惟政は、高槻城にいる家臣の前で「城外の少し離れた所にある大きな神の社」を破壊して教会を造ると宣言した（一五六九年七月十二日付けフロイス書簡）。なお、『中川年譜』によると、八月に惟政が池田・伊丹・茨木・塩川氏らを率い、入江春景《はるかげ》の高槻城を攻めたことになっている。

話は先走るが、惟政は結局入信しないまま元亀二年（一五七一）に戦死した。宣教師らと交わった期間は約三年と、ほかの入信者に比べるとはるかに長い。惟政は「時が許せば必ずすべての説教を聴いてキリシタンになる」（一五七〇年十二月一日付けフロイス書簡）と語る一方で、禅宗に帰依する「甚だ有力な異教徒の大身」であり、後述する出家の際には禅の言葉を意味する「恁麼斎鈔任」と号した。言葉とは裏腹に、惟政から入信の意志は感じ取れない。

ではなぜ、惟政はキリシタンの理解者として立ち振る舞ったのか。それは、彼が近江国甲賀の土豪出身で、摂津では義昭の権威以外に頼るところがなかったためであろう。このため、上洛前後には旧知の久秀与力であった飛驒守を筆頭家臣に迎え、在京中には芥川城を任せ、下郡巡検中には高槻城を託した。惟政が頼るのは、一族や近江以来の家臣ではなく、飛驒守であった。摂津で抱えた家臣のキリシタンは、飛驒守だけではないだろう。摂津掌握のため、惟政は家臣＝キリシタンの要求に応じたのである。

信長家臣筆頭の佐久間信盛がみせたキリシタン寄りの姿勢も同じ理由だろう。信盛も在京の機会が長く、やはり畿内での地盤は脆弱であった。信盛にもキリシタンを掌握し、家臣に編成する必要が生じていた。惟政が「心中はキリシタン」と述べたのは、家臣掌握への方便であり、主君としての体裁や威信《いしん》から発したものと推測する。フロイスによれば、篠原長房も永禄の政変後に都を追われたキリシタンに理解を示した（一五六五年八月三日付けフロイス書簡）。人を問わず、摂津を支配しようとする外部からの支配者には、キリシタンとの折り合いが求められる状況だったのだろう。

播磨攻めと惟政の出家

永禄十二年（一五六九）八月、因幡《いなば》方面の鎮圧を目指す毛利元就《もうりもとなり》からの要請を受け、木下秀吉や坂《さか》井政尚《いまさひさ》ら信長の武将と伊丹忠親・池田勝正ら二万の軍勢が但馬《たじま》へ進む（『細川両家記』）。生野銀山《いくのぎんざん》を制圧し、但馬守護山名祐豊《やまなすけとよ》が拠る此隅山城《このすみやま》（兵庫県豊岡市）などを落として、彼らは十三日に帰国した。

忠親と勝正は義昭配下の軍勢であり、かつ勝正は播磨方面でも働く。義昭は、播磨赤松一族の赤松（宇野《うの》）政秀《まさひで》の娘を妻に迎えようとするが、政秀と対立する播磨守護赤松義祐《よしすけ》が妨害。これに義昭が激怒し、すでに永禄十二年正月には勝正、三月には信長が播磨の寺院に禁制を出していた（「鶴林寺文書」）。そして、八月に勝正と播磨国人別所安治《べっしょやすはる》が出兵、義祐の置塩城《おきしお》（兵庫県姫路市）や小寺政職《こでらまさもと》の御着城《ごちゃく》（同市）を降伏させた。信長は軍勢を増員し、義祐方に同調する備前の浦上宗景《うらがみむねかげ》への攻撃も図る。これらの戦陣において、義昭方の陣頭に立ったのは勝正であった。

続けて十月、再び義昭は赤松政秀への加勢を忠親と勝正、そして今回は惟政にも命じた（『細川両家記』）。上洛戦以降、これが摂津で大名となった惟政の本格的な「初陣《ういじん》」になるだろう。この軍勢は義昭配下の摂津勢だけで構成され、浦上氏の城を落とす戦果をあげたという（『細川両家記』）。しかし、浦上氏の勢力は衰えることなく、播磨の状況も大きく変化しなかった。芳しい成果のないまま、このときの播磨攻めが終わった可能性は高い。しかも、和田・池田・伊丹氏の関係をみると、和田氏が上位にある。今回の播磨攻めの「リーダー」は惟政だったのではないか。

この時期、惟政は「治める二カ国」（摂津・山城か）での偽証を信長に訴えられている（一五七〇年十二月一日付けフロイス書簡）。信長は惟政の「立派な城の一つ」を破壊し、惟政は一部の俸禄を失う。すでに惟政は、六月までに芥川城から高槻城に居城を移していたが、下郡の越水城も所管していた。失った立派な城とは、下郡の越水城ではないだろうか。

ちょうど信長と義昭との間に亀裂が入った時期にあたるが、下郡での権益を惟政が失い、かつ、先の播磨攻めの経緯をふまえると、信長に惟政を訴えた不満分子とは反キリシタン勢力とされるが、勝正周辺の動きもあったのかもしれない。惟政は、このたびの境遇を恥じ、キリシタンの「保護者」たりえないとして剃髪《ていはつ》した。キリシタン＝家臣らに失態を認め、出家を選択したのである。

しかし翌永禄十三年三月、惟政は信長と対面する（『言継卿記』）。そして信長は、惟政を用いるために再び髪と髭を生やすようにと命じた（一五七〇年十二月一日付けフロイス書簡）。この直後、惟政は出家の号「俍麼斎鈔任」のまま、下郡の禅昌寺《ぜんしょうじ》（神戸市須磨区）に課役免許の文書を出している（「禅昌寺文書」）。惟政は再び摂津の統括者として認められたのだろう。しかし、惟政は摂津支配の難しさや権力基盤の脆さを痛感したに違いない。

「金ヶ崎の退き口」と勝正追放

元亀元年（一五七〇）四月、信長は義昭に従わない若狭の武藤《むとう》氏を攻めるため、三万の軍勢で京都を出陣、このとき勝正は三千人もの軍勢を率いた（『言継卿記』）。信長は矛先を越前の朝倉義景へと転じ、二十五日に天筒山《てづつやま》城（福井県敦賀市）、次の日に金ヶ崎《かねがさき》城（同市）を落城させたが、この陣中に近江の浅井長政《あざいながまさ》が朝倉方についたとの報が届く。信長らは退路を断たれる形となり、すぐさま京都への撤兵を開始。戦国史上を代表する撤退戦、「金ヶ崎の退き口《の》」がはじまる。

殿軍《でんぐん》に名乗りを上げた木下秀吉と明智光秀が金ヶ崎城に残り、徳川家康《とくがわいえやす》が後ろを守ったともいう。そして秀吉の奮闘により、信長は近江の西側を急いで、京都への引き上げに成功した。このような秀吉を中心としたストーリーは広く知られている。しかし、金ヶ崎には勝正の軍勢も留まっていた（「武家雲箋《ぶけうんせん》」）。当初の三千という兵数をふまえると、殿軍の中心は意外にも勝正ら摂津の面々ではなかったか。彼らも退却に成功するが、その消耗は想像に余りある。

やがて、近江では六角承禎《じょうてい》が兵を挙げたが、鎮圧に成功した。この間、摂津欠郡では典厩家の細川藤賢が池田勝正や伊丹忠親の合力を得、義昭の動座を視野に自身の中島城を整備している（「狩野文書」）。近江での戦局は信長方が巻き返し、六月十九日には浅井攻めに信長が出陣。しかし同日、京都では予定されていた近江への義昭動座の延期が決定された。その理由は池田家中が分裂し、三好三人衆方に寝返る勢力が現われたためであった。具体的には、池田家中の「池田二十一人衆」が池田四人衆の池田豊後守と周防守を殺し、勝正が刀根山《とねやま》（大阪府豊中市）から大坂へ落ち延びた事件である（『言継卿記』）。

永禄六年の家督継承時、勝正は四人衆の山城守基好と勘右衛門尉正村を討ち、豊後守と周防守を加えた。当時の四人衆は、豊後守と周防守のほか、池田重成《しげなり》（久左衛門。知正か）と荒木村重（『今井宗久書札留』）。事件は、村重が重成と清秀を誘う形で起こったという（『荒木略記』）。「池田卅六人衆」（『多聞院日記』）が首謀者との噂もあったが、二十一人衆で間違いない。直後の六月二十四日、湯山に二十人の池田氏家臣が連名の礼状を出し（「中之坊文書」）、ちょうど重成を加えると二十一人となる。

連署状のメンバーを確認すると、池田一族が清貧斎一狐（紀伊守正秀。かつての四人衆）、正良《まさよし》（大夫右衛門尉）、正慶《まさよし》（一郎兵衛尉）、正遠《まさとお》（監物丞）、正数《まさかず》（蔵人）、正次《まさつぐ》（勘介）の計六名と多く、次に池田姓名乗る村重と志摩守卜清、若狭守宗和《むねかず》の荒木一族の三人。村重は、勝正擁立の功績で、その娘を娶っていたとも伝わる（『穴織宮拾要記』）。ほかには池田近郊の土豪と思しき宇保氏と神田氏、上郡との境に近い萱野《かやの》（大阪府箕面市）の土豪萱野氏、国人瓦林一族、そして中川清秀である。史料上の清秀の初出であり、残る面々は清秀と同じく出自や地盤がよくわからない人々であった。

当時の池田家中を代表する面々は、茶人で堺商人の津田宗及《つだそうぎゅう》（天王寺屋《てんのうじや》）の茶会記《ちゃかいき》（『天王寺屋茶会記』）や『今井宗久書札留』から類推され、池田一族では清貧斎と勘介、覚右衛門、殺害された周防守と豊後守、そして重成と村重、私岡甚兵衛であった。彼らがこのタイミングで割れ、勝正一派が粛正された理由は、但馬・播磨攻め、そして「金ヶ崎の退き口」のような遠隔地の軍事動員への反発ではないか。義昭や信長が上洛する以前、これほどまでに摂津国人は遠国の戦を経験したことはなかった。

村重らは勝正の跡にその子を立てたが、取りやめたという（『荒木略記』）。これまでも池田惣領家は有力な庶流家が当主の座に就くことがあったが、それは京兆家の分裂抗争とリンクし、いずれにしても池田一族が主導した。しかし、今回は新たに台頭した荒木氏や中川氏らの手によって当主が廃立された。国人の家中において、土豪をはじめとする一族以外の人々が力を強めた結果であろう。

「石山合戦」のはじまり

六月二十六日、追放の憂き目に遭った池田勝正は、三好義継とともに上洛する。池田家中は三好三人衆方となり、池田城に三好長逸と石成友通が入るとの噂も流れた。二十八日には、近江で織田・徳川勢と朝倉・浅井勢が衝突した姉川《あねがわ》の合戦が起こるが、摂津では三人衆方が上郡の吹田（大阪府吹田市）に進出し、将軍義昭の奉公衆が出陣に追われていた（『言継卿記』）。また、かつて池田氏が権益を広げた垂水荘の小曾根春日社（大阪府豊中市）に対し、惟政が禁制を出している（「今西家文書」）。

この時期、惟政は花押の形を変えた。花押の変化は、主体の立場や心境の変化を示すことが多く、惟政の場合は信長からの勘気《かんき》と出家、復帰がこれにあたるだろう。姉川の合戦直前、陣中にあった惟政には大病による死去説も流れる（一五七〇年十二月一日付けフロイス書簡）。

和田惟政の花押　左がおおむね永禄13年（1569）以降、右が以前

七月三日に織田信長は上洛し、六日には三人衆方が敗北するも、再び月末には七〜八千の軍勢を摂津に進め、八月十七日には義昭方の伊丹忠親と三好義継らの軍勢に多くの戦死者を出す。二十三日には奉公衆と信長勢が摂津へ出陣し、二十五日に信長も京都を発つ。総勢四万ともいい、三人衆方の軍勢は下郡の原田城（大阪府豊中市）から池田城に移った（『言継卿記』）。

信長は天王寺（大阪市天王寺区）、義継と久秀、惟政は淀川べりの天満《てんま》（同北区）に陣を置き、忠親や茨木佐渡守、塩川氏、そして勝正の姿もあった。池田家中を除き、ほぼ摂津の主な国人がここに会した（『細川両家記』）。このようなメンバーに上郡の茨木氏が加わるのは、本圀寺合戦以来である。茨木氏には惟政の甥が養子に入ったとされる（松田一九六七）。惟政が茨木氏を引き立てたのだろうか。また、追放されたとはいえ、勝正も軍勢を率いたようだ。そして三十日、義昭自身が摂津へと出馬した。

彼らを待ち受けたのは、細川昭元・三好康長《やすなが》（長慶の叔父）・篠原長房・十河存保《まさやす》（三好長治《ながはる》の弟）、紀州の雑賀《さいか》勢ら一万三千の軍勢である。淀川河口のデルタ地帯である野田・福島（大阪市福島区）に築いた砦群に軍勢を展開させ、淡路からの安宅氏の軍勢一千五百も尼崎（兵庫県尼崎市）に陣取った。しかし、離脱するものもおり、三好為三《いさん》は信長から池田氏の本拠豊島郡を与えられている（『福地源一郎氏所蔵文書」）。

義昭は、九月二日に細川典廐家の細川藤賢が欠郡に構えた中島城（大阪市淀川区）に入り、播磨の別所氏や紀伊の湯川《ゆかわ》氏、根来衆らが来援。いよいよ義昭・信長と三好三人衆との決戦かと思われた九月十二日、大川（淀川）対岸で異変が起こる。大坂本願寺の宗主顕如が信長を警戒し、三人衆とともに戦いを挑む決を下したのである。さらに二十二日、近江の西を進んだ朝倉・浅井勢の一部が入京した。驚いた信長は、義昭や義継、久秀らとともに京へと急行し、惟政と柴田勝家《しばたかついえ》が殿軍をつとめた。これ以降、断続的に十年間続く「石山合戦」のはじまりである。

高まる軍事緊張

さらに九月二十七日には、阿波・讃岐勢が増援し、三好長治が尼崎に入った。本願寺の坊官下間頼総《しもつまよりふさ》は、この件を十月三日付けで近江西部の門徒に伝え、下郡の瓦林氏が拠る瓦林城を手中にし、茨木城を調略中と報じている（「三浦講中文書」）。

三好三人衆方は京都南郊の御牧城《みまき》（京都府久御山町）を掌握して京都に迫るが、十月二十二日に和田惟政と細川藤孝、木下秀吉らが反撃（『細川家記』『松井家譜』）。河内では三好義継が若江城、畠山秋高が高屋城、安見右近《やすみうこん》が私部城《きさべ》（交野城《かたの》。大阪府交野市）に入り、摂津では伊丹・塩河（山下）・茨木・高槻の諸城が守りを固める（『信長公記』）。一方で三人衆方の池田家中では、池田民部丞を当主に立てて七月に大山崎、九月に多田院、十一月に箕面寺（瀧安寺）に禁制を出した（「離宮八幡宮文書」「多田神社文書」「滝安寺文書」）。

事態は緊迫するが、やがて信長は六角・朝倉・浅井氏と和議を結び、三人衆が推す細川六郎が義昭に拝謁して「昭元」を名乗る。年未詳十二月十七日付けで惟政が六角氏家臣三雲《みくも》氏らに宛てた書状（「福田寺文書」）に基づき、この際に惟政が六角氏との和議を整えた可能性も指摘されるが、花押が以前のタイプであるため、書状が示す内容は永禄十一年の近江調略時のものである（中西二〇一三①）。

年が改まった元亀二年（一五七一）、勢力の対立図に変化が起こった。義継と久秀が義昭から離れ、本願寺、そして三人衆と手を結んだのである。惟政周辺でも何らかの動きがあったのかもしれない。二月五日付けの本願寺顕如の惟政宛ての書状案では、惟政が本願寺に通じたことが示唆される（「顕如上人文案」）。しかし、あくまで書状案であり、およそ惟政が義昭から離れることはありえない。

惟政は二月二十五日付けで郡兵太夫に書状を出し、上郡の淀川べりの三ケ牧地域（大阪府高槻市）で徳政《とくせい》が実行されないのは曲事《くせごと》であり、速やかな実行と上使の派遣を通達した（「榊原文書」）。書状は「恐々謹言《きょうきょうきんげん》」という丁寧な文言が結ばれるため、郡兵太夫は惟政の与力だろう。当時の義昭と信長は、山城・摂津に徳政令を適用し、基盤の確保を図っていた（仁木一九九六・下村二〇〇五）。一方、惟政は前年十二月二日に大山崎、翌日には淀川対岸の石清水八幡宮（京都府八幡市）という町場で徳政等を免除している（「離宮八幡宮文書」「岡本家文書」）。義昭・信長陣営の中で、惟政の存在は重きをなしていた。

五月十一日、惟政や畠山氏に通じたとして、久秀は与力の安見右近を奈良で切腹させ、交野城を攻撃した（『二条宴乗記《にじょうえんじょうき》』）。このとき惟政が六〜七百の軍勢で淀川を渡ってきたが、少し放火をしただけであったと久秀は書状に認めている（「信貴山文書」）。

六月十日には、惟政が吹田（大阪府吹田市）を攻めて首五十七を取り（『言継卿記』）、二十三日には桜塚善光寺内牛頭天王社《さくらづかぜんこうじごずてんのう》（同豊中市）に禁制を出す（「原田神社文書」）。義昭配下の惟政と三好・松永の対立が明確となり、摂津と周辺の軍事的緊張が高まっていく。

七月十二日になると、久秀が篠原長房と摂津へ進出して高槻城、義昭方の山城国木津《きづ》城（京都府木津川市）攻めの付城《つけじろ》を設けた（『尋憲記《じんけんき》』）。十四日には、久秀と義継が摂津和田方の城攻めに出陣している（『多聞院日記』）。この最中、惟政は二十一日の宵に上洛し、すぐに高槻へと戻っている。よほど火急の用だったのだろう。

二十三日には義昭の家臣三淵藤英《みつぶちふじひで》が摂津に出陣し（『言継卿記』）、二十六日付けで垂水荘の南郷社（大阪府豊中市）に禁制を出す（「今西家文書」）。下郡では、池田勝正が細川藤孝とともに池田方面を討ちまわっていた。原田城に入り、自らを捨てた池田家中と対峙していたようである（『元亀二年記』）。義昭方は、池田家中を警戒して軍勢を下郡へと進めた。一方、大和国では松永勢が筒井氏らの軍勢に大敗を喫した辰市《たついち》合戦（奈良市）が八月四日に起こり、戦局は混迷していた。

惟政が戦死した郡山合戦

八月十八日、和田・伊丹勢が摂津で起きた合戦で多数の死者を出した（『尋憲記』）。おそらく、戦場は下郡だろう。フロイスは、戦死した高山飛騨守の子の葬儀に高槻を訪問するが、道中では殺人や略奪が行なわれ、惟政は合戦へ備えに謀殺されていた（一五七一年九月二十八（十八）日付けルイス・フロイス書簡）。この十日後、惟政は戦死する。白井河原の合戦の名で知られる、郡山合戦の勃発である。

郡山合戦は、東西に長い摂津国を分断する千里丘陵の北東縁辺部で起きた。当時の史料に合戦場は郡山としか登場せず、「白井河原の合戦」の名は後世の軍記物や地誌類などを通じて定着した。『中川年譜』など江戸時代の諸記録では、合戦の場所はおろか、年代や伝承も混乱している。早くに合戦の記憶が薄れたのだろう。戦場は、茨木市郡山・郡・下井・中河原・耳原・上郡の周辺一帯であった。

付近の地形は、千里丘陵北側の地峡が開口する場所で、平地の中央に東流する勝尾寺川沿いに西国街道が走る。周辺の勝尾寺川が白井川と呼ばれ、江戸時代は蛍の名所であった。地元では、この蛍と戦死者の魂を重ね、合戦の記憶としていた。

合戦は、八月二十八日に和田勢と茨木勢、そして池田勝正の軍勢と、事実上、荒木村重が率いる池田勢との間で起きた。双方とも犠牲を出すが、惟政と和田一族、茨木兄弟ら二百〜六百人が戦死した前者が敗北（『言継卿記』『二條宴乗記』『尋憲記』『多聞院日記』）。合戦の後、和田方の四つの城が落ち、『尋憲記』では高槻城と茨木城、「シュク城」、「里城」とする。「シュク」とは、合戦場から約一km西の宿久庄村に所在した城郭の可能性が高い。「里」の地名は近くに確認できないが、北西約三㎞の山間部の佐保《さほ》村には複数の城郭遺構が存在し、「サホ」に「里」の字が当てられたとも推測される（中西二〇一三①）。実際の戦場よりも、広範囲に軍勢が展開された可能性があるだろう。

先述のフロイスの書簡では、さらに詳しい。合戦の発端は、惟政が池田氏との「領地の境界」に新たな二つの城を築いたことにあった。これに憤慨した池田の「主将」が城攻めを決し、「池田殿」が惟政を討った者には身分が低くても俸禄を与えるとの書付を出した。「主将」とは、村重だろう。

その二つの新城を守ったのが、飛騨守・右近の父子であった。飛騨守は、三手に分かれた約三千の池田勢の出現を高槻城に急報し、惟政が二百、その後ろを十六歳の子惟長《これなが》が五百の兵を率いて出陣した。惟政は、宣教師から贈られたビロードの帽子を帽子形の兜の中に被る出で立ちで出陣、惟長の到着を待たずに一千の池田勢へと攻めかかった。惟政は、自軍を総勢千五百と誤認していたという。しかし、池田勢は山の麓に別働隊二千を潜ませていた。

馬を下りて戦う惟政らは取り囲まれ、三百の鉄砲による一斉射撃を受ける。多くの兵は手負いとなり、惟政も多く鉄砲傷を受けていたが敵兵と乱闘し、深手を負わせた後、首を取られた。敵兵も惟政の首を手にしたまま倒れ、息絶えたという。惟政の十六歳の甥（弟の子）も、三千の敵の只中で戦死した。

『中川年譜』では、池田勢は郡山から北麓の馬塚にかけて着陣したとする。丘陵上には郡山寺内町があり、戦場を見下す地形に加え、軍勢の収容などに好都合であったのかもしれない。惟政の与力・

和田惟政の墓　大阪府高槻市・伊勢寺

郡平太夫は、思った以上に敵勢は大軍との進言を行なうが、惟政は寄せ集めの衆と一蹴。中川清秀が惟政を討ったとするも、フロイスの記述には合致しない。なお、郡兵太夫も戦死を遂げた。

合戦と「境目」の土豪

惟政の与力・郡平太夫は、郡山合戦の戦場となった郡村の土豪であった。永禄十年（一五六七）には法隆寺《ほうりゅうじ》領の河内国弓削《ゆげ》荘（大阪府八尾市）の代官をつとめ、三好三人衆の石成友通に近い関係にあった（「法隆寺文書」）。一方、時期不詳だが、郡次郎左衛門という人物が、細川藤賢（典厩家）から上郡の五百住（大阪府高槻市）に得分を与えられた（「高徳院文書」）。五百住は松永氏ゆかりの村であり、藤賢は久しく三人衆と対立していた松永方として行動した。郡氏には、対立する勢力双方と結ぶような二つの家があった。

江戸時代、郡氏の子孫は福岡《ふくおか》藩や久留米《くるめ》藩、高槻藩などの藩士として存続した。このうち、明治十一年（一八七八）に福岡藩士の子孫が編集した『郡宗保伝記集成』によれば、豊臣家に仕えた郡宗保（主馬）の母を郡平太夫の妹、父を伊丹一族の伊丹親保《ちかやす》とし、はじめ宗保は伊丹甚十郎を称した。これが正しければ、郡氏と伊丹氏の婚姻は、年代的に平太夫以前に成立の可能性がある。また、郡氏は北郡の塩川氏と同族とされる。上郡の土豪郡氏は、下郡の国人伊丹氏と北郡の国人塩川氏と関係を有したが、その拠点の郡は千里丘陵北部の上郡と下郡の「境目」にあたった。なお、郡宗保は村重の有岡籠城戦に参加する。

寛政五年（一七九三）の年紀を持つ豊後岡藩が編纂した『諸士系譜』では、同じ境目付近の土豪を出自とする家臣の来歴において、合戦直前の動きを述べている。粟生谷《あおまたに》（大阪府箕面市）の粟生氏は、元亀年間の初めに所領を和田惟政に奪われたために村重を頼り、中川清秀の配下となった。萱野七郷の萱野氏は、惟政を入江左近将監と伝える以外、これと同じ所伝を持つ。入江左近とは、高槻城主入江氏のことだろう。一方で、平尾《ひらお》（現箕面。箕面市）の平尾氏には、この左近の四男が養子に入ったとする。戦場に近い安威（同茨木市）の安威氏、下村（不詳）の下村氏も和田氏（もしくは入江氏）に所領を奪われ、村重を頼ったとする。

戦国時代の合戦は、勢力境の領主層の確保、さらには城を囲む敵の背後を突く「後詰決戦」になることが多い（藤井一九九五）。例えば、永禄三年（一五六〇）の桶狭間《おけはざま》の戦いは、尾張国東部の今川義元《いまがわよしもと》と織田信長の勢力境で起こる。それまで地元の領主らは両氏と距離を保ってきたが、今川の力が増幅したために織田方との狭間に窮した。織田方は臨時築城という手段に出、対する今川方は義元自身の出馬で事態に臨む。そして、義元は境目の救援に向かう信長本隊との遭遇戦で戦死を遂げた（藤本二〇〇三）。フロイスは、惟政による池田氏との勢力境の築城と池田勢の出兵、急ぎ迎撃に向かう無勢の和田勢を記す。多勢に無勢の信長と惟政、そして後詰決戦など、桶狭間と郡山合戦の類似点は多い。
また、惟政は摂津での権力基盤が弱く、地域の領主層の被官化は大きな課題であったと思われる。惟政は、永禄十二年に居城を芥川城から高槻城へと移した。その背景には、都市や交通路との距離を縮めるという意図があったが、それは国人のように上郡での在地化を図るということも意味した。やがて和田氏は茨木氏や郡氏らを従え、その力が池田氏との勢力境である千里丘陵近くへと及んだ。この勢力境は、戦国摂津の上郡と下郡のという地域性の境目でもある。和田氏と池田氏は、この「境目」の地域社会の掌握をめぐってせめぎ合っており、いわば郡山合戦は必然的に起こった。

合戦前の六月十日、惟政が攻撃した吹田も千里丘陵の南東端に位置し、近くの新庄《しんじょう》城（大阪市東淀川区）では中川清秀が入郡の義昭方であった細川藤賢の跡を押さえたという（『中川年譜』）。同様の動きは、千里丘陵周辺で広くみられたのかもしれない。義昭方と三好・松永方の対立が合戦の遠因でもあり、その「境目」の土豪層の去就が合戦への導火線とみることができる。

さて、この合戦における郡氏は、自らの地元を守るために合戦で奮闘したようにも思える。合戦場との関係でいうと、郡氏と同じ動きを示し、もしくは語られてもよいのが清秀だろう。通説の中川氏の根拠地は、この合戦の只中にある中河原という村である。ただし『中川年譜』を含め、清秀と戦場との関わりを示す記述は皆無である。ここからも、中川氏と上郡中河原との接点はうかがえない。

第Ⅲ部　摂津の大名に成り上がる

織田信長画像　東京大学史料編纂所蔵模写

第一章　荒木村重離反の余波

若き和田惟長の立場

本章では、主に元亀二年（一五七一）の郡山合戦後から天正六年（一五七八）までを取り扱う。いよいよ茨木城（大阪府茨木市）に中川清秀が入り、高槻城（同高槻市）主の座を高山右近が手に入れた時代である。将軍足利義昭を追放した織田信長が勢いを増すなか、最終的に摂津一国を支配した荒木村重が離反、本願寺と手を組んで挙兵する。そして、キリシタン大名が支配する高槻周辺では、キリスト教信仰が展開した時代でもある。

元亀二年八月二十八日の郡山合戦の際、父惟政の軍勢が壊滅した和田惟長は、兵を高槻城へと返す。軍勢は離散し、彼には少数の兵しか従わなかったという（一五七一年九月二十八（十八）日付けルイス・フロイス書簡）。惟政を失った高槻城には、松永勢が迫る。細川藤孝や佐久間信盛の働きで陣は払われるが、城引き渡しの噂が立った。九月九日、松永勢は淀川べりの柱本・三島江（同高槻市）まで陣を後退させる（『尋憲記』）。この三日後、信長が比叡山焼き討ちを決行した。

九月十八日になって、信長は摂津に吏僚の島田《しまだ》秀満《ひでみつ》を遣わす。二十四日には明智光秀の軍勢約一千が高槻に向かい、翌日に義昭の奉公衆も出陣（『言継卿記』）し、義昭の武将である藤孝や光秀は、和田氏の支援に動いた。一方で十月九日、三好三人衆らは三好義継を高槻城に入れようと動いている（『二條宴乗記』）。

この頃、義昭と信長の関係は急速に悪化し、義昭は反信長勢力との接触をはじめるが、義継や三人衆らとの対決を念頭に、信長とも連携した複雑な動きを採る。十一月十九日付けで羽柴秀吉は義昭配下の曽我《そが》助乗《すけのり》に書状を出し、高槻城の件は一件落着となったと報じた。池田氏と伊丹氏との間で長年の懸案が解決し、敵（松永勢か）に高槻城が攻められても両氏が一戦に及ぶという（「細川家文書」）。

惟長は何とか高槻城を確保し、十二月には神峯山寺の寺領を安堵して叔父和田惟増《これます》も添状を出した（「神峯山寺文書」）。惟長の安堵状は、「仍状如件《よってくだんのごとし》」で結ぶ当時の摂津では珍しい直状《じきじょう》形式のもので、家督継承への強い意志を示すと評価されている（下川二〇一一）。ただし、翌元亀三年二月に本山寺へ出した禁制（「本山寺文書」）の差し出しは、変わらず「愛菊」の幼名と「惟」という署名のままである一方、神峯山寺への安堵状とは花押の形が違う。若き高槻城主の不安定な立場を示すようだ。

本願寺の坊官下間正秀は、元亀三年正月四日付けの書状で織田勢が義継の若江城（大阪府東大阪市）を攻めたとするが、この陣中に「池田」がいた（「誓願寺文書」）。おそらく、池田勝正のことではないか。当時の大坂本願寺は、義継・松永久秀と手を組み、その背後に義昭が近づきつつあった。正秀は四月十四日付けの書状において、伊丹氏が信長の「扱」に不審を感じ、親類にあたる惟長と申し合わせて義継に通じたとしている。

和田氏は、郡山合戦以前から伊丹氏と連携し、三人衆方の池田氏と対立した。和田・伊丹氏の義継への接近は、義昭の動きと一致する。かつ、義昭は池田家中の池田遠江守に知行を保証、池田民部丞の立場を認めようとするなど（「土佐国蠧簡集拾遺七」）、池田家中に切り込んだ。しかし、反対に荒木村重らは、信長との距離を縮めていく。

翌天正元年（一五七三）の年明け、義昭と信長の手切れが明らかとなり、義昭方が近江で反信長の兵を挙げた。二月二十三日付けで信長は細川藤孝に書状を出し、若者の惟長には注意が必要であるとしつつ、敵方に通じた伊丹氏には和田が意見したなどと伝えている（「細川家文書」）。この頃、京都の義昭の下には「池田と伊丹」の兵がいたという（一五七三年五月二十七日付けフロイス書簡）。

高山父子による高槻城奪取

さて、惟長の父惟政は、宣教師が惟増や飛騨守を訪問することを快く思っていなかった（『日本史』第一部九四章）。彼らが家中の実力者であり、自身を蔑ろにすると感じたこともあったのだろう。フロイスによれば、高槻城主となった惟長は、自らの手で惟増を殺した。高槻城内では、飛騨守と右近が最も多い軍勢を擁し、城主の「顧問」のような存在となる（一五七三年四月二十日付けフロイス書簡）。

飛騨守は惟長に忠告をし、右近は「良き兵士たちの頭」であったため、惟長の「側近」や「同郷の知人」らは両人を激しく憎悪したともいう（『日本史』第一部九五章）。惟長は永禄元年（一五五八）頃の生まれで、右近が六歳ほど年長にあたる。頭角を現す右近に対し、惟長の周囲はざわついた。この構図は、和田家中における近江出身閥と摂津出身閥の対立として理解できるだろう。

そして、将軍義昭と信長をめぐる勢力の再編が、この対立を表面化させる。義昭と結んだ武田信玄《たけだしんげん》が上洛へと軍勢を進めていた天正元年（一五七三）の三月初旬、高槻城内で変事が起きた。高山氏が謀反を起こし、殺されそうになった惟長（太郎）が「天主」へと引き籠もる。そこで家中の者が間に入り、惟長を退城させたというのである（『兼見卿記』）。三月七日に信長方が伊丹忠親の賀島城（大阪市淀川区）を開城させたのも、連動した動きだろう（「細川家文書」）。

同年四月二十日付けのフロイス書簡によれば、はじめは惟長一派が高山父子の殺害を目論んだ。しかし、惟長が躊躇する間に高山父子が計画を察知して荒木村重に通じる。村重は惟長を殺害すべきとし、人的援助と父子に惟長の領地を安堵する旨を表明。そこで高山父子は登城し、右近が惟長に切りつけて首に深手を負わせた。右近も重傷を負い、キリシタンの従兄弟が鉄砲に撃たれて死亡したという。

惟長は、母と三十名の兵が守る「塔」へと逃げ込む。これが天主だろう。「集落全体と和田殿の邸に火がかかり、財産を納めた家（蔵か）が焼失し、和田一族と一党は離散する。やがて信長方に立場を変えた細川藤孝が調停に入り、惟長は義昭の武将に随行されて伏見（京都市伏見区）へと逃れ、近江甲賀を目指すものの絶命したという。ちなみに、フロイスは最後まで惟長を「愛菊」と呼んだ。

こうして、高山父子は高槻城を簒奪した。飛騨守が守将として留まった城内には「門の上に二ヵ所の見張り所と小さな塔」しか残らず、手負いの右近は後者にいた。小規模な櫓門と櫓なのだろう。「家中」が間に入って惟長が退城したのだから、一定数の城内の人々が高山父子を支持したはずである。しかし、諸人はいつまで父子が城内に留まれるのかを疑ったという。そのためか、飛騨守は三百名の親戚や友人を手元に集めていた。

それからまもない三月二十九日、上洛途中の信長を荒木村重と細川藤孝が山城・近江国境の逢坂《おうさか》（大津市）に出迎え、信長方としての旗幟を鮮明にした（『信長公記』）。一方、義昭は七月に槇島城《まきしま》（京都府宇治市）で挙兵するも、村重らの大軍を前に三好義継の若江城へと落ち、やがて毛利氏を頼って備後国鞆《とも》の浦《うら》（広島県福山市）に移った。

この混乱のなか、河内では畠山秋高が守護代遊佐信教《のぶのり》に殺害され、河内守護畠山氏は滅ぶ。また、武田信玄も急死し、信長は朝倉・浅井氏を滅ぼして危機を脱した。そして十一月、義継の若江城へと織田勢が迫り、義継は「天主」の下まで奮戦するが、腹を掻っ切って果てる（『信長公記』）。かつて長慶を輩出した三好本宗家は、ここに滅んだ。この際、義継を裏切った家中の有力者「若江三人衆」のうち、キリシタンの池田教正（シメアン）は池田一族、野間長前は長慶に取り立てられた下郡の土豪出身であった。信長は河内の支配を彼らに、そして摂津支配を村重（信濃守）に委ね、村重は右近に高槻城と当知行を安堵した。なお、このとき信長は松永久秀を赦免している。

村重による右近の扱いは、飛騨守が高槻に多くの親戚を擁したためともいう（『日本史』第一部九五章）。余野の「クロン」殿と姻戚関係にあったように、高山氏とは摂津の土豪層との関係は深い。実際はしばらくの間、飛騨守が高槻城主であったようだ。しかし五十歳を過ぎ、病も増えた飛騨守は、右近に家督と城を譲る（一五七六〈七七〉年八月二十日付けフロイス書簡）。右近は「重子」（ジュス）の名前で、天正二年（一五七四）三月十三日付けで本山寺に禁制を出す（「本山寺文書」）。九月十日付けの飛騨守「大慮」（ダリヨ）の寺領安堵状も残るが、これは後見人として発給されたものだろう。

天正２年３月13日付け高山右近禁制　大阪府高槻市・本山寺蔵
高槻市立しろあと歴史館寄託

村重と右近の下克上

天正二年（一五七四）三月以降、荒木村重は下郡の港町である尼崎の人々に、法華宗の寺内として長遠寺《じょうおんじ》（兵庫県尼崎市）の堀構などの整備を命じる。これは、元亀三年（一五七二）に信長が打ち出した方針を受けたものであった。村重は、長遠寺の門前と近接の本興寺《ほんこうじ》門前にも禁制を掲げた。この三月、信長は東大寺正倉院《しょうそういん》（奈良市）の香木・蘭奢待《らんじゃたい》を切り取るが、村重はその奉行の一人をつとめている。

四月、大坂本願寺が欠郡の中島方面で反信長の兵を動かす（『永禄以来年代記《えいろくいらいねんだいき》』）。この本願寺の陣中に、「池田カツマサ」と「三宅」がいた。村重が追放した池田勝正と、衰えたとはいえ本願寺との関係が深い三宅氏である。対する信長勢は欠郡の天王寺、住吉などを焼き払い、七月には村重勢約三千が中島に押し寄せ、細川典厩家ゆかりの崇禅寺《そうぜんじ》（大阪市東淀川区）の僧侶をも殺した。しかし、本願寺の反撃を受けて「荒木高山」の七〜八百人が討ち死にしたという。この「高山」は、右近に違いない。

村重は、下郡に残る伊丹忠親にも戦を仕掛けた。伊丹城内に兵糧がないことから、信長は村重が持久戦に持ち込むだろうと光秀に伝えている（「細川家文書」）。そして十一月十五日、忠親は伊丹城から落ちた。伊丹氏は、これまでも城からの没落を繰り返したが、今回は違う。村重は池田城を破却し、居城を伊丹に移す。そして、地名に由来する城の名を「有岡《ありおか》」に変えた。

このような事例は珍しく、かつて松永久秀が永禄四年（一五六一）に大和で築いた城郭に地名と無関係の「多聞城」と命名し、永禄十年に信長が美濃斎藤氏の稲葉山城《いなばやまじょう》（岐阜市）の名を「岐阜《ぎふ》城」に変えたケースに重なる。また翌天正三年、薩摩の島津家久《しまづいえひさ》が上洛の道中に有岡城と池田城を遠望し、有岡が元は伊丹という城であることを日記に書いている（『中務大輔家久公御上京日記』）。武士をも動員する大規模な築城工事に驚き、一方で池田城は破却されていた。

この後、忠親が伊丹に復帰することはなく、勝正の消息も途絶えた。長らく戦国摂津の主役を張った池田、伊丹両氏の「滅亡」である。戦国時代には、伝統的な権威や秩序を否定し、実力で権力を奪い取る「下克上」、つまり「下が上に克つ」風潮があった。荘園支配をめぐる権門と土豪、京兆家から三好本宗家への交代もそうである。村重の家系は不明確で、下郡の池田家中を制して摂津の大名となった。土豪出身の右近は、京兆家や三好本宗家という中央権力が根差そうとした上郡で高槻城主となった。彼らの登場は、地域における権力の交代を告げ、摂津の戦国史にエポックをもたらしたのである。

さて、村重の摂津支配について、考察を加えたのが天野忠幸氏である（天野二〇一五）。『信長公記』には、信長が村重に「摂津国一職」を与えたとあり、一国の支配権を得たとも解釈されてきた。村重は、宇保氏や藤田氏らの池田二十一人衆など、池田氏の勢力を引き継ぐ。文書の発給範囲は下郡以外に及ぶが、その基盤は下郡にあり、これを天野氏は、「摂津国一職」は三好長慶の時代に松永久秀が担った「下郡一職」の延長線上にあるとする。そして、下郡の周辺に村重は城郭を配置するが、川辺郡の塩川氏、島上郡の高山氏など独立性の高い領主がおり、村重とは与力関係にあると評価した。

また、村重と右近の関係について、発給文書の分析から検討したのが下川雅弘氏である（下川二〇一二）。村重の文書は、旧池田家中や信長の政策上に位置するほか、寺領安堵や禁制・条々・給与などであり、禁制と条々を除くほかは書状で出す形で支配の姿勢は強固ではないとされた。荒木氏の勢力範囲は下郡の川辺郡南部と豊島郡北部、八部郡の一部と北郡の有馬郡にとどまる。一方で高山氏は、高槻城が所在する上郡の島上郡、島下郡北部で文書を発給し、これは独自に支配する範囲であった。

右近は村重の与力であり、宣教師のフロイスは右近を信長の家臣と記している（『日本史』第二部二七章）。下郡の荒木氏に対する上郡の高山氏という形は、両氏の旧主で母体でもあった池田氏と和田氏と基本的には変わらない。ここで気になるのが中川清秀である。

『中川年譜』をはじめ、通説では郡山合戦後に清秀は茨木城主になった。しかし、一五七三年五月二十七日付けのフロイス書簡では、天正元年四月に洛外の村々を焼き払う「茨木主の荒木信濃」「中川」の二人を記す。村重は信長に重用されはじめたが、直前までは池田家中の最有力者であった。池田城主は池田氏当主だろうし、逆に村重を差し置いて、郡山合戦で得た茨木城の主に清秀が就く理由は乏しい。天正二年以前の茨木城主は、村重だったと思われる。いずれにしても、下郡の勢力が上郡に進出したことになる。かつての和田家中の人々、つまり右近の周辺は面白くなかっただろう。

高槻に広まるキリスト教

高山父子が城主になって以降、高槻はキリスト教布教の拠点となっていく（一五七六〈七七〉年八月二十日付けフロイス書簡）。飛騨守は、元亀四年（一五七三）に起きた高槻城奪取の直後、「かつて神の社があった所」に自費で教会と宣教師の宿泊施設を設けた。大きな十字架の背後に水を引いた魚の泳ぐ池があり、周囲に樹木が植えられたという。飛騨守の勧めによって、以降の二年間で高槻では五百人の貴人や兵士、その家族らが受洗したとされる。

飛騨守は、コンタツ（ロザリオ）を作らせるために京都から挽物師を呼び寄せた。数珠のような木製品製作に携わる職人だろう。教会には「四名の組頭」を定め、改宗や貧者の救済、死者の埋葬、祝祭の準備、来訪する信者の歓待を担わせ、リーダーを飛騨守がつとめた。これは、キリスト教のミゼリコルディアという組織にあたる。高槻のキリシタンの中心は、城主の父飛騨守であった。

高山父子は、貧しい二人のキリシタンが城内で死んだ際、葬礼で棺を担いだ。一般的に、日本では貧しい人や身寄りのない人が死んだ際、遺体は「聖」という被差別民の手で葬られた。飛騨守は、緞子《どんす》の覆いがある棺を作らせ、キリシタンを集めて死者を送る蝋燭に火を点した提灯を持たせたという。

一方で、日本人が葬儀の盛大さを重視するため、さらに飛騨守は白い絹の旗を八〜十枚作り、旗に受難の道具や金蓮花《きんれんか》の絵、イエズスの名を金文字で記して掲げた。その先頭を十字架が進み、飛騨守と右近が棺を担いだ。これに周囲が倣ったので、「傲慢にして頑固な日本人」は驚嘆したという。

戦国時代の日本人は、死後に粗末に扱われる姿を目撃していた。そこで自らはていねいに扱われたいとの願いももっており、宣教師らは信者獲得の方策として葬礼を重視していた（川村二〇一二）。飛騨守と右近がどう考えたのかはわからないが、その行動はこれにマッチしていた。

高槻城の隣接地では、二十七基に及ぶキリシタン墓地が発掘され、溝を介した教会比定地から伸び

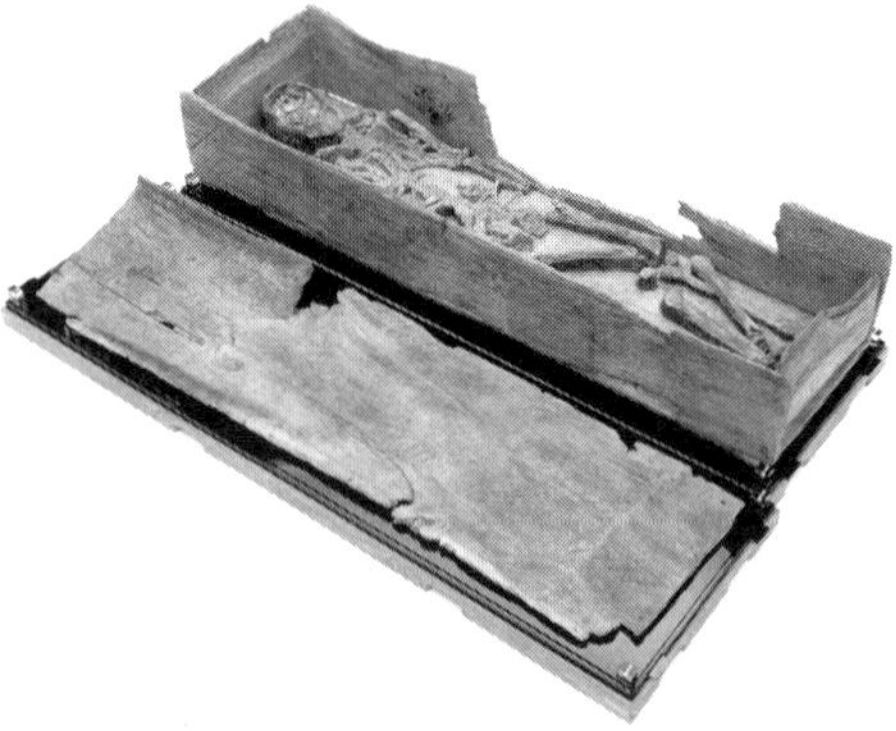

高槻城跡キリシタン墓地から出土した木棺（S１号墓）
大阪府高槻市　画像提供：高槻市立しろあと歴史館

る道の両サイドに被葬者の年齢や性別、身分に大きな隔たりがなく埋葬された様相が指摘されている。すべての埋葬は、特徴的な伸展葬《しんてんそう》という身体を仰向けにした木棺直葬で、木簡の蓋には二支十字を墨書したものがあり、実際に木製のコンタツも出土している（高槻市教育委員会二〇〇一）。

フロイスによる教会建設の記述には、庭は日本の僧院で珍重されるとある。魚が泳ぐその庭は、寺院の池泉《ちせん》庭園を彷彿とさせる。組頭の仕事は巡礼者への「おせったい」のようでもあるし、葬礼の行列では「この習慣は日本の諸地方」にあるとするため、野《の》辺《べ》送《おく》りのような光景だったのだろう。

江戸時代の高槻では、右近の時代に建立されたと伝える寺院があり、それらは真宗や法華宗など戦国時代の民衆の信仰を集めた宗派であった（富井一九九五）。挽物師のコンタツや墨書の十字を含め、在来の文化をアレンジし、共存するのもキリシタンの姿だったのだろう。

また、村重が「阿弥陀の宗派」を支持、つまり本願寺と結んで摂津では真宗のみを信仰として認め、従わねば罰すると布告した際、飛騨守は「城の集落」に「この二、三年でキリシタンになったすべての貴人と兵士のうち、いまだ妻子がキリシタンになっていない者」に教会で説教を聴くことを求め、入信は「自由意志」、かつ「農夫や職工」も聴聞すべきと告げる。また、一五七七年七月二十八日付けフランシスコ書簡では、主立った百姓を招いて説教を聴かせたともある。

高山氏は村重の与力であるため、摂津国内であるにも関わらず、独自の方針を示すことができたと思われる。地域の土豪層は、真宗などの他宗教でも布教や道場・寺院の設置に大きな役割を果たしてきた。飛騨守は家臣や在地の有力者らに信仰を働きかけ、組織的な布教は扶助を伴って民衆に及んだと思われる。これは、高山荘周辺で飛騨守自身が行った布教の延長線上としても理解できるだろう。

キリスト教はどこで広まったのか

一五七六（七七）年八月二十日付けフロイス書簡には、天正三年（一五七五）に京都での建設が決まった教会（南蛮寺《なんばんじ》。京都市中京区）の記述がある。飛騨守は木材の調達を引き受け、大工や木挽職人らを伴って、建設現場だけでなく切り出す山や運搬にも立ち会ったという。教会は翌年に完成した。

京都とキリスト教の関係は、天文二十年（一五五一）のザビエル上洛にはじまり、本格的な布教は永禄二年（一五五九）のガスパル・ヴィレラと盲目の修道士ロレンソらにはじまる。ヴィレラらは、入洛に際し、大名大内氏らの紹介状を手に比叡山、近江六角氏家臣と接触したが、門前払いに終わったため、周囲のキリシタンらは都に入ることを止めた。それでも、彼らは借家に身を寄せ、将軍義輝から布教許可を得て人々の注目を集めるが、僧侶や近隣住民の声を受けた家主に強制退去を迫られる（『日本史』第一部第二三～二六章）。

京都では、伝統的な比叡山だけでなく、法華宗を紐帯に共同体の性格を強めた町衆らも、この新しい宗教を排斥した。そのような苦難を超えての南蛮寺建設であり、この建設によって都の人々はキリスト教への態度を嫌悪から敬意に変えた。洛中に出現した壮麗な三階建ての日本風建築は人々の心をとらえ、その評判は各地に首都京都から発信された。信長の子・信雄《のぶかつ》（茶筅《ちゃせん》）も南蛮寺を目にし、「はるか遠方の国々から来た異邦人がその敵に混じって都の中央に、かくも壮麗な建築をするとは実に勇敢なこと」と感嘆している（一五七八年七月四日付けフランシスコ書簡）。

一方で、キリスト教の社会的広がりは、京都と堺などを除けば、河内キリシタン以来の河内と右近の摂津上郡に限られていた。仁木宏氏は、キリスト教は「都市的」な宗教で、真宗のように村落共同体を基盤とするものではなく、高山氏らの都市領主が主導したとみる（仁木二〇一五）。では、河内キリシタンらの「都市」とはどのような場なのか。端的に述べれば、新興の小さな町である。

河内キリシタンの結城一族が拠る岡山・砂、三箇一族の三箇は、飯盛城の「城下」として機能したが、大坂などの寺内町や大阪湾岸の港町に比して、規模や地域社会での存在感は小さい。彼らが三好長慶に取り立てられて芽吹いた都市的な場である。高槻も同様で、上郡では富田寺内町の「一強」に近く、文禄三年（一五九四）の検地の時点でも、高槻城下の家屋数は大きく上回った（小林一九八四）。

飛騨守は、三箇や岡山の祝祭を見て名誉心に煽られ、「己れの祝祭が他の城で見たものに劣ることを赦さなかった」という（一五七七年七月二十八日付けフランシスコ書簡）。また、三箇の人々はキリシタン池田教正（シメアン）が領主の一人であった若江の祭典に劣らぬよう、岡山の人々は三箇よりも秀でよう、高槻の人々は他所に負けまいとした（『日本史』第二部二五章）。これはさながら、キリスト教をシンボルとした、新たに勃興する小さな「都市間競争」の様相ではないか。

キリスト教には都市領主が必要で、新興の小さな都市も同様であった。ここでも人ありきの信仰である。しかし、一方では限定的ながら、農村に信仰が根付いたのも事実であり、かくれキリシタンの信仰ともなる。

村重、大坂本願寺と結んで挙兵

天正三年（一五七五）五月、信長は信玄の後継者・武田勝頼《かつより》を長篠の戦いで破り、八月には越前一向一揆の殲滅戦を展開した。その後、越前には柴田勝家らを置いて「越前国掟九ヵ条」を定め、明智光秀に丹波平定を命じた。そして、十月にはいったん本願寺と和睦する。

信長は、十一月に従三位《じゅさんみ》権大納言《ごんのだいなごん》に叙任《じょにん》して公卿《くぎょう》となり、右近衛大将《うこんえのだいしょう》に任官された。武家政権を鎌倉に開いた源頼朝は、征夷大将軍以前に権大納言、右近衛大将に就いている。信長は、天下を掌握した人物と認知され、自身の政権を構想する段階を迎えた（池上二〇一二）。以降は「上様《うえさま》」と呼ば

れ、翌年から新たな拠点として、近江国に安土城《あづち》（滋賀県近江八幡市）の築城を開始する

　この天正三年、荒木村重は有馬郡の有馬氏を滅ぼす。旧主池田氏は有馬郡を含む北郡に足がかりをもっても、併呑することはなかった。十一月に村重は「摂津守」として、箕面寺（瀧安寺。大阪府箕面市）に禁制を出す（「滝安寺文書」）。織田勢の越前一向一揆攻撃にも参加し、陣中で播磨出陣と国人懐柔の命を受けた。以降の村重は、播磨小寺《こでら》氏の取次をつとめるなど、信長の対西国政策を担当する。

『英名百雄伝』に描かれた荒木村重　当社蔵

　また、村重は「石山合戦」攻めの一翼も担った。天正四年八月には、本願寺近くでの苅田《かりた》の実行を秀吉や光秀らと相談し、子の村次《むらつぐ》から陣に詰める池田肥前守と豊後守・藤田重綱《ふじたしげつな》・荒木与兵衛尉、そして右近に伝えている（「佐佐木信綱氏所蔵文書」）。翌天正五年には紀伊の雑賀《さいか》攻めにも参加した。しかし、なぜか対西国の主担当者は秀吉に変更され、村重は補佐にまわされる。なお、この年の十月、本願寺に与した松永久秀が織田勢に攻められた信貴城で自害して果てた。

　さて、先述したが一五七六（七七）年八月二十日付けフロイス書簡では、村重が摂津では真宗のみの信仰を認めたとする。しかし、これは村重の信仰心からではなく、本願寺からの働きかけを受けた

ことが原因であった。また、同じフロイスの書簡では、以前の村重はキリスト教を庇護もしたと記す。かつての和田惟政と同じく、これは右近らキリシタンの武将を束ねる実利的な理由からだろう。

　この出来事は、村重が「信濃守」、高槻城主が飛騨守とされるので、天正初年の状態を示す。時間幅をもたせても「石山合戦」の時期にあたり、すでに村重と本願寺が近い関係にあったことを示唆する。ちなみに、美人とされる村重の妻「だし」は、本願寺家臣の川那部《かわなべ》左衛門尉の娘であった（『立《たて》入《り》左《さ》京亮《きょうのすけ》入道《にゅうどう》隆《りゅう》佐《さ》記《き》』）。

　そして天正六年十月、村重は信長と袂を別ち、本願寺と結んで挙兵した。本願寺宗主顕如によれば、これは村重側からの持ちかけであり、村重には自らの支配への本願寺の介入を避ける目的があったと思われる（「古文書集」）。天野忠幸氏は、村重が信長から離れた理由として、本願寺や百姓らと連携した摂津支配の実現と、自らが外された織田政権の西国担当者の交代を指摘している（天野二〇一五）。

　十月二十一日、信長の耳に村重「逆心」の報が入った。信長はすぐには信じることができなかったという（『信長公記』）。フロイスによれば、その原因は戦争の辛労に曝された家臣が村重を説き、信長が領地を返却させると思い込ませた「勧告」にあった（『日本史』第二部二七章）。このとき、右近は信長への挙兵は道理を外れると通告し、その迫力に村重は重臣に再協議を求める。ちなみに、村重は右近よりもおよそ十七歳の年長であった。右近は死を決して有岡城に赴き、離反すべきでない理由十七ヵ条を突きつけた。そして、村重父子による信長への直接謝罪を説き、自身はすでに人質としていた姉妹に加えて息子を村重に差し出した。

村重の家臣らは右近と信長の関係を疑うが、村重父子は信長の安土城へと出発。ところが、茨木城に到着したとき、家臣らが城門を閉め、離反しなければほかの主君を迎えると通告した。このため、村重は同意せざるをえなくなり、有岡城へ引き返したという。朝廷の御蔵職立入宗継《むねつぐ》による『立入左京亮入道隆佐記』では話が逆転し、荒木父子が茨木城まで来たところ、清秀が安土に行けば切腹を迫られると主張。有岡に帰ると「国中之年寄」も同心し、この後に右近が反対を唱えたことになっている。

一連の流れのなか、村重は対立する重臣と与力（右近）に動向を左右された。元亀元年（一五七〇）の「金ヶ崎の退き口」の直後、池田勝正は村重らの家臣に追放されたが、今度は村重が逆の立場にある。前年の天正五年、荒木勢は織田方の最前線・播磨国上月《こうづき》城（兵庫県佐用町）への援軍として秀吉の下に配された。五月に毛利方の吉川元長《きっかわもとなが》が出した書状には、「あら木弓　はりまのかたへ　おしよせて　いるもいられす　引もひかれす」との狂歌《きょうか》がみえ、戦意の低さが笑われているという（「吉川家文書」）。勝正の追放時と同じく、家中はうち続く遠国での戦に疲弊していたのではないか。この結果、村重は挙兵に踏み切り、有岡城に籠もる。ほどなく信長は、「低い身分を摂津国一職まで取り立てたのは誰か、思い上がりも甚だしい」と堪忍袋の緒を切った。

高槻城落城に見る父子対立

十一月三日、信長は摂津に向けて出陣し、六日には大船を擁する九鬼嘉隆《くきよしたか》の水軍が大坂本願寺を支援する毛利氏の水軍を打ち破った。信長は九日に大山崎（京都府大山崎町）に陣を取り、滝川一益《たきがわかずます》や丹羽長秀・光秀らは西国街道を進出。信長は茨木城攻めの砦を太田北方の山に設けよと命じ、自身は芥川宿近くの天神の馬場において、北の天神山に高槻城攻めの砦普請を命じる（『信長公記』）。そして、高槻城の北東約二・五㎞離れた安満《あま》（大阪府高槻市）の山上に自らの陣所を設け、一計を案じた。宣教師オルガンティーノに右近への働きかけを命じ、拒否した場合はキリスト教を弾圧すると通告したのである。

オルガンティーノは佐久間信盛と秀吉、信長側近の大津伝十郎、松井有閑《まついゆうかん》とともに高槻城に向かう。しかし、右近の息子と姉妹が荒木村重の人質になっていたため、不首尾に終わった（一五七九年十月二十二日付けフランシスコ書簡、『日本史』第二部二七章）。信長は「公正、かつ実直」を重視するのがキリシタンだと述べ、自らの家臣である右近の敵対は許されないはずと憤る。オルガンティーノも、右近が信長の敵になることはできなかったはずと漏らす。このやりとりからも、右近が信長の家臣として村重の与力になっていたことがわかるが、一方の右近は人質の命だけではなく、見捨てるという行為が自らの「名誉と評判」を失うと考えていた。これは、周囲の一族や家臣に対する城主としての立場からであろう。

やがて四～五日が経過し、信長は人質と引き替えに宣教師とキリシタンを救う決心をしなければ、右近の目の前で宣教師を十字架にかけると伝えよと迫った。一方では、オルガンティーノに右近の名誉や立場は保証すると言い含め、佐久間信盛がキリシタンを保護するとの信長の書状の写を右近に送る。しかし、事態は動かず、信長は軍勢を先に進めようとする。

高槻城内では、人質の身を案じる父の飛騨守が織田方との接触を頑なに拒否していた。そこでオルガンティーノは、ロレンソ修道士と信長の陣所から逃れてきた態で高槻城に入ることに成功する。そこで目にしたのは、右近をも疑う飛騨守であり、その目はオルガンティーノを警戒していた。しかし、右近はオルガンティーノがいる教会に現われ、城を開く決断を告げる。

数日間、右近は答えのないままに悩み続けたと語った。そして、城内の人々に対し、信長から褒美を得るために城を明け渡すのでなく、自らの子と姉妹の死によって、多数の宣教師やキリシタンの生命を救うことが、われらのデウスへの奉仕になるのだと心の内を明かした。いつでも命は捨て、開城後の「余生」は教会に入ると述べて、涙ながらに家臣たちに別れを延べる。右近は城主の地位を捨て、キリシタンとして出家する道を選んだ。家臣も多くの涙を流したという。

高山家中では、キリシタンではない「トサン殿」が力を持ち、その娘は右近の兄弟に嫁ぐ予定であった。右近はトサン殿の目を気にしつつ、家臣に城内の確保を命じる。そして、彼らの前で髻《もとどり》を切り、紙の帷子《かたびら》の姿と成って、オルガンティーノとともに信長がいる陣所へと向かった。

しばらくして、事態を認識した飛騨守が天守へと走るが、すでに右近の命を受けた家臣が占拠しており、飛騨守の命は拒否された。家中の多くは、当主である右近の判断を支持したのだろう。孤立した飛騨守はトサン殿と城を去り、村重が籠もる有岡城へと向かう。なぜ、父子は対立したのか。

天正五年（一五七七）、吉田《よしだ》神社（京都市左京区）の神主吉田兼見《かねみ》の妻が湯治へと有馬に趣く。このとき、接待にあたったのが飛騨守であった（『兼見卿記』）。有馬は下郡にあり、本来は上郡を独自に支配する村重与力の高山氏が関わるような場所ではない。しかし、当時の飛騨守は、すでに世俗の立場を離れた「隠居」であった。このため、飛騨守は村重の近くでも働くようになったのだろう。高山氏は、有岡に屋敷を持っている（一五七八年九月三十日付けフロイス書簡）。右近と飛騨守には、村重との距離に違いがあったように思う。

信長は、右近が人質の命に目をつぶり、高槻城を進上して「伴天連沙弥《ばてれんしゃみ》」になったと聞いて喜びを表わした。安満の陣所で有岡攻めの緒戦で得た首を一瞥《いちべつ》し、かつての郡山合戦の舞台郡山へと陣を進める。十一月十六日、出家者となった右近は、この郡山の陣所を訪れた。出迎えた信長は、着ていた小袖《こそで》と秘蔵の馬を与え、高槻城が所在する芥川郡（島上郡）の支配を申し付けた。信長は、世俗に留まるよう右近に命じたのである。結果的に、右近は村重を裏切り、再び信長に属した。右近が投降したとの情報は、すぐさま各地に伝えられた。すでに秀吉が十一日付けの書状で高槻の動きを播磨方面へと知らせ（『黒田家譜』）、光秀は十一月十九日付けの書状に「高山右近出頭候」と、丹波の家臣に伝えている（「大東急記念文庫　小畠文書」）。

右近を支えた一族と家臣

ここで、右近の一族を確認しておこう（中西編二〇一四）。右近は、高槻城奪還の後、余野の土豪「クロン」の娘ジュスタを妻として迎えた（ラウレス一九四八）。その母マリアは、国人池田氏の出身で、年代的には池田信正の娘の可能性がある。また、婚姻を通じ、高山氏はトサン殿のような自身とも対立しうる有力家臣を一族化しようとしていた。

右近の妻ジュスタの妹は、河内の烏帽子形《えぼしがた》城（大阪府河内長野市）を守る伊智地文太夫《いちじぶんだゆう》の妻であったという。文太夫はパウロという洗礼名をもつキリシタンで、後の天正十六年（一五八八）に肥後の大名となったキリシタン・小西行長に右近の親類衆とともに従い、翌年に戦死した（松田一九六七）。右近と文太夫の関係は、キリシタンのネットワークの中で結びついたものと思われる。

別の妹の一人は、豊臣秀吉の黄母衣衆《きほろしゅう》・津田信成《つだのぶなり》の妻であったともいう。信成は、慶長五年（一六〇〇）の関ヶ原合戦後に山城国御牧《みまき》（京都府久御山町）で一万三千石を領したが、同十二年に改易《かいえき》となった（樋爪一九八九）。婚姻が事実ならば、後の右近が秀吉の側近として活動したことが縁だろう。

また、安岡寺《あんこうじ》（大阪府高槻市）の寺領安堵に際し、右近のものよりもていねいな文面の高山正吉《まさよし》の書状（年未詳）が伝わる（「安岡寺文書」）。高山の西方寺には、応永二十年（一四一三）に高山正澄が道場として開き、後に高山正頼が寺院に改めたとの寺伝があり（松田一九六五）、高山一族が「正」を諱の通字としたことが想定される。飛騨守を除き、文書で確認できる現時点で唯一の高山一族が正吉である。

　続いて、家臣を取り上げる。まず、高山正吉の取次に郡二郎左衛門がいた（後述）。二郎左衛門という名乗りから、彼は以前に細川藤賢（典厩家）から高槻近郊の五百住に得分を与えられた郡次郎左衛門かその子であろう（「高徳院文書」）。郡氏は上郡と下郡の境目の土豪で、かつての和田惟政の与力郡兵太夫とは別系統の家と考えられる（中西二〇一一・八②）。近隣の安威一族の五左衛門も、右近の家臣となった（『日本史』第三部第九章）。

『太閤記画譜』に描かれた前田利家　当社蔵

　また、後年に右近は前田利家《まえだとしいえ》の客将になったため、江戸時代初期の加賀前田家にはキリシタンの右近旧臣が残り、寛永二十年（一六四三）から正保元年（一六四四）頃に前田利常《としつね》・光高《みつたか》が出した禁教関連の書状に名がみえる（「寛永末年　加賀藩のキリシタン弾圧史料」）。登場する郡兵八とは、先の郡一族であり、入江五郎兵衛は旧高槻城主の入江一族と思われる。瀬川茂左衛門は千里丘陵北西部の西国街道の瀬川宿（大阪府箕面市）、永沢太郎右衛門は余野に近い丹波国西別院・笑路《わろうじ》（京都府亀岡市）の長（永）沢氏ゆかりの人物ではないか。鳥養勘左衛門と鳥飼次左衛門は淀川べりの土豪鳥飼氏の一族で、同じく淀川べりでは、国人三宅一族も右近の家臣になったという（「三宅系図」）。

元和五年（一六一九）の殉教《じゅんきょう》で知られる豊前小倉《こくら》藩細川家重臣の加賀山《かがやま》隼人興良《おきよし》（洗礼名ディエゴ）も右近の旧臣だった。高槻城に近い西国街道に面した古曽部《こそべ》（大阪府高槻市）では、今も加賀山姓が多く、地元の『伊勢寺中興開基宗永一代記』にも、右近の家臣として加賀山隼人が登場している。右近が高槻周辺で実施した検地の『天川水帳』にみえる、「森田方」「西方」らを家臣とみる考えもあり（松尾一九七七）、天正十二年に本山寺へ「高槻西口」替地の奉書を出す三崎家次《みさきいえつぐ》も家臣ではないか（「本山寺文書」）。

高山氏の本拠は高山であり、妻の一族が隣接する余野、止々呂美《とどろみ》にも勢力をもった。右近は、この摂津北部の山間部を基盤に、上郡と下郡の「境目」である千里丘陵や淀川べりの土豪、西国街道の土豪、さらには旧高槻城主一族を家臣としたことになる。彼らが右近に仕官した時期は不明だが、高山氏は旧和田家中から台頭した勢力であるため、その家臣をある程度は継承したと考えられる。

清秀、村重を離れて信長方へ

さて、郡山の信長の陣所を右近が訪ねた翌々日、信長は織田信澄《のぶずみ》に茨木城の「小口」を押さえさせ、西国観音霊場として著名な総持寺《そうじじ》（大阪府茨木市）を要害とし、太田を引き払った前田利家や佐々成《さっさなり》政《まさ》らが詰めた（『信長公記』）。一方の茨木城には、荒木村重が派遣した石田伊予、渡辺勘太夫、そして中川清秀の三人が籠城していたが、十一月二十四日に異変が起こる。清秀が石田・渡辺の両人を追い出し、信長方に立場を変えたのである。信長配下の古田重然《ふるたしげなり》（左介、織部正）・福富秀勝《ふくとみひでかつ》・下石頼重《おろしよりしげ》・野々村正成《ののむらまさなり》の調略に応じたものだった。ここに信長は上郡を制し、茨木城に古田重然以下の四人を置いた。

このときの清秀の立場を考えてみたい。話を戻すと、信長が高槻城を攻めた際、オルガンティーノは右近らに書状を遣わし、荒木一門と信長との同盟に尽力してほしいとも懇願していた。そこで、高槻城の人々は一里（約四km）離れた場所から数人の「荒木の側近の家老」を呼び、協議をしたという（『日本史』第二部二七章）。実際は約五km離れるが、彼らがいた場所は茨木城ではないか。

右近は信長の家臣であるため、高槻城内に村重の家臣はいない。一方、茨木城内には石田・渡辺の両人が派遣されていた。清秀は茨木城の中心人物であるが、右近とは違う。村重は、下郡の尼崎城に子の村次、花熊《はなくま》城（神戸市中央区）に荒木志摩守を配置し、北郡は有馬郡の三田《さんだ》城（兵庫県三田市）に村重の小姓だったとい

花熊城跡　神戸市中央区

う荒木重堅《しげかた》、上郡は吹田城に弟の村氏《むらうじ》、そして茨木城に清秀を置いていた。これらの城は有岡城の支城で、彼らは支城主にあたる。

ちなみに、享保二十一年（一七三六）に編まれた地誌『茨木町故事雑記』では、天正元年（一五七三）九月以降、茨木城には荒木村次がおり、天正五年に清秀が新庄城《しんじょう》から入ったとする。新庄城とは、欠郡中島の新庄（大阪市東淀川区）の城郭だろう。先述のとおり、村重は天正二年に欠郡中島周辺を攻撃し、近隣の吹田城に弟村氏が入ったことをふまえると、清秀の新庄在城も荒唐無稽ではない。清秀は、欠郡に勢力をもった細川典厩家の細川藤賢の跡を押さえたともされる（『中川年譜』）。

十一月二十七日、信長は陣所を古池田（同池田市）に移す。古池田とは池田城の故地だが、今も城跡には大規模な堀跡などが残るため、実質は池田城である。同日の晩、清秀は信長の下へと参上した。そこで清秀は、信長と信忠をはじめ、北畠信雄・神戸《かんべ》信孝《のぶたか》・織田信澄という織田一門あげての祝意を受けた。

清秀は、村重に信長からの離反を勧めた人物である。しかし、最後は村重が派遣した武将を追い出してまで織田方についた。村重を信長から裏切らせた張本人でありながら、あっさり見切りをつけたようにも思える。このあたりから奸臣《かんしん》、裏切り者といわれるのだろう。ただし、これは清秀一人の決断だろうか。村重ですら家臣に動きを左右され、村重と清秀には主の池田勝正を追放した経験がある。清秀の動向も、中川家中の意志として考える必要があるだろう。

茨木城主と清秀の家臣

そこで、十八世紀に成立した豊後岡藩の『諸士系譜』から、清秀の家臣を考えてみたい（中西編二〇一四）。まず、中川家の「御家門《ごかもん》」茨木典膳家は、清秀以前の茨木城主茨木氏の名跡を継ぐ家である。ほかに、清秀の父重清が生まれた高山家を継ぐ清秀の弟の系譜である中川儀左衛門家があった。中川一族となった田近《たぢか》氏とは、下郡の武庫郡田近（兵庫県西宮市）の土豪だろう。家老戸伏《とぶし》氏は茨木に隣接した戸伏（大阪府茨木市）出身である。同様に、熊田氏は千里丘陵西部の熊野田《くまのだ》（同豊中市）の勢力で、清秀の娘を娶ったという。

『諸士系譜』は、家臣の仕官時期で巻が分けられ、それぞれ家臣となった人々の拠点に特徴がみえる。後年の記録であるが、清秀の家中形成を考えるうえでは有益だろう。その関係を大きく整理すると、元亀二年（一五七一）の郡山合戦以前は上郡西部から北郡の山間部と淀川べりの土豪が仕官した。大《おお》岩《いわ》氏は茨木の北約六㎞の山間部の島下郡大岩（同茨木市）周辺、池田氏の祖とされる吉川政久《よしかわまさひさ》は能勢郡吉川（同豊能町）の土豪だろう。淀川べりの味舌《ました》（同摂津市）を拠点とする上氏は、細川典厩家の没落や清秀の新庄城入城を契機とし、同族である三宅氏とともに仕官したという。この三宅氏は、かつての国人一族である。

元亀二年の郡山合戦以降は、千里丘陵北西から北部や西国街道付近の国人・土豪一族が家臣となった。先述の平尾氏・粟生氏・萱野氏・安威氏・太田氏らである。『中川年譜』によれば、郡山合戦後の茨木城攻めに際し、戸伏・熊田・鳥養・粟生・太田氏らは「近郷ノ領主」として手勢を連れて清秀の備に加わったとある。当初の彼らは、清秀の与力だったのだろう。天正六年（一五七八）の荒木攻めの前後になると、佐曽利《さそり》（兵庫県川西市）の佐曽利氏、止々呂美（大阪府箕面市）の塩山《しおやま》氏ら広く山間部の土豪らが家臣となり、荒木氏の重臣大河原氏や瓦林・原田・森本・渡辺氏という下郡を中心とした国人の名字をもつものが増える。また、第Ⅰ部第一章で取り上げた下郡の土豪田能村氏も、この時期に清秀の家臣になった。

ところで、中川氏の家臣と高山氏の家臣には、共通性がある。山間部に加えて、上郡と下郡の「境目」にあたる千里丘陵や淀川べりの土豪、西国街道沿いの土豪、さらには旧城主一族を家臣とした点である。右近の妻の拠点である山間部の止々呂美には清秀の家臣塩山氏がおり、「境目」近くの安威氏、鳥飼氏や三宅氏は右近と清秀に両属したことになる。高山氏の家臣団の母体は旧和田家中にあり、かつての郡山合戦は上郡と下郡の境目付近の土豪層の掌握をめぐるものでもあった。同じく、郡氏は、村重方と右近方に分かれていた。右近と清秀の家中は、前代以来の地域社会の把握をめぐる対立を内包するものだったのである。

茨木の東に位置する鮎川《あゆかわ》村（大阪府茨木市）には、江戸時代初期に清秀家臣の家と伝える丸山氏の屋敷があり（『鮎川村庄屋日記』）、『諸士系譜』では同じく家臣平尾氏が茨木の南にあたる水尾村（同茨木市）に移住したとする。戦国時代の水尾には水尾氏という地名を名乗った土豪がおり、郡山合戦後の茨木城攻めの際に水尾図書助が抵抗したとされる（『中川年譜』）。中川氏は、茨木周辺を支配するに際し、家臣を移住、屋敷を構えさせてまで村々の支配に腐心した可能性がある（福留二〇〇一）。

下郡の池田家中から上郡の茨木城へと進出した清秀は、地域に根ざすところがない。彼が重視すべきは村を押さえる土豪らであるが、そこには旧和田方の勢力がおり、旧池田家中の面々に比べると、彼らは村重に依存するところがない。この辺りに、清秀が織田方となった理由が求められないか。

つまり、池田家中出身の清秀は、ほかの村重家臣と同じく村重に信長からの離反を進める立場にあった。そもそも、彼らは信長を敵とする三好三人衆方を支持し、親信長派は少なかったようにも思う。しかし、茨木城を預かる立場となった清秀は右近との間に緊張があり、しかも「同格」に近い上郡の土豪を新たな与力、家臣に抱えたばかりであった。彼らにとっては上郡周辺の安定こそが大事で、下郡の荒木氏との関係は二の次である。これは清秀の意志ではなく、形成されつつあった新しい中川家中の動きでもある。清秀は、信長から離反した際の村重と同じ状況に置かれた。そして、清秀も村重と同じ家臣の意を汲むという選択に踏み切ったが、結果は村重からの離反となった。清秀の行動は、奸臣という言葉だけでは理解できず、地域社会の歴史として理解しなければならない。

第二章　織田信長の摂津侵攻と右近・清秀

信長が行った臨戦下の摂津支配

本章では、天正六年（一五七八）から天正十年までを取り扱う。信長が荒木村重と大坂本願寺に勝利し、天下一統に突き進もうとする最中、本能寺の変で横死を遂げる時代である。茨木城主の中川清秀と高槻城主の高山右近が名実ともに摂津を代表する大名となった。そして、本願寺が摂津を去る一方、右近周辺ではキリスト教が展開していく。

さて、天正六年十一月二十八日、上郡を手中にした信長は、下郡の村々を攻撃し、百姓たちは甲《かぶと》山《やま》（兵庫県西宮市）へと「小屋《こや》上《あが》り」した（『信長公記』）。小屋上がりとは、戦国の人々が世俗権力の手を出せないアジールだと解した山中への避難行為であり、身体だけでなく財産を隠す行為を伴う（藤木一九九七）。甲山は円錐形の美しい山容を誇る信仰の山であり、神呪寺《かんのうじ》（同西宮市）という山の寺が存在する。しかし、堀秀政《ほりひでまさ》らの織田勢は容赦なく、山中の百姓を探し出しては切り捨てていく。

織田勢は西宮をはじめ町や村を放火し、生田《いくた》神社（神戸市中央区）に陣を置く。そして、荒木志摩守が籠もる花熊城を押さえる軍勢を残して兵庫津（同市兵庫区）を攻撃。大阪湾を代表するこの港町にも寺社仏閣が多く存在したが、僧俗男女を問わずに切り殺し、堂舎・伽藍・仏像・経巻は一宇を残さず雲上の煙となったという。その軍勢は、西の須磨寺《すまでら》（同市須磨区）方面も戦渦に巻き込んだ（『信長公記』）。

上郡での信長は、右近と清秀の城を遠目に、調略で両人を味方につけた。十二月一日には、やはり調略で大和田《おおわだ》城（大阪市西淀川区）の安部二右衛門と芝山監物《しばやまけんもつ》が織田方に転じ、古屋野《こやの》（兵庫県伊丹市）で信長と対面。二右衛門が抵抗した親と叔父を拘束すると、信長は川辺郡の「一色進退」を申し付けた（『信長公記』）。このように、信長はただ敵対者に厳しい態度を取ったわけではない。

しかし、下郡での織田勢は殺戮戦を展開する。その理由は、下郡こそが荒木氏の根拠地であり、「小屋上がり」が象徴するように、村重や本願寺と行動をともにする民衆がいたためだろう。信長は、越前や伊勢長島《ながしま》の一向一揆にも撫《な》で斬《ぎ》りを命じるが、これは敵対する領主が民衆を守れないことを民衆に知らしめる強烈な宣伝行動であった（神田一九九五）。下郡の民衆に対し、緒戦から信長は徹底した態度で臨み、織田勢は徹底して有岡城を旧名の伊丹で呼んで、村重の存在を否定した。

このとき、信長の支配下となった摂津では、どのような支配が行なわれたのだろうか。右近一族の高山正吉が関善右衛門尉に宛てた文書が参考になる（『円満院関連文書』）。この文書は年未詳の十二月十八日付けであるが、文中に登場する信長側近の大津《おおつ》長昌《ながまさ》は天正六年十二月十一日に御番手として高槻城に入り、翌年三月十三日に病死した（『信長公記』）。このため、天正六年の発給で間違いない。

急度申入候、仍関戸院之儀付而、可助之通、申付候処、従堀久太郎殿折紙被成候付候由候之間、

則高右へ申下候へ者、幸一所ニ御座候而、堀久太へ可有御申之由候、乍去理までも不入□候、摂州当知行被仕分者、朱印旨以被仰付候て、別ニ菟角被申仁も有間敷候、於此方大伝十様へも得御意申候、従彼方伝十様へ理候へ共、荒木当知行分之儀者、御違乱御無用之由、我等ニ被仰聞候、今明日中於無納所者、譴責入候へと、下より申来候間、可被成其御心得候、為御心得一筆申候、

文中では、摂津・山城の国境に所在し、近江の園城寺円満院《おんじょうじえんまんいん》（大津市）に属した大山崎の関戸院《せきどのいん》（京都府大山崎町）の年貢納入が問題となる。文意を汲むと、右近が関戸院の年貢納入を関善右衛門尉に申し付けていたところ、信長側近の堀秀政から書状が届いた。おそらく善右衛門は秀政に働きかけ、関戸院の年貢を自身の知行に認めてもらったようだ。そこで、右近は秀政に事情を説明したらしい。右近によれば、現在の摂津での知行確認は信長の朱印状《しゅいんじょう》でなされており、高槻城の大津長昌に確認したところ、荒木方による知行の申し立ては無用との意見であった。関善右衛門尉は、反右近＝村重方と見做されたのだろう。そこで善右衛門に対し、高山正吉が年貢を今日・明日中にも納めないと譴《けん》責《せき》を加えると通告したものと思われる。

当時、摂津国内における知行の確認などは信長自らの朱印状で行なわれ、高槻周辺の支配に関しては、高槻城御番手が判断を加えていた。おそらくは、茨木も同様だろう。このとき右近と清秀は、それぞれの城を離れて荒木攻めの陣中におり、臨戦下における上郡の城郭は信長直轄の態を成していた。

右近と清秀の対立

天正六年（一五七八）十二月十一日、信長は有岡城攻撃への付城《つけじろ》普請を命じる。下郡の塚口寺内町には神戸信孝・丹羽長秀・蒲生氏郷《がもううじさと》らと右近の軍勢が置かれ、上郡の淀川べりの一津屋《ひとつや》城（大阪府摂津市）も右近勢が守る。一方、清秀の軍勢は古田重然とともに下郡の原田城に配され、欠郡中島城も守備した。上郡の郡山寺内町には織田信澄、信長本陣の池田城には北郡の塩川長満《ながみつ》が入る。高槻城には大津長昌のほか、後にキリシタンとなる牧村利貞《まきむらとしさだ》らの計八人、茨木城には清秀の開城時に入った福富秀勝・下石綱重・野々村正成らの信長側近・馬廻が在番した（『信長公記』）。

この頃、右近と清秀の間には、地域支配をめぐる紛争が起きていた。『中川年譜』には、右近勢が守る一津屋などに関する「高山右近長房卜堺目出入ノ節ノ書附」との表題をもつ文書が収録されている。両者の争いを織田政権が判断し、翌天正七年五月三日付けで清秀に摂津在陣中の丹羽（惟住《これずみ》）長秀・蜂屋頼隆《はちやよりたか》・武藤舜秀《むとうきよひで》・滝川一益が結果を伝えるものであった。一部、抜粋で紹介したい。

其方と高山右近方、去年已来出入済口之事

一、五ヶ庄之儀、従去年相究、如筋目高山方可為知行之事

一、一屋城廻にて三千石之内、当所務之儀者、半分宛双方江可有知行事

一、一屋城之儀者、為四人当年中者預り可申事

右此分可然存候、不相紛通、別紙ニ以誓紙申候、以上

高山右近の花押　左からおよそ天正８年頃、天正６～７年頃、天正２～５年頃と推定

右近の知行とされた五ヶ庄とは、今の茨木市北部の銭原・泉原・佐保・上音羽・下音羽・忍頂寺周辺にあたる山間地域であり、右近の本拠である高山を含む場合もある。一屋城とともに上郡西部の島下郡に位置し、霊峰・竜王山を頂く忍頂寺という山の寺が所在した。右近は、年未詳七月二十三日付けの「寿子」の差出による書状で、忍頂寺領の五ヶ庄百姓中に年貢を忍頂寺に納めるようにと述べる。右近による寺領安堵と考えてよいだろう（「壽命院文書」）。

この書状の花押は、天正二年に「重出」の差出名で本山寺に出した禁制（「本山寺文書」）とは形が異なる。一方、上郡の富田寺内町（「富田宿久」）に出した天正七年八月一日付けの禁制写（「清水家文書」）とは同じ形であるが、その差出しは通常はありえない「高山」という名字だけであり、偽文書《ぎもんじょ》の可能性が残る。ただし、年次は荒木攻めの最中で、禁制の発給時期にはふさわしい。また、天正八年に発給が想定される本山寺宛ての差出名「寿須」の書状の花押は、先の本山寺宛て禁制とも違う別の形である。

花押の変化は、立場の変化を示すことが多く、右近も天正二年は村重の与力、天正八年は村重が摂津を去った以降の信長配下と立場を変えている。これらの点をふまえると、忍頂寺への寺領安堵の花押は、信長の高槻城攻めによって一度は城主の地位を捨て、出家者として生きる覚悟をした荒木攻めの臨戦体制下で使用したものであるように思う。であるならば、この文書は織田政権が清秀との紛争をまとめた後、右近が忍頂寺に寺領を安堵したものと解釈できるだろう。右近にとっての五ヶ庄は、一族の拠点高山や余野に接する一方、清秀にとっては茨木城が所在する島下郡内に位置する。両者の勢力がせめぎ合ったことは想像に難くなく、このとき五ヶ庄は右近の知行として裁定された。

島下郡の淀川べりに位置する一津屋では、周辺三千石を右近と清秀が折半し、「一屋城」は丹羽長秀らが預かるとの方針が示された。また、同じ淀川べりの鳥飼でも興味深い動きがあった。天正元年の鳥飼では、荒木村重が観世《かんぜ》豊次《とよつぐ》に知行を与え、かつ無役であることを、後に茨木城に入った石田伊予に伝えている（「観世新九郎家文書」）。一方、清秀は「北但」という人物に対し、観世豊次の知行が村重の命だと百姓に伝えよと申し付けている。しかし、島下郡には独自に支配する条件がなかったようだ。

この知行に対し、高山正吉が「上様」の命として引き渡しを求め、新儀《しんぎ》は上使《じょうし》を下すとの文書を出す。年未詳の文書だが、「上様」とは天正三年以降の信長の呼称だと考えられる。荒木攻めの臨時体制のなかで出された文書なのかもしれないが、信長の下で高山氏は島下郡内でも働いたことがわかる。鳥飼は右近と清秀双方に家臣を輩出した鳥飼一族の本拠であり、前代以来の勢力の境目でもあった。

冒頭の丹羽長秀らが清秀に文書を出した五月三日、信長も清秀に朱印状を出す。清秀は古田重然とも知行を争っており、信長が重然に堪忍するように申し付けたというものである（『中川年譜』）。天正七年十一月、堀秀政は「当夏以来」とする右近と清秀の相論に関する「書附《かきつけ》」に判を据える際、茨木城にいる福富秀勝と下石頼重に意見を求めた（『中川年譜』）。荒木攻めの臨戦下、右近と清秀は軍勢を率いて前線に立ったが、織田の人々も二人の取り扱いに気を揉んだのだろう。また、その境目相論は、上郡と下郡という異なる地域性を育んだ戦国の地域史を遠因とするものだった。

「北郡征伐」と塩川氏

右近と清秀の争いに織田家武将が対応する直前の天正七年（一五七八）四月二十八日、『信長公記』は次のように記す。

有馬郡まで中将信忠卿御馬入れられ、是より直に野瀬郡へ御働、耕作薙捨、

織田信忠は、織田方から離反していた播磨の別所長治《べっしょながはる》が籠もる三木《みき》城（兵庫県三木市）方面へと軍勢を率い、小寺政職《こでらまさもと》の御着《ごちゃく》城（同姫路市）を威嚇。二十九日には信長がいる池田城に帰陣した。『信長公記』の記事は、その前日の出来事である。そっけない一文であるが、この動きを『中川家譜』では「北郡征伐」と呼び、能勢郡西郷では戦いの伝承が語り継がれている。

北郡には、塩川氏がいた。元亀元年（一五七〇）二月の上洛時に、信長が将軍足利義昭への祗候を求めた摂津の面々は有馬氏と池田勝正、伊丹忠親、塩川長満であった（『二條宴乗記』）。天正元年

（一五七三）には、義昭が反信長の兵を挙げた直後の二月、義昭方の松永氏へ与する「シヲカワ」がいた（『尋憲記』）。これも長満ではないか。しかし、最後に塩川氏は信長を選び、池田・伊丹両氏のような滅亡は免れる。天正三年の上洛時、長満は信長から馬を賜わった（『信長公記』）。

長満は、右近と同じく村重の与力となる。天正六年の村重挙兵では信長側につき、臨戦態勢下となった同年十一月、信長は「塩川領中所々」に宛てた禁制を出す（「中山寺文書」）。信長は池田城に陣を据えるが、すでに北の丹波では光秀らが織田方から離反した波多野秀治《ひではる》らと戦いを展開していた。かつての池田氏は北郡に足がかりを築いて波多野氏と結び、村重も波多野氏周辺にルーツをもつ可能性がある。信長は、下郡と丹波の間を埋める北郡の掌握を意図したのだろう。荒木攻めの最中、自らの側に塩川氏を置き、長満は信長本陣たる池田城を守った。

「北郡征伐」前月の三月十四日、信長は塩川氏の居城・山下《やました》城に近い多田（兵庫県川西市）で鷹狩りを行う。塩川勘十郎が一献を献上し、同月に信長は北郡の名塩《なじお》寺内町（同西宮市）に禁制を出した（「摂津名塩村文書」）。四月になると、長満が有岡城の足軽を押し返し、信長は「北郡征伐」当日付けの書状で長満らに有岡城への備えを説いている（「中山寺文書」）。当時の長満は、美濃の安藤《あんどう》一族とともに、池田と有岡の間に位置する賀茂《かも》（同川西市）を守っていた（『信長公記』）。

さて、『中川年譜』によると、北郡征伐は「能勢一味ノ者」を鎮圧して摂津を掌握することが目的であり、四月二十六日からはじまる。信忠と信澄を大将に筒井順慶・丹羽長秀、そして中川清秀ら一万五千の軍勢が進発した。対する北郡では鷹取城に能勢義純《よしずみ》、山口城に義純の子頼童丸《らいどうまる》を守る城代山県国則《やまがたくにのり》、止々呂美城に塩山正秀《まさひで》、片山城に塩山信景《のぶかげ》、馬場城に馬場頼方《よりかた》、佐保山城に松原政時《まつばらまさとき》、佐曽利城に佐曽利筑前守が籠もったという。

現在、個々に比定される城は、鷹取城が能勢郡西郷の山辺城、山口城が鳥坂城（大阪府豊能町）、止々呂美城が塩山城（同箕面市）、馬場城が止々呂美城、佐保山城は不明（同茨木市の佐保地域の城か）、佐曽利城が三蔵山《みくらやま》城（兵庫県宝塚市）となる（田代他編一九八一）。

このとき清秀は先鋒をつとめ、家臣田近氏の調略で塩山氏、やがて山辺城を打って出た能勢義純が討ち死にした。佐曽利氏は清秀の軍勢に加わったという。ただし、先の城跡のうち、実際に遺構が確認できるのは山辺・片山・三蔵山だけであり、地元の伝承は若干ニュアンスも異なる。近世の地誌『摂陽群談』には、「織田古戦場」として「来栖村にあり、所伝、天文年中、山辺城主大町右衛門尉、平宗長を責るの時、織田七兵衛力戦の處なり」とある。年代は誤りだが、北郡征伐の主戦場は能勢氏を称した大町氏（第Ⅱ部第二章）を中心とする能勢郡西郷で、侵攻の主役は信澄の軍勢であったことになる。

大正十一年（一九二二）刊の『大阪府全志』によれば、今も遺構を残す宿野《しゅくの》城・平通《ひらどおり》城といった西郷の小さな城々が信澄の攻撃で落ち、山辺城は信長の命を受けた長満勢が火を放って落城した。吉村城の麓で荊棘が生えない場所が来栖の戦場で、それは大町宗長の怨霊のせいだという。

大町氏が、丹波内藤氏ら外部の勢力との関係を築いていたことは先述した。天文十四年（一五四五）にも西郷は丹波と摂津をまたぐ京兆家の争いのなか、塩川氏の攻撃を受けている。西郷には諸侍中という集団が存在した。その一揆的結合が天正七年時点でも大町氏に結束し、丹波の波多野氏と下郡の荒木村重を結ぶ役割を果たしたのではないか。西郷の森上《もりがみ》城の構造は、天文年中よりも新しいとの指摘があり（高田二〇一五）、北郡征伐段階のプランであるのかもしれない。

能勢郡東郷の倉垣村の「おく殿」は、「石山合戦」終了後も大坂で反信長の姿勢を示した教如《きょうにょ》（顕如の子）を支援し、「なまり」「金」「刀」「大てつほう」を贈った（「奥はつ氏文書」）。地元の軍記『能勢物語』では、能勢頼道《よりみち》が大坂本願寺に鉄砲十五挺と兵糧米百石を贈り、その使いを奥勘右衛門尉とする。西郷が反織田方となったのは、本願寺と結ぶ人々の影響もあるのかしれない。

有岡落城と家中の虐殺

「北郡征伐」からまもない天正七年（一五七九）六月、波多野秀治の八上城（兵庫県丹波篠山市）が落ち、まもなく安土城下で磔刑に処せられた。有岡籠城は続くが、九月二日に荒木村重は尼崎城へと移る。フロイス『日本史』は村重の逃亡とするが（第二部二八章）、イエズス会の「一五八〇年度日本年報」では、大坂本願寺と一団になることが目的で、一族や家臣に有岡城を任せたとある。村重は、大阪湾岸に近い尼崎に移り、大坂本願寺や毛利氏の水軍との連携を深めようとしたのだろう。この十

有岡城跡　兵庫県伊丹市

日後、織田信忠は軍勢を率いて尼崎に進み、七松（同尼崎市）に砦を築いて右近と塩川長満、中川清秀と福富秀勝らをそれぞれ一組とし、定番《じょうばん》とした（『信長公記』）。右近と清秀を同じ組にしないのは、対立する両者への配慮だろう。

九月二十一日に信長は京都を発ち、二十七日に有岡包囲を検分した。帰洛の途中、茨木城に立ち寄っている。十月十五日には滝川一益が有岡城内の中西新八郎を調略し、上臈塚《じょうろうづか》砦（同伊丹市）を奪取。城下を無傷で手に入れ、ついに織田勢は武家屋敷が並ぶ侍町を放火、城の間近に迫った。

かつて清秀に茨木城を追われた渡辺勘大夫は岸《きし》ノ《の》砦（同伊丹市）から落ちるところを殺され、降伏を申し出た村重の義兄弟・野村丹後も殺害、安土に首が送られた。織田勢は攻撃用の櫓を構え、金掘人足《かなほりにんそく》に地下を掘削させて城を切り崩す。城内からは命乞いの声が届くも、許されることはなかった。

十一月十九日、有岡城内から荒木久左衛門が尼崎に向かう。村重に尼崎・花熊城の放棄と家臣の助命を信長に乞うよう直談判に出向いたのである。そして、有岡城は織田信澄の軍勢に接収され、兵が配置された。娘を村次の妻としていた明智光秀が間に入った措置というが（『立入宗継記』）、開城は家臣らの判断で実行されたことになる。この期に及んで村重がその意を汲むことはなく、久左衛門は淡路へと落ちた。残された家中を警固する池田和泉は失望し、鉄砲を口に自らの頭を打ち砕いたという。なお、この久左衛門を、かつて村重とともに池田勝正を追放した池田久左衛門重成《しげなり》とする説がある（谷口二〇一〇）。村重は取り立てた小姓に荒木姓を与え、有馬郡三田城主の荒木重堅とした。村重も池田姓を称したことがあり、自らの家中でも荒木一族への擬制化を図ったのだろう。

さて、この村重の態度に信長は激高し、家中の家族をも見棄てる村重の判断を前代未聞と罵り、慟哭する人々は不憫であるが、「佞人《ねいじん》」村重を懲らしめるとして虐殺の命を下した（『信長公記』）。村重の妻子や一族は京都に送られ、家中の人々は九月に右近と清秀が配置された七松へと引き立てられた。そして十二月十三日、百二十二人の女房・子どもを刺殺、鉄砲で射抜き、ほかに五百十余人の男女を押し込んだ四軒の家で生きながら焼き殺すという虐殺が実行された。焼かれた魚がのけぞるように、灼熱に人々は飛び上がり、むせぶ悲しみの声が空に響いた。目の前で起きた地獄の責め苫の様子は、見物人らの脳裏をしばらく離れなかったという。いかに戦国といえども、凄惨極まりない。

十六日には、村重一族が洛中引き回しの後、首を落とされた。村重の妻「だし」のほか、村重の弟である吹田村氏と妻の吹田因幡娘、荒木一族の渡辺四郎、伊丹安大夫女房、瓦林越後娘、北河原与作女房らである。下郡周辺の国人、土豪に連なる人々で、丹波国人の波々伯部一族もいた。なお、有岡に入っていた高山飛騨守は右近の働きかけで死を免じられ、越前の柴田勝家へと預けられている。

この虐殺の後も、村重と村次は尼崎城の守りを固め、荒木元清は花熊城を死守した。しかし、翌天正八年正月に別所氏の三木城が落ち、そろそろ「石山合戦」も終結しつつあった。三月初旬に、織田勢が大坂総攻撃をかけるとの噂も流れる。

「石山合戦」の終結と城郭

神田千里氏によると、親鸞《しんらん》の血を引く本願寺の宗主は死後の往生《おうじょう》を約束する存在であり、一揆には必ずしも真宗の教義に一致しない土着的な一向宗の人々が含まれていたという。元亀元年（一五七〇）以来、織田との間に繰り返された「石山合戦」には、東は武蔵や越後、西は石見や安芸、伊予から門徒が参加していた（神田一九九五）。信長は越前や伊勢長島の一向一揆には掃討戦、そして荒木家中には虐殺を実行した。しかし、噂とは異なり、信長は正親町天皇の勧告という形で本願寺との和睦を進める。

その条件は、本願寺の存続保証と引き替えに、大坂本願寺と尼崎・花熊城などの出城《でじろ》の引き渡しなどである。本願寺にとっての和睦は、天皇の名による教団維持を意味した。宗主顕如は受諾し、天正八年（一五八〇）四月に大坂を退出、紀伊雑賀（和歌山市）へと移る。この前後、村重は毛利氏の下へと逃れた。天野忠幸氏は、両城の籠城主体を一向一揆と断じる（天野二〇一五）。村重を挙兵へと動かしたのは本願寺に帰依する地域の人々であり、彼らは荒木家中の惨劇にも折れなかった。七月に池田恒興《つねおき》の軍勢が尼崎・花熊城を落とすと、和睦に異を唱えていた長男教如も八月二日に大坂を去った。

同じ日、信長は京都で筒井順慶に大和での破城を命じ、八日には河内と摂津で城が破却された（『多聞院日記』）。破城とは、作事物撤去などの機能停止に主目的があり、堀を埋め、曲輪を崩すような徹底的な破壊ではない。ただし、戦国時代の城郭は土豪や民衆らも営む施設であり、北郡の西郷では多数の山城が成立していた。本願寺を屈服させたタイミングで、信長は自分以外の城＝軍事施設の否定を狙い、八月二十一日付けで長岡（細川）藤孝に宛てた書状では、「畿内ニ有之諸城」のほとんどを破却したと述べている（「細川家文書」）。

そして、織田政権は拠点とする城郭を一国あたりで数城程度に絞った。これらの城郭は、すべて平城《ひらじろ》で寺内町に隣接するか、寺内町近隣で陸路や地形が同条件の城郭修築、もしくは新規築城という傾向があった（中西二〇〇八）。摂津では、前者に尼崎城と尼崎・大物の寺内町、後者に高槻城と富田寺内町があり、織田政権は寺内町などの既存の町場や城郭をうまく利用した。また、教如の大坂退去は「大坂退城」（『兼見卿記』）、「大坂城渡了」（『多聞院日記』）と記される。このとき大坂は焼失したが、信長は大阪平野の中心の巨大城郭と寺内町を手にした。

さて、本願寺の没落を摂津の人々はどうとらえたのだろう。真宗門徒をよそに、翌天正九年の高槻では、イエズス会の日本巡察師ヴァリニャーノを迎えたキリスト教の復活祭が行われ、一万五千人を超える各地からの信者が集まるなか、パイプオルガンが鳴り響く。さながら、小さな真宗の本山である。ヴァリニャーノやフロイスの一行は、先の信長の破城令を受け、キリシタンの池田教正（シメアン）らが新しく築いた八尾城《やお》（大阪府八尾市）を経て、三箇・岡山で歓待を受けた後、高槻へと向かう。摂津・河内の国境である淀川の渡し場まで、飛騨守と右近、弟の太郎左衛門、幼子のジョアンらの高山一族や軍勢が出迎えたという（一五八一年四月十四日付けフロイス書簡）。

これら小さな「都市間競争」を制していたのが右近であった。同年の右近領内では人口二万五千人のうち一万八千人がキリシタンであったといい、ヴァリニャーノによる領内の二十もの教会訪問を実現させた（「一五八一年度日本年報」）。高槻教会は司祭が常住するレジデンシアへと昇格し、宣教師ジョゼフ・フォルナレッティと日本人修道士のヴィセンテ洞院が赴任してくる。

村重・右近・清秀の城の特徴

天正六年（一五七八）の荒木村重挙兵時、摂津には右近の高槻城、清秀の茨木城という拠点城郭が存在し、村重の有岡城では一年近い籠城戦が展開した。これらの城郭は、惣構構造を採用した城郭史上における先駆けという特徴をもつ。惣構が城下町プランとして広く展開するのは、慶長五年（一六〇〇）の関ヶ原合戦後のことであった。では、その構造を確認していこう。

まず、史料から有岡城の構造を確認すると、天正五年に山王社《さんのう》が「外城」に勧請された（『兼見卿記』）。この外城が有岡城周縁部の岸ノ砦や上臈塚砦に該当する。天正七年十月十五日の織田勢の攻撃について、『信長公記』は町の占拠後に侍町を放火、城郭のみが残ったとし、二十四日付けの信長書状には「外構」を討ち果たして天守が残るばかりとある（「谷井文書」）。「外構」に町と侍町があり、この内部に天守を備えた城郭が存在したことになる。遺構や地形からは、東の猪名川段丘縁に南北二〇〇m×東西一二五mの方形をベースとする城郭、その西側を大溝（堀）で画する空間＝侍町、さらに全体を自然地形の高低差で画する外郭と縁辺部の砦（外城）という構造が明らかになっている（図7）。外郭内部に町場を抱えるため、有岡城の外郭は惣構である。

ただし、この惣構は必ずしも人工の堀や土塁を伴わない点が興味深い。すでに伊丹氏段階において、段丘上（外郭内）の道沿いには町場が存在した（藤本二〇〇四）。村重段階の外郭内部は空閑地も多かったと思われるため、有岡城の惣構には偶然の要素も多い。しかし、国人池田氏の拠点池田では、惣構をもつ町に接する台地上に城が営まれたが（第Ⅱ部第三章）、ここから村重は、猪名川に接した比高六mの段丘上に東西南北の交通路が集まる伊丹に居城を移して付近の市場も集約した（前川一九九一）。天野忠幸氏は、村重が有岡城の惣構を領民保護の義務として設定したとみる（天野二〇一五）。意図的に、村重は外郭内部に町場をもつ惣構を現出させたと考えるべきだろう。

戦国時代に大名が拠点を移す事例は珍しいが、畿内では三好長慶が永禄三年（一五六〇）に芥川城から飯盛城へと居城を移転した。これは発達した都市を結ぶ水陸交通と拠点（山城）の近接性を意識した山城間の拠点移動であったが（第Ⅱ部第一章）、村重の場合は平城の間で居城を移動させた。村重

図７　有岡城周辺図　伊丹市教育委員会作成の図をもとに作図

は本城の有岡城に加え、いずれも既存の町場（港町）や交通の結節点である尼崎・花熊・三田・吹田・茨木に一族や有力家臣を支城主として配置していく。村重の居城移転や支城設置は、三好氏の城郭と既存都市との関係をさらに進める形となった（中西二〇一三②）。

右近の高槻城は、「水を満たした広大なる堀と周囲の城壁」を備え、織田勢が迫るなかでも容易に落ちそうになかったという（一九七九年十月二十二日付けジョアン・フランシスコ書翰）。この城内には武士・兵士・農夫・職工らが居住していた。ここから想像できる高槻城の構造も惣構となる。発掘調査では、近世高槻城の三ノ丸堀に先行する幅二十四メートルの堀が検出されており、この外側に近世城下町が成立するが、そこに堀跡の伝承や痕跡はない。「水の充ちたる広大なる堀」とは、この堀を示す可能性が高い。一方、城郭には少なくとも二重の堀がめぐり（高槻市教育委員会二〇一九）、ここに文献から存在が知られる天守があった。

清秀の茨木城は、地名や絵図、地籍図などから構造が復元されてきた。「天守台跡」が伝承される小字「本丸」周辺の約二〇〇メートル四方の城郭と周囲に武家屋敷地、その東側の道沿いに町屋があり、全体が堀（一部は土塁）で囲まれた（豊田二〇〇七）。やはり、惣構構造である。

これ以前に確認できる惣構は、大坂寺内町、堺などの摂津を含む畿内の都市であった。城郭史上、村重・右近・清秀の惣構は戦国の都市と城下町をつなぐ位置にある。天正四年から築城がはじまる信長の安土城下町に惣構構造は認められず、戦国時代の近江の町にもその傾向は確認できない。城郭の惣構構造は、民衆や武家を問わない摂津を核とした一つの地域社会の動きとして起こり、その町や城づくりが後世に影響したともみることができる。

村重の後継者は清秀

ここで、右近と清秀が村重方から信長方へと転じた天正六年（一五七八）十一月まで時間を戻したい。信長による右近と清秀の評価を、それぞれの投降時に確認するためである。

『信長公記』によれば、右近との対面時、信長は着ていた小袖と秘蔵の馬を与え、芥川郡（上郡のうち島上郡）の支配を命じた。一方、清秀との対面では、信長が太刀拵の刀と馬具を与えたうえ、信忠が刀（備前長光《びぜんながみつ》）と馬、信雄と信孝も馬、信澄は刀を遣わした。また、別の日に信長は右近と清秀に金子《きんす》を与えたが、その内訳は右近に二十枚、同家老二人に四枚、一方の清秀には黄金三十枚、同小使三人に六枚であった。信長への投降時、清秀の支配地の扱いは不明である。しかし、信長は右近よりも清秀を手厚く扱ったと考えられるだろう。なお、村重から離反した安部二右衛門と対面した際には、信長は左文字の脇差と馬具、太刀代黄金二百枚に加え、川辺郡の進退一職を与えた。この川辺郡には、信長が目をかける塩川氏の拠点がある。進退一職が実現するはずがなかった。

『中川年譜』によれば、清秀の妹は信長配下の古田重然に嫁いでいた。この重然が働き、まもなく清秀の嫡男長鶴丸（秀政）と信長の娘鶴姫との婚礼が成立したという。「石山合戦」終結直前の天正八年六月には、織田政権の中国方面担当者である羽柴秀吉が、清秀との「兄弟之契約」を起請文に認めた（「大阪城天守閣所蔵文書」）。秀吉は、清秀が河内や欠郡を領有すべきと信長に言上するともいう。茨木以南は河内や欠郡と縁が深く、清秀は欠郡の新庄城にいたともされる。実現はしなかったが、清秀にはよい話であったに違いない。

そして清秀は、信長から毛利氏攻めの後に「中国一両国」を与えようと約された（「中川家文書」）。この件を聞いた秀吉は、宇喜多直家《うきたなおいえ》が備中を賜わる予定なので、清秀が拝領する二ヶ国は備後以西になるだろうと伝えている（『中川年譜』）。毛利氏との対決において、信長は摂津勢を率いる村重の後継者に清秀を指名したように思う。一時期の村重は、織田政権の西国担当者であり、村重に従っていた人々には、荒木攻めの後に清秀の家臣となるものがいた。彼らは西国の事情に通じる一方、信長の虐殺、態度を目の前にし、否応なく遠国での戦争に従事せざるをえなくなっていただろう。

また、史料に恵まれないが、信長の娘鶴姫との婚礼によって、中川氏は織田一門となった。この時期に信長の娘を迎えた家は、近江蒲生氏や大和筒井氏など、畿内近国を代表する勢力である。中川氏は、彼らと同様に扱われた。信長による清秀の評価は、すこぶる高かったと推察される。

さて、織田政権の対西国政策を担うべく、秀吉は姫路城（兵庫県姫路市）を拠点とした。姫路城主の黒田孝高《くろだよしたか》（官兵衛《かんべえ》）を弟の秀長《ひでなが》と同然に扱うと誓い、手に入れた城である。これと同じく、清秀と「兄弟」となった秀吉は茨木城も利用した。天正九年十二月、秀吉は信長から名物の茶道具を安土で拝領し、その帰路に茨木城で茶会を催すが、そこに清秀の姿はなかった（中村二〇〇七）。

荒木攻めの後、有岡城に籠もっていた郡宗保は秀吉の家臣となった（中西二〇一六②）。有岡城内に黒田孝高が幽閉されていたことも有名だが、その世話をした加藤重徳《かとうしげのり》と主馬《しゅめ》は血縁関係にあり、孝高の口利きで仕官したという（『郡宗保伝記集成』）。摂津は、中国地方へと軍勢を進めるうえでは畿内の起点となり、繰り返すが秀吉以前の織田政権の西国担当者は村重であった。秀吉は織田家中における中川氏の立場や摂津の重要性を見定め、清秀に近づいたのだろう。秀吉は天正十年四月にも清秀の武田攻めの参加を労いつつ、中国方面の戦況を伝える書状を出しており（「中川家文書」）、同年の山崎合戦の様子を伝える書状では、清秀を「荒木瀬兵衛」と呼ぶことも興味深い（「松花堂式部卿昭乗留書」）。

信長の旗本となった右近と池田恒興

右近は、信長から大幅な加増を受けたともいわれる。では、信長は右近をどうみていたのだろうか。天正九年（一五八一）八月、信長は鳥取城《とっとり》（鳥取市）を攻める秀吉の許へ、右近を「御使」として派遣した（『信長公記』）。翌月には右近が戦況を報告し、信長は満足している。このような検使は、信長の近習がつとめることが多い（谷口一九九八）。

また、この前年閏三月、信長はイエズス会に安土城下での司祭や修道士を育成するセミナリヨ（神学校）の建設地を与えた。同時に右近を含む十三人にも屋敷地を与えるが、右近以外の十二人は信長の馬廻とその一族、信忠の家臣二人であった（『信長公記』）。同じ天正八年、織田政権は摂津で検地を実施し、高槻周辺では右近が検地を担当した。荒木攻めの後、信長は右近を旗本、もしくは側近として扱った。一方、上郡の高槻城主としての支配を任せており、右近は二つの顔を備えたのではないか。

さて、信長は有岡城の名を廃し、旧名の伊丹城に復させた。そして自らの乳母子《めのとご》で、花熊城を落とした池田恒興《つねおき》を置く。恒興は尾張出身とみられ、久しく信忠の下で武田氏の押さえについていた。

恒興は、天正八年六月に村重の配下であった中西新八郎《なかにし》・星野左衛門《ほしの》・宮脇又兵衛《みやわき》・隠岐土佐守《おき》・山脇勘左衛門《やまわき》を与力とした（『信長公記』）。「石山合戦」後の八月、信長は佐久間信盛を弾劾・追放するが、一方で恒興の花熊城攻略を称え、摂津で多くの所領を与えたという（『寛政重修諸家譜』）。翌年十月、恒興は川辺郡長洲《ながす》（兵庫県尼崎市）で家臣の郷司作内《ごうじさくない》に百石を扶持した（「岡山大学付属図書館所蔵文書」）。信長は、下郡における村重の立場を恒興に引き継がせたとみられる。

天正九年八月には、鳥取城攻めの援軍として、信長は恒興を大将に右近と清秀、安部二右衛門・塩川吉大夫という摂津の武将に準備を命じた（『信長公記』）。これは実現しなかったが、かつての村重のように、信長は恒興に摂津の武将を束ねさせようとしていたのである。

江戸時代の池田氏は、備前岡山と因幡鳥取の国持大名を筆頭に一族が繁栄したが、その系譜は下郡の国人池田氏周辺に求められ、恒興は次男輝（照）政の妻に清秀の娘を迎えた（『寛政重修諸家譜』）。長男元助《もとすけ》の妻は塩川長満の娘（『荒木略記』）、鳥取藩池田家の家老乾《いぬい》家の祖は上郡の安威一族の出身という（『乾徳家譜』）。系譜を国人池田氏につなぐのは、摂津支配に必要な主張ともされる（小林二〇〇六）。かつての和田惟政と同じく、外から入った恒興には摂津での地盤確保が急務であった。

信長の摂津支配構想

さて、『信長公記』は大坂を「日本一の境地」とし、奈良・堺・京都に近く、河川の流れが大坂まで続くさまを描写した後、「西は滄海漫々として、日本の地は申すに及ばず、唐土・高麗・南蛮の舟海上に出入り、五畿七道集りて売買利潤富貴の湊なり」と記す。大坂を手に入れた信長は、丹羽長秀と和泉支配の担当者蜂屋頼隆、織田信澄をほぼ常駐させた。かつての大坂本願寺、つまり大坂城は信長直轄の番城となり、改修されたことが指摘されている（中村二〇〇八・二〇一八）。

天正九年頃の信長は、近江などを含む畿内「近国掌握構想」を計画していた。安土の足元である近江の武将を旗本、側近を大名に取り立てる一方、織田の最前線へと重臣を国替えし、信長自身には大坂に拠点を移す意思があったと想定されている（谷口一九九八）。そのさらなる布石が村重の後継者たる清秀の中国地方への移封《いふう》、そして右近の旗本化であった。

荒木攻めの最中には、信長の周囲に北郡の塩川一族が散見された。長満の娘は信忠の妻となり（『荒木略記』）、信忠の嫡男三法師《さんぼうし》（後の秀信《ひでのぶ》）を生んだともいう。信長は北郡を押さえるため、塩川氏を重用したのだろう。そして、下郡には自身の乳母子である池田恒興を置く。

信長は、恒興に摂津の武将を束ねさせるときがあった。恒興は、村重に近いポジションにいたと思われる。摂津の国人を母体としない統括者の登場は、和田惟政以来の出来事であった。恒興は、兵庫城（神戸市兵庫区）という織豊系城郭を大阪湾岸に築く。「石山合戦」後の織田政権は、先述のように既存の都市に隣接する城郭の拠点化を進めたが、ついに兵庫城は港町兵庫、信長の大坂城は大坂寺内町の直上に築かれる。信長とともに、恒興は摂津における織田政権の施策を着実に進めていた。

しかし、恒興には村重と異なる部分もある。天正九年正月に信長は正親町天皇にみせる馬揃《うまぞろえ》の準備を明智光秀に命じ、摂津からは清秀・秀政父子と右近、塩川勘十郎と橘大夫、恒興の子元助と照政が参加、恒興を伊丹城の留守とした（「三宝院文書」）。翌年の武田攻めでも、信長は池田元助と照政、清秀・塩川に出陣の命を下す一方、恒興を留守居としている（『信長公記』）。恒興は、統括者といっても留守居役という性格が強い。

これらの動きをふまえると、摂津は信長が直轄化を図っていた可能性が高いように思う。下郡を本拠とする荒木氏の下、上郡の高山氏と北郡の塩川氏は、信長の家臣として村重の与力となっていた。信長はこの枠組みを踏襲しつつ、かつて大坂本願寺の膝下の地となった欠郡の大坂城を拠点に摂津を支配する構想を持ったのではないか。とくに上郡の右近については、旗本という性格を持たせた。上郡は、以前の在京を基本とする京兆家、畿内中枢を支配した三好氏の基盤であり、将軍足利義昭は第一の家臣和田惟政を入れた。かつての天下の支配者と同様、信長は上郡を重視したに違いない。

そして天正十年五月、信長は毛利方の備中高松城《びっちゅうたかまつ》（岡山市北区）を攻撃中の秀吉への援軍に、摂津の恒興と塩川橘（吉）大夫、さらに右近と清秀に準備を命じ、同月二十九日に信長は上洛。この一、二日前、すでに右近は備中を目指して進発し、ほかの主だった摂津の面々も同じであった（「一五八二年度日本年報追信」）。しかし六月二日早朝、光秀の軍勢を前に京都の本能寺《ほんのうじ》（京都市中京区）で信長は斃れた。

本能寺の変と大坂

本能寺の変の一報が伝わると、右近や清秀は帰路を急いだ。このとき、大坂には信孝に従う丹羽長秀や織田信澄の軍勢がいる。信孝は四国に影響力をもつ三好一族の三好康長の養子になっており、三好信孝として軍勢を率い、堺で四国の長宗我部《ちょうそかべ》氏攻めへと渡航する直前であった。フロイスによれば、信孝は矛先を変え、すぐに光秀との一戦に及ぼうとしたという（「一五八二年度日本年報追信」）。

ところが、配下の兵が離散しはじめたため、信孝は大坂城へと向かう。大坂にいた信澄は光秀の娘婿で、信長殺害に同意していたとの風聞があり、やはり信孝の入城を拒否した。そこで城内の長秀と共謀し、二日ほど経ってから両者間で合戦が起きたとみせかけ、城内に軍勢を入れることに成功。信澄は「塔」（千貫櫓《せんがん》か）に籠もるが自害、もしくは殺害された。本能寺の変から三〜四日が経った六月五日、六日以降の出来事だろう。この結果、「河内の諸侯」が信孝を訪ね、配下になったという。

その頃、備中高松城を挟んで毛利氏と対峙中の羽柴秀吉は早くも四日に講和をとりまとめ、軍勢を畿内に返す「中国大返し」を開始する。秀吉は六月五日付けで清秀に書状を出し、信長と信忠が近江国膳所《ぜぜ》（大津市）へ退き、旧知の福富秀勝も活躍したと認めている（「梅林寺文書」）。だが、すでに信長と信忠、秀勝《ひでかつ》もこの世にはいない。これがまったくの誤報か、秀吉の作為かは不明である。

六月五日、光秀は安土に入った。そして、オルガンティーノら安土セミナリオの人々は保護下に置かれ、八日に光秀の小姓から右近を味方に誘う書状を出すよう求められた。右近はポルトガル語を読解したため、オルガンティーノは日本語とポルトガル語の二通の書状を認め、後者で真意を述べたという（『日本史』第二部四二章）。そこにはキリシタンが十字架に懸けられようと、信長を倒した光秀に与さないようにとあった。この間、高槻城に残る右近の妻ジュスタらは、明智方に色よい返事をしていたという。光秀は右近が味方になると考え、摂津に明智勢が入ることはなかった。しかし、高槻到着後、右近は城の守りを整え、秀吉方の旗幟を鮮明にする。

秀吉は九日に姫路を発ち、明石《あかし》（兵庫県明石市）に到着。翌十日付けで清秀に宛てた秀吉の書状には、右近からの飛脚が光秀の京都南郊の鳥羽《とば》（京都市南区）への着陣を伝えたとあり、明智勢が摂津か河内へ動く気配なので、事の次第では秀吉は夜中でも駆けつける、清秀にも出陣してほしいとある。当然、右近と秀吉の間にも書状のやりとりがあったはずで、それをも匂わすことで、秀吉は清秀を誘ったのである。

この頃、光秀は、居城の近江国坂本《さかもと》城（大津市）から京都へと帰ってきた。右近が秀吉方となったことを知るが、光秀は摂津に軍勢を動かさない。後の十月十八日付けの秀吉書状によれば、明智勢には信孝を討つべく河内に進んで大坂を囲むとの風聞があったという（「金井文書」）。実際に光秀は下鳥羽へと十一日に出陣し、淀城を普請（『兼見卿記』）。河内の北部は押さえたようで、河内半国を手形にキリシタンの三箇一族を従えていた。

かつて大坂本願寺を支えたのは、河内の人々であった（第Ⅰ部第二章）。逆にみれば、大坂の掌握は河内の掌握につながる。本能寺の変後に離散した信孝の兵とは、河内を拠点とした三好氏の旧臣らではないだろうか。そこで、信孝は大坂城を手中にし、河内の人々を従えようとした。光秀にとって、信孝は一番近い敵対勢力で、しかも信長の息子である。結果、両陣営は河内をめぐって対峙し、摂津の軍事的掌握は横に置かれた。この間、秀吉が右近・清秀、そして池田恒興を味方に摂津まで軍勢を返すことになり、局面に大きな横やりを入れる。フロイスは、摂津対策の失敗を光秀の一敗因とした。

第三章　豊臣秀吉と戦国摂津の終焉

山崎合戦での先陣争い

本章では、天正十年（一五八二）の山崎合戦以降を取り扱う。翌年に中川清秀が戦死し、羽柴秀吉が天下一統を進め、大坂を拠点化していくなかで、天正十三年に高山・中川両氏は摂津を去った。主題としてはここまでだが、摂津を新たに拠点とした豊臣家中とキリシタンの関係にもふれてみたい。

さて、明智光秀が下鳥羽に出陣した天正十年（一五八二）六月十一日、秀吉勢は下郡の尼崎に着陣、有岡城に入った（『天正日記』）。翌日、本能寺の変後に出家し「勝入」と号した池田恒興を伴い、右近と清秀に合流。軍議を開くが、右近と清秀は先陣をめぐって口論となる。右近は自らの領地が最も敵に近いと譲らず、秀吉の調停で両人は大山崎で陣を固めることになった（「金井文書」）。

『甫庵太閤記《ほあんたいこうき》』では、先陣を主張した恒興に対し、右近が一番を自分、二番を清秀、三番を恒興とすべきと抗弁したという。ただし、フロイスは、敵対していた清秀と右近が和を結んで進軍したと述べている（「一五八二年度日本年報追信」）。やはり先陣を争ったのは、右近と清秀なのだろう。一六五〇年代に認められた右近の伝記というべきコリン『高山右近伝』でも、信長存命中の清秀を右近の「競争相手」と記す。この対立は、天正元年以来の地域支配を一因としたに違いない。ほかの秀

豊臣秀吉画像　個人蔵

吉方の軍勢は、大山崎から約七km離れた西国街道沿いの天神馬場（大阪府高槻市）にかけて陣を置いた。

秀吉は大坂の三好信孝に使者を出し、上郡の富田で到着を待った。そして十三日に合流し、大山崎へと向かう（「金井文書」）。山崎合戦、いわゆる天王山《てんのうざん》の戦いがはじまる。西国街道に沿う大山崎の町には、南北両端に門があった。『甫庵太閤記』によれば、大山崎の町に入った右近は、手柄を独占するために高槻側の南の門を閉めたという。そして、再びフロイスによれば、戦の口火を切ったのも右近であった。

明智勢も大山崎に迫り、閉じられた京都側の北の門を叩きはじめる。秀吉への急報も間に合わないため、逆に一千にも満たない右近勢が門を開いて襲いかかった。たちまちに二百の首を取り、そこに中川勢と池田勢が追いついたという。『中川年譜』では、三千の中川勢が百二十七の首を取ったとする。鵜呑みにできないが、高山勢が一千だとすると清秀は三倍の兵力を擁しており、武将としての両者の格差が読み取れる。

山崎合戦に信孝を擁する秀吉らが勝利し、光秀が「三日天下」に終わったことを今さら述べる必要はないだろう。合戦後、秀吉方は明智勢が入った勝龍寺城（京都府長岡京市）を包囲する。『中川年譜』では、その際に信孝は下馬して清秀の手を握り、信長の恨みを晴らすことができたと労をねぎらい、同じく右近・恒興にも礼を述べたという。一方、秀吉は下馬もせず「瀬兵衛、瀬兵衛、骨折り、骨折り」というだけであった。思わず清秀は、「もはや天下を取ろうとしている、無礼な奴だ」と大声で呼ばわったが、秀吉は気にせず通り過ぎた。逸話であるが、「兄弟」であった二人ゆえの言動か、秀吉の傲慢さがでたのか面白い。この後、右近らは近江坂本城の攻撃へと向かった。

まもなく織田家の継嗣や領地配分が決める清須会議《きよすかいぎ》が開かれ、恒興は織田家直轄の大坂城と河内十七か所を得た（『多聞院日記』）。河内十七か所は、かつて細川政元と畠山義就、三好長慶と政長が領有を争った広大なエリアである（先述）。一五八四年一月二十日付けの書簡において、フロイスは恒興を「津の国のほぼ全土を領有し、かつて荒木のものであった城に住み、大坂の城をもその勢力下に置いていた」と記す。やはり、大坂と河内の掌握はセット関係だったのだろう。ちなみに、明智方についた河内北部の三箇一族は没落し、その跡は同じ河内キリシタンの結城ジョアンが得た。

右近は、北郡の能勢郡で三千石、近江の旧佐久間信盛の支配地から千石を得る（「塚本文書」）。近江の新領とは、信盛の居城永原《ながはら》城（滋賀県野洲市）周辺だろうか。信盛は毛利氏へ内通の疑いで三箇マンショを預かったことがあり、それを機に「永原キリシタン」が誕生したという。天正六年に信長が右近の高槻城を攻めた際には、信長が右近への政治交渉に使ったキリシタンの一部が永原に監禁され（『日本史』第二部二七章）、この地の国人永原一族の娘と右近の息子が結婚したとの話もある（松田一九六七）。永原は、キリシタンとゆかりがある地であった。

摂津の寺社への「焼き討ち」伝承

安土のセミナリヨは、高槻へと移転する。高槻教会は、フォルナレッティやヴィセンテ洞院らが常住するレジデンシアに昇格しており、セミナリヨには天皇の従兄弟の子もいたという（「一五八三年度日本年報」）。高山飛騨守は、右近が清須会議で得た能勢郡の「家来たち」に改宗を迫るため、フォルナレッティと日本人修道士を伴って現地へと出向き、二千人に洗礼を授けたという（『日本史』第二部三九章）。

天正十一年（一五八三）には、一人の司祭がヴィセンテ洞院とともに新たな右近の領地で一ヶ月間滞在し、二百三十余名が洗礼を受けた。やはり、司祭はフォルナレッティだろう。そして、信長存命中の右近領内の仏僧はキリシタンへの改宗を拒んだが、この頃に右近が協議を聞かなければほかに生活を求めよと圧力をかけた結果、百人以上が屈したという。右近は領内の寺社をことごとく焼き、または破壊し、適当なものは教会にした。その一つが古代以来の山岳寺院・忍頂寺とされる。忍頂寺は最良の教会となり、周辺地域で破壊された仏像は台所の薪に供せられたという（「一五八三年度日本年報」）。

忍頂寺など、高槻をはじめ上郡の寺社には右近の「焼き討ち」伝承が多く残る。当時の宣教師らも誇らしげに報じ、寺社の由緒でも衰微の理由とされてきたため、「焼き討ち」は排他的なキリスト教ゆえの行為と理解される傾向が強い。しかし、伝承をもつ寺院への右近の寺領安堵や禁制発給の事実からは否定的な見解も多く、キリスト教の拡大による自然消滅や宣教師のスローガンとも解されている（海老沢一九五八・チースリク一九九五）。「焼き討ち」について、考える余地は大きい。

コリン『高山右近伝』には、天正十年頃の事件として、怒った仏僧らが中川清秀をそそのかし、右近への信長の信用を落とさせようとしたとする。これが失敗に終わると、山伏《やまぶし》らが修験道《しゅげんどう》の一大行場である大和の大峰山《おおみねさん》で右近を呪詛《じゅそ》し、その名を記す逆さ人形に釘を打ち込む。しかし、清秀が天正十一年の賤ヶ岳《しずがたけ》の合戦で戦死すると、山伏もキリシタンになったという。右近領内の周辺で山伏らを糾合し、清秀との関係が深い修験道の寺院とは、忍頂寺の可能性が高い。

フーベルト・チースリク氏は、『一五八三年度日本年報』が信長生前に右近領内の仏僧がキリシタンになることを望まなかったと記した理由を、永禄十一年（一五六八）に信長が忍頂寺に出した寺領安堵にあると解した。信長保護下の寺院への右近の遠慮である（チースリク一九七六）。しかし、信長が摂津に寺領安堵を出すのはこの時期だけで、以降の安堵は右近や村重の手によって行われた。忍頂寺は、天正八年以前に右近から領地安堵を受けている。これは、忍頂寺膝下の寺領「五ヶ庄」をめぐる右近と清秀の相論が起こり、織田政権が右近の知行を裁定した結果であった（第Ⅲ部第二章）。

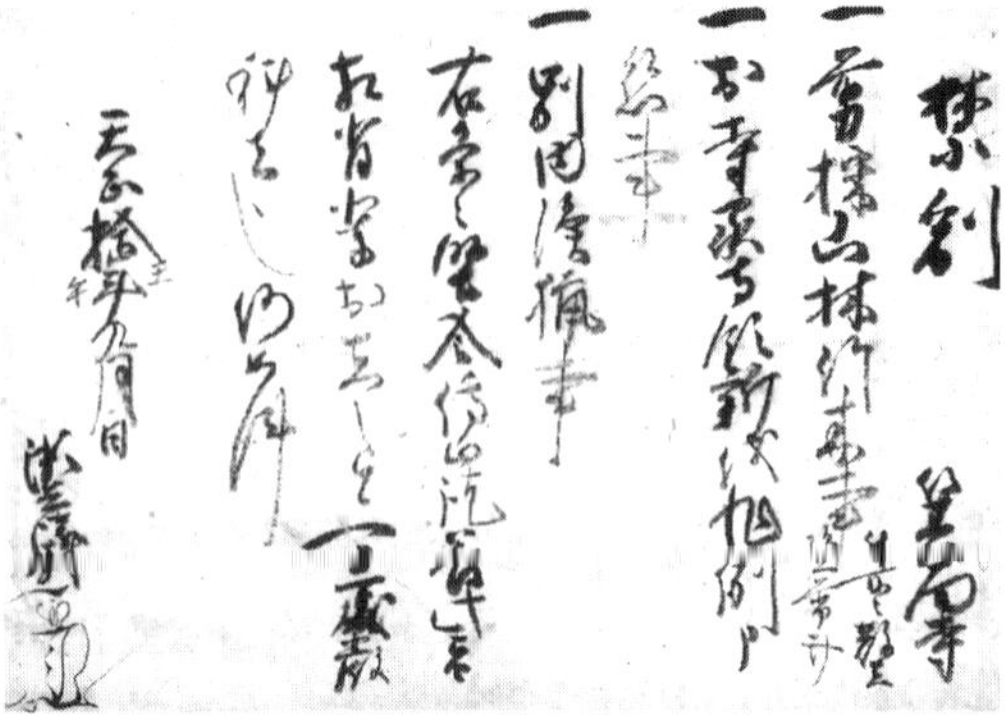

天正10年9月日付け中川清秀禁制　大阪府箕面市・瀧安寺蔵

「一五八三年度日本年報」のいう信長生前とは、織田政権による右近─清秀間の調定の実効性の意味だろう。

右近の寺社破壊は、新たな公権力確立過程の寺社統制策であり、禁制や寺領安堵とは矛盾しないとも解釈される（山下二〇〇八）。しかし、類例となる公権力を周辺には確認できない。右近は自らの信仰だけで忍頂寺を破壊したわけでなく、これまで述べてきたように、右近と清秀の家中は対立せざるをえない構造であった。とするならば、キリスト教の展開に危機感を抱いた忍頂寺がここにつけ込んだことが、「焼き討ち」の発火点ではないか。

「焼き討ち」については、地域史の視点からの理解が必要で、「あった」「なかった」や城主権力の行使で終わる話ではない。

実際、高槻周辺の山々の寺院や地域には、平安時代以来の素晴らしい仏像が伝わる。そこに、すべてを焼き尽くした破壊の跡はうかがえない。

富井康夫氏は、伝承には右近以外の焼き討ちを含む一方、高槻周辺でも当該期に真宗や日蓮宗といった民衆の宗派に創建、中興が伝承されることに注目した。そして、焼き討ちの伝承が、天台・真言宗や禅宗という中世的宗教に隔たり、一端衰微した後に江戸時代初期に再興を遂げる共通性を見出した。富井氏によれば、焼き討ち伝承とは徳川幕府からの支援を引き出す「説話」であった（富井一九九五）。地域史の動きから導き出された焼き討ちへの評価として、強い説得力があるように思う。

賤ヶ岳の合戦と清秀の最期

天正十年（一五八二）六月の清須会議では、柴田勝家が推す信孝ではなく、秀吉が推した信忠の子三法師（後の秀信。塩川長満娘の子か）が織田家の後嗣に決まった。秀吉は近江国長浜城《ながはま》（滋賀県長浜市）を勝家に割譲する一方、山城国と河内国を獲得し、山崎合戦場跡を見下ろす天王山（標高二七〇ｍ）に山崎城（京都府大山崎町）を築城。山腹の宝積寺《ほうしゃくじ》や大山崎の町も利用された。早くも九月、この城に筒井順慶が秀吉を訪ねている（『多聞院日記』）。

だが、信孝と勝家は山崎築城を秀吉が天下人たらんとするものと警戒・憤慨し、破却しなければ攻撃するとの使者を派遣した（一五八四年一月二十日付けフロイス書簡）。一方、秀吉は先の順慶や右近、清秀らから人質を取って畿内を固め、池田恒興との関係を重視した（「相州文書」）。十二月中旬になると、長浜城の柴田勝豊《かつとよ》（勝家の養子）を自陣営に引き込み、その勢いで信孝の岐阜城を攻撃、屈服させる。

翌天正十一年、秀吉は信孝・勝家方に与した北伊勢の滝川一益の諸城を攻め、亀山城《かめやま》（三重県亀山市）では右近が坑道を掘って侵入し、放火したという（一五八四年一月二十日付けフロイス書簡）。そし

て三月、秀吉は越前国境に近い木之本《きのもと》（滋賀県長浜市）に着陣。近江・若狭の国境地帯にはすでに柴田方の軍勢が進出し、勝家が内中尾《うちなかお》城（玄蕃尾《げんばお》城。同長浜市・福井県敦賀市）、前田利家が別所山《べっしょやま》砦（滋賀県長浜市。以下の砦も同市）、佐久間盛政《もりまさ》が行市山《ぎょういちやま》砦などの陣城《じんじろ》を構える。

秀吉勢も堀秀政の左禰山《とうのやま》（東野山）砦と勝豊の家臣が入る堂木山《どうぎやま》砦を結ぶ防御ラインを築いて第一線とし、桑山重晴《くわやましげはる》の賤ヶ岳砦と清秀の大岩山《おおいわやま》砦、右近の岩崎山《いわさきやま》砦の並びを第二線とした。本陣の田上山《たがみやま》砦には、弟の羽柴秀長が入る（中井一九九七）。

やがて、秀吉は再び信孝の岐阜城攻めへと向かうが、柴田方はその期を逃さなかった。十九日深夜に二千の佐久間勢が秀吉方

賤ヶ岳合戦図屏風（左隻・部分）　大阪城天守閣蔵

の第一防御線を迂回し、大岩山の背後に進む。『中川年譜』によれば、翌朝に中川家中の池田・田能村氏らが鉄砲で迎え撃ち、太田氏らの槍隊が打って出た後、土居《どい》を楯に防戦。このとき桑山重晴から使いが到着し、未完成の大岩山砦と岩崎山砦は放棄し、賤ヶ岳砦での合流を呼び掛けた。これを右近は了解したが、清秀は秀吉の命である以上、撤退は「勇士ノ本意」でないと受け入れなかった。

　賤ヶ岳の合戦に際して築かれた陣城は、横堀や桝形虎口などを駆使し、軍事的にテクニカルな平面プランを実現した事例が多い。ところが、大岩山砦と岩崎山砦では、土塁や堀切の遺構が残るものの規模は小さく、プランも粗雑である。現地を訪れると、たしかに未完成の観がある。

大岩山砦に拠った清秀は、黒糸威《くろいとおどし》の鎧を朝日に輝かせ、これに右近勢も加わって敵を押し返した。右近は撤退を呼びかけ、これで戦は終わりではないと使いを出すも、清秀は「大臆病ノ輩ニ何ゾ与スヘキ」と突撃を繰り返した。右近勢が木之本へ落ちても、清秀らは戦い続ける。しかし、劣勢は変わらず、中川重定《しげさだ》が清秀の影武者となって討ち死に。進退極まった清秀は砦の中へ引き返し、自害を遂げた。合戦を描く「賤ヶ岳合戦図屏風」には、大岩山砦の前で母袋《ほろ》を背に槍を突き出す、勇ましい清秀の姿がある。享年四十二歳という。

フロイスによれば、右近は対戦を無謀とみたが、やはり清秀が開戦を主張し、清秀の大岩山砦は「脆弱」であったと記す。奇跡的に右近は秀長が守る田上山砦へ撤退したが、妻ジュスタの兄弟と義父（クロンの弟）が戦死した。畿内や九州のキリシタンの間には、右近戦死の噂が流れたという（一五八四年一月二十日付けフロイス書簡）。

この後は、秀吉方も柴田方も兵を動かさなかった。そこへ秀吉が急ぎ軍を返して現れる。撤退する柴田勢を猛追して越前国北ノ庄城《きたのしょう》（福井市）にまで追い詰め、ついに勝家を葬った。戦後、秀吉は逃れた右近を非難したとする書物もあるが、フロイスは秀吉からねぎらいの言葉を受けている。しかし、高槻城には秀吉の軍勢が迫ったという（『多聞院日記』）。事実だとすれば、天正六年に荒木攻めの後に越前の勝家に預けられていた右近の父飛騨守（厨書）への嫌疑であろう。

大坂築城と勢力の再編

清秀を失った中川氏では、清秀の嫡男秀政の家督相続に際し、家中の有力者五人に知行を配分した（「中川家文書」）。次男石千世（秀成《ひでなり》）に一万八五〇〇石、中川（田近）長祐《ながすけ》に二〇〇〇石、熊野田資勝《すけかつ》に一五〇〇石、戸伏助之進に八〇〇石、寺井元定《てらいもとさだ》に七〇〇石である。このうち、寺井氏は『諸氏系譜』に登場しない家臣である。もともとは池田氏の家臣であり、清秀の娘を娶ったが後に断絶。このため、後世に寺井氏は語られることはなかった（馬部二〇一六）。

さて、秀吉は池田恒興を美濃へと移し、天正十一年（一五八三）九月から大坂城を自らの居城とすべく築城を開始する。下郡の兵庫城には、養子で恒興の娘を妻とする三好（豊臣）秀次《ひでつぐ》を入れた。秀吉による大坂の拠点化は、摂津の勢力を再編し、その後に自らや家臣の領地を獲得するものとなる。「一五八三年度日本年報」によれば、同年の摂津で従来の知行を保証された領主は、右近と「三万クルザード以上」の没収を受けた「他の一貴族」とある。この貴族は、清秀の跡を継ぐ秀政だろうか。そうであるならば、なぜか中川氏は秀吉から冷遇を受けたことになる。秀政は茨木で六万石を有したといい、同年十一月十五日付けの秀吉書状によれば、秀政は欠郡中島の普請などを担当している（「中川家文書」）。

北郡では、信長に優遇された塩川氏の存在が確認できなくなっていく。当主の長満は山崎合戦にも参加したが、天正十四年に没し、後継者争いが起きたとされる。『多田雪霜談』という軍記物や地元の伝承では、秀吉の九州攻めをめぐって塩川氏と能勢氏に諍いが生じ、同年に池田輝（照）政や片桐《かたぎり》且元《かつもと》らが塩川氏を攻撃したというが、にわかには信じがたい。確かなことは、塩川氏が消え、摂津での大身の武将が右近と秀政だけになったことである。

土豪や村人にとっても、大きな戸惑いがあったことだろう。大坂との関係が深い河内でも秀吉の家臣が所領を獲得し、信長の時代に取り立てられた八尾城が廃された。以降、江戸時代の河内は、城郭が存在しない国となる。河内の城は、大坂城ということなのだろう。八尾城主の池田教正（シメアン）は美濃に移され、結城ジョアンも他国に出された。戦国時代以来のキリシタンらの勢力図も再編され、キリシタンが領する都市としては、右近の高槻だけが残った。

さて、秀吉は配下の武将らに大坂での屋敷造営を奨励し、早速に右近や細川忠興《ただおき》、筒井順慶らが屋敷を構えた（大澤二〇一九）。右近は、大坂に秀吉が教会を建てたいと思っており、京都から教会を移転させ、堺に予定していた教会建設の中止を求めるのではないかと考えていた。河内の領主再編の結果、結城氏が設置した砂・岡山の教会が失われる恐れもある。そこで右近の勧めを受け、オルガンティーノは秀吉に教会用地を願い出、右近も私財を投じる（「一五八三年度日本年報」）。秀吉への「機嫌取り」という意味合いも加わり、かつての大坂寺内町の地に教会が建った。

秀吉が築いた「本丸」

大坂築城では、まず天守台が完成し（『柴田退治記』）、平地に屹立《きつりつ》する台地突端に総石垣の巨大城郭が登場することになった。石垣の石材は、下郡の六甲《ろっこう》山系や河内の生駒《いこま》山系などから運ばれ、天正十一年（一五八三）九月以降、大坂への道は石を運ぶ人々でごった返したという（『兼見卿記』）。

以降、豊臣大坂城では大きく四期の大工事が実施されるが、当年の第一期工事では後の「本丸」が完成した。その平面プランは、江戸幕府の京都大工頭中井家に伝わる「豊臣時代大坂城指図」などから、内部が四つの空間に区分されていた

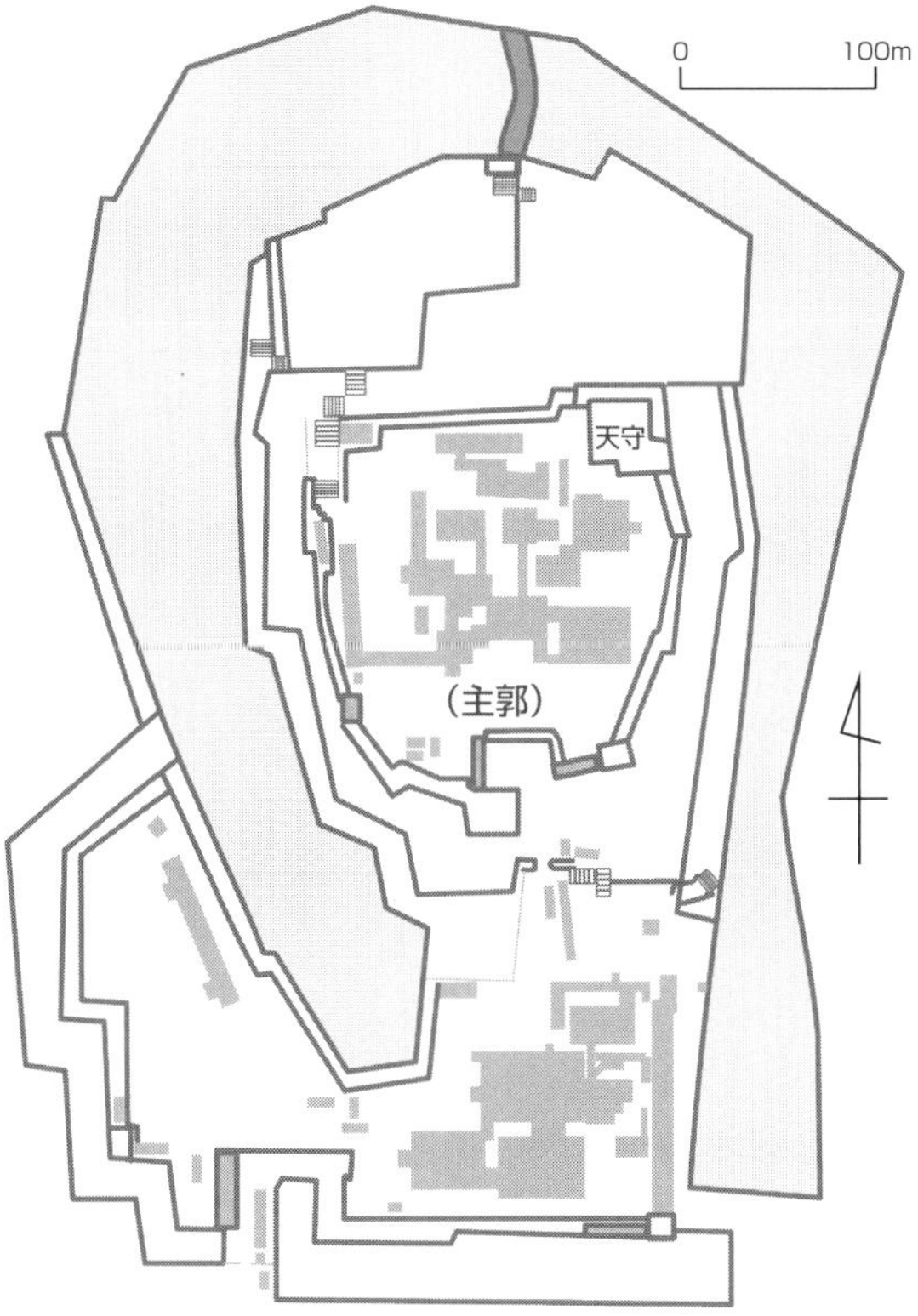

図８　大坂城の図　「豊臣時代大坂城指図」をもとに作図

ことがわかる。天守や「奥御殿」が建つ場所が主郭に該当し、その南には東西から入り込む深い谷が存在した（三田村二〇一五）。石垣は後年のような高石垣の技術ではなく、従来の石積み技術を駆使する三段の段築であった。しかし、この地形の影響や過渡的な技術に関わらず、主郭の輪郭には直線が意図され、真円を四角く加工したような平面形となる（図8）。

中世の武家居館は、守護所にみられるように方形の屋敷地を基本とし、織田信長は守護所の清須城（愛知県清須市）から移った先の小牧山城《こまきやま》（同小牧市）では、山城にも関わらず主郭に方形を意図した（千田二〇一三）。近江六角《ろっかく》氏の観音寺城《かんのんじ》（滋賀県近江八幡市）など、各地の戦国大名の山城にも方形の区画が志向されている。天正十一年という築城開始時期は、いまだ「土づくり」の城郭が利用され、また築城されてもいた。秀吉も、翌年に河内で烏帽子形城（大阪府河内長野市）という土の城を再興している。これらの点をふまえると、豊臣大坂城の「本丸」は、一辺一〇〇m強の四角形（方形）を意図したと読み取れる（中西二〇一五②）。

豊臣大坂城は、信長以来の織豊系城郭の流れにあり、生活の場の奥御殿と政務の場の表御殿が分離する点も、信長の安土城と同じである。ただし、小牧から移った信長の岐阜城や安土城では、織豊系城郭化が進む一方、主郭に方形の志向が看取できない。

この段階での築城技術の限界なのかもしれないが、大坂城以降の秀吉による聚楽第《じゅらくてい》（京都市上京区）、石垣山一夜城《いしがきやまいちや》（神奈川県小田原市）、名護屋城《なごや》（佐賀県唐津市）という居城では、主郭の基調を方形とした。

大坂築城を契機とし、秀吉は従来の格式ある館の姿を城郭でも復活させる意図をもったのかもしれない。また、信長は安土城の天主に居住したが、秀吉は大坂城「本丸」の奥御殿に寝起きしたと思われる。この違いも興味深い。

大坂では城下の建設も進み、町並みは台地上の直線道路（上町筋など）に沿って四天王寺に到達する。北に見下ろす大川の渡辺津に向けても、直線道路に沿う町並みが伸びた（松尾二〇〇八）。そのプランは、右近や清秀、村重らの居城に採用された惣構でなく、信長の安土に通じる街村状《がいそんじょう》となった。

名護屋城の本丸（主郭）　佐賀県唐津市

秀吉の戦争と転封

秀吉は、右近を自身の護衛にあたらせる側近に留めようとし（『日本史』第二部四七章）、右近は「伯爵や侯爵の如さ」大名と秀吉の外出に従う馬廻の「権威」をもった（一五八五年八月二十七日付けフロイス書簡）。信長の時代と同じく、右近は秀吉の側近であったのだ。当該期と思われる年未詳九月六日付り伊藤与左衛門尉宛ての秀吉書状には、近江国北部からの米を六地蔵《ろくじぞう》（京都市伏見区）まで運び、そこから船で「大塚《おおつか》」の蔵に運んで管理すべく、右近と協議せよとある（三鬼編二〇〇五）。大塚（大阪府高槻市）は、高槻に近い淀川べりの村である。摂津の支配を担う武将としても、右近は秀吉から重用されたのである。

さて、翌天正十二年（一五八四）、秀吉と織田信雄・徳川家康《とくがわいえやす》との間に小牧・長久手《ながくて》の戦いが起こる。尾張・美濃・伊勢周辺を戦場とする大規模な戦争であり、右近と中川秀政も参陣した。四月九日に起きた長久手の戦いは、秀吉方の池田恒興らが戦死する大敗となったが、直前に右近は先陣をはずれて難を免れた。このとき河内キリシタンの結城ジョアンが討ち死にし、池田シメアンは金の十字架を飾った旗指物を背に死を逃れたという（一五八四年八月三十一日付フロイス書簡）。

一連の合戦では、戦陣での諸将の配置を示す多くの陣立書《じんだてしょ》が残され、自立性が強い武将の備えを秀吉が配下の軍勢へと編成したことがわかる（三鬼一九九二）。そこには右近と秀政の名もあり、右近の兵は千、秀政の兵は三千〜三千五百とされ、山崎合戦時の両者の兵力とほぼ同じである。なお、同年八月六日付けの秀吉書状によれば、秀政は病を得、出陣の延期が許されている（「中川家文書」）。

翌天正十三年に秀吉は、太田城（和歌山市）の水攻めで有名な紀伊の雑賀攻めと根来《ねごろ》攻め、そして長宗我部氏が併呑しつつあった四国攻めを行なう。秀吉権力にとっては、旧織田家中の枠組みから踏み出す天下一統への初の戦である。同年二月十三日付けの秀吉書状では、自身が三月二十一日に出馬をするので、それまでに大坂近辺に着陣せよと秀政に命じている（「中川家文書」）。小牧・長久手の合戦で中川勢と高山勢は陣をともにしておらず、これはかつての荒木攻めもそうだった。しかし、以降は同じ陣に編成される。もはや秀吉には、高山氏と中川氏への配慮も無用なのだろう。

六月十七日付けの書状で、秀吉は右近と秀政に四国渡海を命じた。両名は仙石秀久《せんごくひでひさ》に属して路次の要害や道・橋の整備に努めて報告を怠らないようになどとあり、秀吉の命に反すれば、長宗我部元親《もとちか》の首を取っても罰するとされた。また、二十二日付けの書状では、渡海に使った船を大阪湾西の入口にあたる明石（兵庫県明石市）へ集めるので「明石舟奉行」に渡すようにと命じられた（「中川家文書」）。七月三日付けの秀吉書状では、秀政に阿波国木津《きづ》城（徳島県鳴門市）の兵を攻め殺すようにと檄が飛び、同じく十日付けの書状では気を緩めず、元親の居場所を探知することが大事だとの指示を受ける。

閏八月、越中で抗する佐々成政を降した秀吉は、豊臣一族による畿内近国支配を意図し、大名の国替えを実施した。このとき、右近と秀政は播磨に移され、茨木は豊臣家直轄領、高槻には秀吉養子の小吉秀勝《こよしひでかつ》が入る。なお、早くも一年後、小吉秀勝は丹波国亀山（京都府亀岡市）へと移るが、この間に「浅井三姉妹」の一人・江《ごう》と婚礼を遂げたと思われる。

『中川年譜』によれば、秀政は一万石の加増を受けたとされ、関連の知行目録も残る（「中川家文書」）。一方の右近は明石を賜った。三万石を領するようになり、秀吉は二百艘の船を用立てたという（一九八五年十月三十日付けセスペデス書簡。ラウレス一九四八）。右近が築いた船上《ふなげ》城（兵庫県明石市）の推定城下は、瀬戸内海の明石海峡に面している（稲原二〇一四）。この地が四国攻めの軍船集結地であり、右近は海上交通の要を任されたことになるだろう。また、秀政が入った三木（同三木市）も、播磨内陸部の交通の要衝であった。

両名の家臣の多くは、摂津の国人・土豪一族であった。戦国摂津の社会から登場した高山・中川氏の播磨移封は、彼らも摂津の地域社会から切り離されたことを示す。ここに、戦国摂津を左右した在地の勢力は姿を消すことになった。本書にとっては一つの区切りとなる。

入信する豊臣の武将たち

秀吉配下の武将たちは、大坂築城後に城下に屋敷を構え、戦陣をともにするようになった。とくに天正十二年（一五八四）以降、蒲生氏郷（洗礼名レオン）や黒田孝高（官兵衛、如水《じょすい》。洗礼名シメオン）をはじめ、彼らの間で入信者が相次ぐようになる。「河内キリシタン」のような集団洗礼ではないが、家中の入信という点では近い様相である。なぜ、彼らはキリシタンになったのだろうか。

蒲生氏郷は、天正十三年の紀州攻めの直前に受洗した（一五八五年十月一日付けフロイス書簡）。氏郷は、弘治二年（一五五六）に近江国人蒲生賢秀《かたひで》の子として生まれ、入信の前年には南伊勢十二万石の大名であった。氏郷が生まれた近江は、フランシスコ・ザビエルやガスパル・ヴィレラが訪問、滞在したキリスト教ゆかりの地である（松田一五六八）。しかし、先述の永原キリシタン以外に信仰の広がりはうかがえない。はじめ、氏郷はキリシタンに好意をもたず、勧誘する右近を避けたという。しかし、秀吉配下の武将牧村秀光《まきむらひでみつ》の助力もあって入信に至る（一五八五年八月二十七日付けフロイス書簡）。
黒田孝高は、同じく天正十三年に小西行長と右近、氏郷に導かれて受洗した。天文十五年（一五四六）に播磨の有力国人小寺氏に仕える黒田職隆《もとたか》の子として生まれ、当時は秀吉配下を代表する武将であった。フロイスは、孝高の入信を「播磨の国で布教をする入口」と評した（一五八五年八月二十七日付けフロイス書簡）。播磨でも、キリスト教が広がっていなかったとみられる。

氏郷を信仰に導いた牧村秀光（通称長兵衛、利貞《としさだ》）は、美濃の稲葉《いなば》重通《しげみち》の子で、馬廻として信長・秀吉に仕えた。右近に説得され、天正十二年に入信している。美濃でのキリスト教の広がりは、文禄元年（一五九二）に織田秀信が岐阜城主となって以降とみられ（土山二〇〇三）、ここでもキリスト教の展開は確認できない。しかし、この時期、ほかにも前野《まえの》長康《ながやす》や瀬田左馬丞、市橋兵吉ら美濃や尾張、そして近江出身の武将がキリシタンとなっている。

彼らには、茶の湯を介した交流も知られる。後世に千利休《せんのりきゅう》の弟子と称された「利休七哲《しちてつ》」のうち、氏郷と右近、牧村秀光、瀬田掃部がキリシタンであった。実際に利休は、右近と氏郷、瀬田掃部、そして「利休七哲」の古田織部、細川忠興が登場する書状を認めている（滴翠美術館蔵）。また、彼らは戦陣をともにした。小牧・長久手の戦いでの秀吉の軍勢は地縁・族縁などを重視し、関係が良好な武将たちが同じ備に編成されていた（藤田二〇一二）。その陣立書をみると、氏郷と牧村秀光、孝高と前野長康、右近と瀬田掃部が同じ陣にいる（「浅野家文書」）。

これまで述べてきたように、キリスト教は摂津周辺で受容された文化的な地域の特徴であり、これは茶の湯も同じであった。茶の湯は武野紹鴎《たけのじょうおう》ら堺の商人らの手で成熟し、荒木村重ほどではないが、右近も堺商人今井宗久らと茶席をともにしている（神津二〇一四）。村重は、多くの名物を所有することでも知られ、信長による茶の湯の政治利用とは別に、摂津では茶の湯に親しむ土壌があった。

この時期に入信した豊臣家中の武将たちは、各地から大坂城下に集められた。政権を支えるメンバーとして顔をつきあわせ、大坂城下での暮らしや戦争の中で交わった。その関係をつなぐツールとなったのが、いわば茶の湯やキリスト教である。大坂を新たな政権の所在地とすべく、彼らはその文化を吸収し、互いの関係をも深めたのではないか。

キリスト教との接点がない環境で育ち、その素養のない彼らが、大坂の豊臣政権に参画後、次々と入信していく現象は、正しく教義を理解したためとは考えられない。それは目新しく、彼らの信仰にはファッション的な性格も帯びていたように思える。飛騨守ダリヨを父にもつ「二代目」右近とは、キリスト教との関わり方は決定的に異なる。なお、この時期に茨木でも秀政の家臣らが入信していく（一五八五年八月二十七日付けフロイス書簡）。

キリシタン武将への期待

天正十二年（一五八四）頃、荒木村重は「道薫《どうくん》」と号して畿内に戻り、茶人として秀吉に仕えた。

秀吉に右近を讒言したが、逆に叱責を受けたという（「一五八四年度日本年報」）。村重は、小西行長と父の隆佐も讒言し、秀吉は一時、二人の職を外したが再び取り立てている。かつての摂津支配者の村重にとっては、なぜ彼らが重用されるのか、飲み込めなかったのだろうか。右近には個人的な思いも混ざったかもしれない。しかし、秀吉は彼らに期待をかけていく。

この後の豊臣政権は、九州攻めに踏み切る。個々の武将の支配地からはるかに離れた遠国での戦争であり、畿内から軍勢や物資が西へと送られていく。この戦争において、キリシタン武将らは十字の旗をひらめかせ、進軍したという。戦意高揚のため、豊臣政権は九州攻めを薩摩島津氏から抑圧を受けていたキリスト教を救う「聖戦《せいせん》」と位置付けたとの評価もある（藤田二〇一二）。

このような戦争では、兵站《へいたん》を担う場が重要となる。その一つである明石を任されたのが右近であり、瀬戸内の要港の室《むろ》（兵庫県たつの市）や小豆島《しょうどしま》（香川県）を領したのが行長であった。行長は、堺の中小商人の小西家出身である。父の隆佐は、京都でザビエルとも出会った古参のキリシタンであり、イエズス会との関係をテコに信長や秀吉に接近し、行長が武将として働くようになった（鳥津二〇一〇）。九州攻めに際し、秀吉は右近とともに海路を進み、行長が水軍を束ねる。

天正十四年、秀吉はイエズス会の日本準管区長ガスパル・コエリョと大坂城で対面し、九州を手に入れた後、右近と隆佐に肥前国を与えると語った（『日本史』二部七五章）。後に肥前は朝鮮出兵で本営の名護屋城（佐賀県唐津市）が置かれ、行長は肥後の大名に取り立てられている。

黒田孝高は、北九州の平定を進めつつ、毛利・小早川《こばやかわ》氏らにキリスト教への理解を求め、毛利領内での布教に手を貸す。やがて小早川秀包《ひでかね》が受洗し、豊後のキリシタン大名大友宗麟《おおともそうりん》の子義統《よしむね》も入信に導いた。九州攻めの後、孝高は豊前十二万石、小早川氏は筑前と筑後、大友氏は豊後を領している。

秀吉は、行長や孝高に九州の有馬・大村《おおむら》・大友らのキリシタン大名との取次を命じた。後に豊臣政権は長崎に代官寺沢広高《てらさわひろたか》を置き、広高は室と小豆島の代官を兼ねた。徳川政権下では、長崎・小豆島・堺の代官を長谷川藤広《はせがわふじひろ》が兼務している。統一政権は、九州の海外に開かれた港町と瀬戸内海、畿内の堺を一元的に支配しようとしていた（清水二〇〇一）。その前段階がキリシタン大名によるネットワークではないだろうか。海外の文物に通じ、イエズス会を介して九州の情勢にも明るいキリシタン大名に対し、秀吉は畿内と九州をもつなぐ役割を担わせようとしたと思われる。

しかし、秀吉は天正十五年六月、九州を手に入れた後に博多《はかた》（福岡市博多区）で伴天連追放令を発した。九州において、宣教師たちの教団イエズス会は有馬氏ら九州のキリシタン大名から土地の寄進を受け、肥前長崎を拠点としていた。先に秀吉が右近と隆佐に肥前を与えようといったのも、このイエズス会と九州のキリシタン武将との関係を皮肉った宣教師への発言でもあった。

九州攻めの後、秀吉は博多を大陸出兵の基地とするべく、築城と外国船の集中、長崎からのイエズス会移転などを通じ、自身の政権の国際的な認知を意図したという。しかし、博多の復興を国内外の勢力が支持せず、イエズス会は長崎の領主権の喪失と武装解除を拒否した。秀吉の構想は頓挫し、伴天連追放令の一因になった可能性は高い（清水二〇〇一）。追放令の後、秀吉は「長崎の村落を固めている城壁を破壊」するように命じたという（『日本史』第二部九九章）。長崎は、畿内の寺内町や港町と同じく惣構の構造であったのかもしれない。

この伴天連追放令は禁教令ではなく、名のごとく宣教師の国外退去を大きな目的とする。しかし、秀吉は、大名や側にいる家臣たちに禁教、キリシタンには棄教を命じた。なぜ、このタイミングなのか。キリシタン武将への期待とは相反する。九州攻めが従来の統一戦争と質を異にしたとするならば、先頭に立ったキリシタン武将の面目潰しが政権に動揺をもたらしてもおかしくない。

伴天連追放令の影響

伴天連追放令のうち、天正十五年（一五八七）六月十八日付けの覚には「伴天連門徒之儀ハ一向宗よりも外ニ申合候由被聞召候」とあり、続けて北陸の一向宗門徒の動きを事例に、彼らが大名支配に屈せず、天下の障害になったという事実があるとする（「御師職古文書」）。キリシタンは、一向宗門徒と同じく徒党を組むと認識されていた。

大坂を本拠とする豊臣家中において、キリスト教は天下一統の戦争遂行のうえで、武将たちの間をつないだ。その一方で、豊臣政権は九州攻めという本格的な遠隔地での戦争に勝利した。この機を逃さず、おそらく秀吉は宗教ではなく、自らの命に服するのかどうかをキリシタンの武将に問うたのではないか。肥前の有馬晴信と大村喜前《よしあき》、豊後の大友義統、小西行長と蒲生氏郷、そして右近に棄教が勧告されたことが知られている。これは、有馬氏ら九州のキリシタン大名が自らの家中に入るタイミングでもある。

行長は、秀吉の命に「御意次第」と答え、自らが政権との取次を担当した有馬・大村氏への勧告役もつとめた。そして、主君の命や依頼にしたくない、できないということは日本では忌避すべき作法であって常に「はい」と回答し、それでも意見を述べようとするならば後日に内々で困難を伝えるか、釈明するのが習慣だと行長は述べたという（一五八八年二月二十日付けフロイス書簡。神田二〇一一が訳出）。この行長の姿勢こそが、秀吉がのぞむところであった。

右近は、秀吉の命を拒めば自らは身分と領地を失い、家中に惨状が訪れることに思いをめぐらせる。ただし、これが棄教によって回避できる反面、それはデウスへの罪にあたるとの考えにいきつく。右近は、秀吉よりも神を選ぶ。豊臣家中の人々は、面従腹背《めんじゅうふくはい》を勧めたが、右近は明確に拒否をした（一五八八年二月二十日付けフロイス書簡）。

父飛騨守の影響で少年右近は入信し、「二代目」のキリシタンは成長した。すでに述べたように、ほかの武将とはキリスト教との距離が大きく異なる。家臣には多くの摂津の出身者がおり、右近と同じく二代目キリシタンもいただろう。家中でのキリシタンの存在感も、ほかの武将とは大きく異なる。右近は、秀吉によって大名の地位を失い、畿内から追放されたが、その判断を支持して涙を流す家臣がたくさんいたという。

右近がとった態度は、戦国摂津を生きた人間の一つの結論である。しかし皮肉にも、右近の追放で路頭に迷った家臣を抱えるのが行長であった。行長は「棄教」したのではない。後日、追放されたオルガンティーノによる布教の覚悟を聞いた際、行長は泣き出した。そして、自らの信仰とキリシタン支援の覚悟を決める。行長がいなければ、生きる術を失うキリシタンがいた。行長の選択も、一人のキリシタンの生き方だろう。

氏郷の反応は不明だが、この後に彼の信仰は冷めたという。宣教師によれば、その理由は入信からの日の浅さと秀吉からの優遇、右近や教会との距離ができたためであった。ただし、文禄元年（一五九二）に秀吉が右近を許すと、氏郷は信仰熱を取り戻す（ラウレス一九四九）。秀吉の勧告を受け、少なくとも表面上の氏郷は棄教し、秀吉の変化によって信仰に戻る。しかし、信仰心をまったく失っていたわけでもないと思う。文禄四年の臨終の際、氏郷は右近が示す十字架に痛悔して死んだ。

氏郷の信仰は、豊臣家中の入信動機が純粋な信仰ではなく、それゆえに伴天連追放令も可能であったことを示唆する。天正十二年以降、大坂で入信したキリシタンらにとっては、信仰よりも秀吉との関係が優先した。伴天連追放令は、その信仰が秀吉に勝ることを未然に防ぐ目的があったように思う。

孝高は、秀吉から棄教を迫られなかったが、信仰を理由に秀吉から疎まれたという（一五八八年二月二十日付けフロイス書簡）。天正十七年には家督を子の長政《ながまさ》に譲り、四十四歳で隠居した。背景には秀吉周辺からの警戒、石田三成ら奉行衆との軋轢があったとされる。孝高は号と洗礼名の「Ｊｏｓｕｉ　Ｓｉｍｅｏｎ」の印を使用し、没後にはキリシタンの葬礼が行われたとされる（諏訪二〇一三）。

伴天連追放令以降、豊臣政権下の第一世代ともいえるキリシタン武将は政権の中枢から外れていく。牧村秀光は朝鮮で戦死し、前野長康と瀬田掃部は文禄四年の豊臣秀次事件に連座した。一方では、台頭してきた次世代の人々にとっては、もはや信仰による紐帯や大坂の文化を吸収する必要がなかったのではないか。これも伴天連追放令の背景に想定してみたい。

その後の中川氏と高山氏

その後、秀吉の天下一統は進む。中川秀政は、天正十八年（一五九〇）の関東攻めに従軍し、持久戦となった韮山《にらやま》城（静岡県伊豆の国市）攻撃に参加。秀政は、文禄元年（一五九二）からの朝鮮出兵では、現地に渡海する。しかし、不覚にも鷹狩りの最中に敵に襲撃され、命を落とした。清秀の功績を考慮し、秀吉は弟の秀成による家督継承を許す。文禄三年に秀成は、六万六千石で豊後竹田へ移された。

中川氏の移封は、豊臣家中の代官や奉行が豊後で小大名となった時期に重なる。以降、戦国摂津の末裔たる中川氏や家臣たちは、豊後の大名家として生きた。遠く清秀主従戦死の地である近江の大岩山周辺では、江戸時代も彼らの遺骸を守ったとする下余呉《しもよご》（滋賀県長浜市）の村人らの「中川組」が砦跡の墓を守り、木之本の浄信寺《じょうしんじ》で菩提を弔った（小林一九九七）。中川氏は援助を行い、参勤交代

中川清秀の墓（大岩山砦跡）　滋賀県長浜市

の際には詣でたという。摂津では、茨木の梅林寺《ばいりんじ》が清秀の墓や肖像画を守り続けている。

右近は、自身も行長の庇護を受けた後、前田利家に客将として迎えられた。前田家の居城金沢城下（金沢市）に屋敷を持ち、一族と摂津以来の一部の家臣が従う。彼ら彼女らはキリシタンであったが、北陸では大きく信仰は広がらない。もはや右近らが地域社会とダイレクトに接する立場になく、摂津のような独自の環境がなかったことが一因だろう。

右近は、前田家中の上位に位置し、天正十八年（一五九〇）の関東攻めでは凄惨かつ激戦となった八王子城《はちおうじ》（東京都八王子市）攻めに参加、クルスの旗をたなびかせたという。やがて京都でも活動し、娘ルチアは前田家の重臣横山《よこやま》家に嫁ぎ、金沢の有力商人とも婚姻関係をもつ。前田利家は、右近が律義者であり、茶代を遣わして目をかけよと子の利《とし》長《なが》に遺言した。

慶長五年（一六〇〇）の関ヶ原合戦時、右近は北陸で前田勢を率いた。しかし、徳川幕府が成立し、禁教令を出すと、慶長十九年に前田家を退去。幕府の判断により、松永久秀の甥内藤ジョアンらとフィリピンのマニラに国外追放となった。到着後は、キリスト教国のフィリピンの人々から大歓迎を受けるも間もなく病を得、翌年二月に帰天した。享年六十三歳。

右近は、船出する以前の九月十日付けで細川忠興に書状を出している（永青文庫蔵）。右近は南北朝時代の武将楠《くすの》木《き》正行《まさつら》の歌「帰ラシト思ヘハ兼テ梓弓、ナキ数ニイル名ヲソ留ル」を引用し、心境を述べる。右近いわく、楠木正行は戦場で命を落とすが、名を天下に挙げる。自身はフィリピンに赴き、命を天に捧げて名を流すだろう。しかし「如何」と自問後、六十年の苦しみが忽ち散るようだと記している。

「一五八四年度日本年報」によると、右近は槍の名手であったという。右近はキリシタンであり、戦国を生きた武将であった。二者択一ではなく、ともに右近の属性である。摂津の高山氏という土豪一族は、京兆家や国人らと村の狭間で戦国の大半を過ごし、三好氏の下でキリシタンの武将、織田氏の下で大名となった。右近のキャリアは、戦国摂津の歴史そのもの、結末である。

高山・中川両氏が摂津を去った後、ゆかりの人々の中には豊臣家へ仕えるものもいた。右近旧臣のキリシタンで安威重胤《しげたね》（了佐は誤り）は秀吉の右筆《ゆうひつ》となり、茨木城を預かった（馬部二〇一六）。境目の土豪の家を継ぐ郡宗保は、豊臣家馬廻となった。村落に残った国人・土豪一族も多かっただろう。

キリスト教の信仰は禁止され、徐々に途絶えていく。庶民は、東西に分かれた真宗の本願寺や日蓮宗などに帰依し、かつてのキリシタンもそうであったに違いない。しかし、旧右近領の山間部にあたる茨木市千提寺・下音羽では、個々の家の信仰として「かくれキリシタン」の信仰が続く。宣教師もいない数百年の間、はたしてその教えは理解できたのだろうか。

この地では、大正年間になって「かくれキリシタン」信仰をもつ家が確認されるが、その信仰は公認されたキリスト教への復帰をもたらさなかった。九州のように、江戸時代の村全体が「かくれキリシタン」「潜伏キリシタン」という環境にあったわけでもない。これは右近が高槻城主をつとめた時期が、摂津では村の家々に自らの信仰が根付く時代であり、その子孫たちが先祖崇拝を続けたからだと思う。「かくれキリシタン」は、戦国摂津の行く末である。現地には農村風景が広がり、今では寺院の境内に江戸時代初期のキリシタンの墓石も目できる。右近や清秀が生きた戦国の時代を感じてみたい。

あとがき

まず、本書を手にとっていただいた方に感謝を申し上げたい。書名に高山右近と中川清秀という武将の名を冠しているが、二人が登場した紙数は多くはない。戦国の摂津という地域の中で二人を取り上げた結果であり、ご期待に添えなかった方もいるように思う。また、多くの先学に依拠させていただいたが、それに見合う中身というにはおぼつかない。ひとえに、諸賢のご寛恕を乞う。

近年は、歴史への関心が老若男女を問わずに高まっており、観光やまちづくりの面でも注目されている。多くの方に歴史を知っていただき、かけがえのない遺跡に目を向けてもらうチャンスである。一方では、歴史や遺跡に「わかりやすさ」が求められ、右近や清秀にも「はしがき」で述べた一面的な人物評が「受けている」。しかし、イメージや知名度で興味を引く歴史が、地域に根ざした社会や人々を語ることはないだろう。一時的には盛り上がっても、私たちに残るものは何もない。

戦国大名は一人の武功で成り上がったのではなく、周囲の一族や家臣、住民や近隣の武士らと互いに影響し合った。必ずしも彼らの組織や属した社会はトップダウン型ではなく、その足跡が個性や能力のみで解釈できないことを、これまでの歴史研究が示している。右近の信仰も同様で、それは一人のものではない。様々な角度から、常に理解は掘り下げなければならない。

職場を通じ、著者は地域の調査や村の行事に参加する機会に恵まれてきた。そこで教えていただいたのは、今も地域や村を大切に思う方々の思いであり、そのプライドと苦労である。優しくも厳しく、ときに著者の中では戦国の村と重なることすらある。そこで語られる戦国武将たちは、地域の歴史に欠かせない存在であり、誇りともなる。例えば、三好長慶が在城した芥川山城跡の麓に広がる村々の皆さんは、地元に刻まれた歴史として城跡の管理や環境維持に驚くべき労力を割かれている。長慶の古文書を守り伝えた村では、いつしか戦国時代の水論と今の村の姿を重ねている。

また、各地で活動される研究グループの皆さんは、武将を入口に歴史をとらえ、より深く今の町を知ろうとしている。著者は、そのような場でも報告の機会に恵まれてきた。この場を借りて、お世話になっている地域の方々や郷土研究に関わる諸兄に御礼を申し上げたい。本書で述べてきたような戦国の興亡史でも、どこかに意味があることを願うばかりである。なお、私事だが、家族の姿からも学ぶことが多い。子どもらに文化の楽しさを教える日本画家の中西玉蘊、仲間とダンスに打ち込む娘の紬、純真無垢な愛犬オスカルに感謝を述べさせてほしい。

戎光祥出版株式会社代表取締役の伊藤光祥さんから、本書の話をいただいてから数年の月日を流してしまった。これまでの間、伊藤さんはもちろん、編集長の丸山裕之さんをはじめ、同社の皆さまには大変お世話になり、素晴らしい書名まで頂戴した。最後に、心から厚くお礼を申し上げる。

二〇一九年の盛夏を間近にして

中西裕樹

【主要参考文献】

〈史料〉

・本文中で引用の史料・古記録は、主に改定史籍集覧、群書類従・続群書類従、史料纂集、続史料大成等の刊行本によった。

・宣教師の書簡は、松田毅一監訳『十六・七世紀イエズス会日本記録報告集』（同朋舎出版）によった。

・三好氏関連の文書は、主に天野忠幸編『戦國遺文 三好氏編』（東京堂出版）によった。

・織田信長の発給文書は、主に奥野高広『増訂 織田信長文書の研究』（吉川弘文館）によった。

・豊臣秀吉の発給文書は、主に名古屋市博物館編『豊臣秀吉文書集』（吉川弘文館）によった。

・フロイス『日本史』は、松田毅一・川崎桃太 訳の中央公論社、中央公論新社（文庫本）によった。

奥野高広・岩沢愿彦 校注『信長公記』（角川文庫、一九六九年）

木越隆三「寛永末年 加賀藩のキリシタン弾圧史料」（木越邦子『キリシタンの記憶』、桂書房、二〇〇六年）

北村清士 校注『中川史料集』（新人物往来社、一九六九年）

黒田俊雄編『伊丹中世史料　伊丹資料叢書2』（伊丹市役所、一九七四年）

河野純徳訳『聖フランシスコ・ザビエル全書簡』（平凡社、一九八五年）

神戸大学文学部日本史研究室編『中川家文書』（臨川書店、一九八七年）

酒井雅規「奈良大学所蔵「円満院関係文書」」（『奈良史学』三〇、二〇一二年）

佐久間正翻訳 フーベルト・チースリク解説・註「コリン著の高山右近伝」（キリシタン文化研究会編『キリシタン研究』一七、吉川弘文館、一九七七年）

竹田市教育委員会編『中川氏御年譜』（竹田市、二〇〇七年）
中世公家日記研究会編『政基公旅引付』（和泉書院、一九九五年）
三鬼清一郎編『稿本 豊臣秀吉文書（1）（永禄八年〜天正十年）』（二〇〇五年）
村井祐樹「東京大学史料編纂所所蔵『中務大輔家久公御上京日記』」（『東京大学史料編纂所研究紀要』一六、二〇〇六年）
村井祐樹・末柄豊編『東京大学史料編纂所研究成果報告二〇一〇―一 真如寺所蔵 能勢家文書』（東京大学史料編纂所、二〇一〇年）
八木哲浩編『荒木村重史料 伊丹資料叢書4』（伊丹市役所、一九七八年）
和田英道「尊経閣文庫蔵『不問物語』翻刻」（『跡見学園女子大学紀要』一六、一九八三年）
『大阪狭山市史』第二巻 史料編 古代・中世（二〇〇二年）
『春日大社南郷目代 今西家文書』（豊中市教育委員会、二〇〇四年）
『かわにし 川西市史』四 史料編Ⅰ（一九七六年）
『三田市史』第三巻 古代・中世資料（二〇〇〇年）
『新修 茨木市史』第四巻 史料編 古代中世（二〇〇三年）
『新修 亀岡市史』資料編第一巻（二〇〇〇年）
『新修 亀岡市史』資料編第二巻（二〇〇二年）
『吹田市史』第四巻（一九七六年）
『摂津市史』史料編一（一九八二年）

『高槻市史』第三巻史料編Ⅰ（一九七三年）
『豊能町史』史料編（一九八四年）
『能勢町史』第三巻資料編（一九七五年）
『兵庫県史』史料編中世一（一九八三年）
「本山寺文書」「神峯山寺文書」「安岡寺文書」調査報告書』（高槻市教育委員会、二〇一三年）
『箕面市史』史料編二（一九七二年）

〈著書・論文〉

浅見雅一『日本史リブレット人０４４ フランシスコ・ザビエル 東方布教に身をささげた宣教師』（山川出版社、二〇一一年）
天野忠幸『ミネルヴァ日本評伝選 三好長慶―諸人之を仰ぐこと北斗泰山―』（ミネルヴァ書房、二〇一四年①）
天野忠幸「三好長慶・松永久秀と高山氏」（中西裕樹編『高山右近 キリシタン大名への新視点』、宮帯出版社、二〇一四年②）
天野忠幸『増補版 戦国期三好政権の研究』（清文堂出版、二〇一五年。初版は二〇一〇年）
天野忠幸『三好一族と織田信長「天下」をめぐる覇権戦争』（戎光祥出版、二〇一六年①）
天野忠幸「戦国野間氏の興亡」（『地域研究いたみ』四五、伊丹市立博物館、二〇一六年②）
天野忠幸「三好長慶と河内キリシタン」（神田宏大・大石一久・小林義孝・摂河泉地域文化研究所『戦国河内キリシタンの世界』、批評社、二〇一六年③）

天野忠幸　『シリーズ・実像に迫る０１０　荒木村重』（戎光祥出版、二〇一七年）
池上裕子　「戦国時代の村落」（『岩波講座　日本通史』一〇、岩波書店、一九九四年）
池上裕子　『人物叢書　織田信長』（吉川弘文館、二〇一二年）
石本倫子　「『大乗院寺社雑事記』の吹田氏と吐田氏」（大乗院寺社雑事記研究会編『大乗院寺社雑事記研究論集』二、和泉書院、二〇〇三年）
石本倫子　「戦国期摂津における国人領主と地域―摂津国人一揆の再検討を通して―」（『ヒストリア』二一三、二〇〇九年）
稲原昭嘉　「船上城跡」（中西裕樹編『高山右近　キリシタン大名への新視点』、宮帯出版社、二〇一四年）
茨木の歴史を知り学ぶ会　『戦国武将中川清秀と茨木』（同会、二〇一六年）
今谷　明　『室町幕府解体過程の研究』（岩波書店、一九八五年）
今谷　明　『守護領国支配機構の研究』（法政大学出版局、一九八六年）
海老沢有道　『高山右近』（吉川弘文館、一九五八年）
大石一久　「日本キリシタン墓碑総覧―分析と課題―」（大石一久編『南島原市世界遺産地域調査報告書　日本キリシタン墓碑総覧』、長崎文献社、二〇一二年）
大澤研一　『戦国・織豊期　大坂の都市史的研究』（思文閣出版、二〇一九年）
岡田謙一　「細川晴国小考」（天野忠幸・片山正彦・古野貢・渡邊大門編『戦国・織豊期の西国社会』、日本史史料研究会、二〇一二年）
岡田保造　「摂津国人三宅氏の動向」（『大阪成蹊女子短期大学研究紀要』一四、一九七七年）

小川　信　『山名宗全と細川勝元』（吉川弘文館、二〇一三年。初版は一九九四年）
小高敏郎　『新訂 松永貞徳の研究』（臨川書店、一九八八年。初版は一九五三年）
柏床宜宏　『戦国大名池田勝正研究所』（http:// ike-katsu.blogspot.com/）
片岡弥吉　『高山右近大夫長房伝』（カトリック中央書院、一九三六年）
金松　誠　『シリーズ・実像に迫る００９　松永久秀』（戎光祥出版、二〇一七年）
河内将芳　『日蓮宗と戦国京都』（淡交社、二〇一三年）
河音能平　『河音能平著作集四 中世畿内の村落と都市』（文理閣、二〇一一年。初出は一九八四年・一九九五年）
川村信三　『戦国宗教社会＝思想史 キリシタン事例からの考察』（知泉書館、二〇一一年）
川村信三　「キリシタンの葬送典礼と墓」（大石一久編『南島原市世界遺産地域調査報告書 日本キリシタン墓碑総覧』、長崎文献社、一〇一二年）
神田千里　『信長と石山合戦 中世の信仰と一揆』（吉川弘文館、一九九五年）
神田千里　「伴天連追放令に関する一考察―ルイス・フロイス文書を中心に―」（『東洋大学文学部紀要』史学科篇三七、二〇一一年）
樋爪　修　「御牧藩」（木村礎・藤野保・村上直『藩史大事典 第五巻 近畿編』、雄山閣出版、一九八九年）
金龍　静　『一向一揆論』（吉川弘文館、二〇〇四年）
久野雅司　『足利義昭と織田信長 傀儡政権の虚像』（戎光祥出版、二〇一七年）
神津朝夫　「高山右近の茶の湯」（中西裕樹編『高山右近 キリシタン大名への新視点』、宮帯出版社、二〇一四年）
小谷利明　『畿内戦国期守護と地域社会』（清文堂出版、二〇〇三年）

小谷利明「織豊期の河内における武家権力及び寺内町・一向一揆権力の解体と再編」(『城下町科研』大阪研究集会資料集「豊臣期における大坂と摂河泉」、二〇一七年)
古藤幸雄『芥川上流域における水論の史的研究』(一粒書房、二〇一六年。初版は二〇〇六年)
小林 章「茨木の戦国大名 中川清秀(Ⅰ)」(『甲子園短期大学紀要』一五、一九九六年)
小林 章「茨木の戦国大名 中川清秀(Ⅱ)」(『甲子園短期大学紀要』一六、一九九七年)
小林健太郎「在町富田の形成と商工業」(『高槻市史』第二巻、一九八四年)
小林将司「系図史料にみる大名池田家の出自と摂津―池田恒興の摂津支配についての一試論―」(『史叢』七七、日本大学史学会、二〇〇七年)
坂田聡・榎原雅治・稲葉継陽『日本の中世12 村の戦争と平和』(中央公論新社、二〇〇二年)
清水紘一『織豊政権とキリシタン―日欧交渉の起源と展開―』(岩田書院、二〇〇一年)
下川雅弘「池田家中の荒木村重」(『戦国史研究』六〇、戦国史研究会、二〇一〇年)
下川雅弘「織田権力の摂津支配」(戦国史研究会編『織田権力の領域支配』、岩田書院、二〇一一年)
下村信博「元亀元年徳政と織田信長」(『織豊期研究』七、織豊期研究会、二〇〇五年)
末柄 豊「細川氏の同族連合体制の解体と畿内領国化」(石井進編『中世の法と政治』、吉川弘文館、一九九二年)
末柄 豊「『不問物語』をめぐって」(『年報三田中世史研究』一五、二〇〇八年)
末柄 豊「『能勢家文書』と『能勢氏系図』」(村井祐樹・末柄豊編『真如寺所蔵 能勢家文書』、東京大学史料編纂所、二〇一〇年)
諏訪勝則『黒田官兵衛「天下を狙った軍師」の実像』(中公新書、二〇一三年)

千田嘉博『織豊系城郭の形成』（東京大学出版会、二〇〇〇年）
千田嘉博『信長の城』（岩波新書、二〇一三年）
善端　直「能登畠山氏の城下町 七尾」（内堀信雄・鈴木正貴・仁木宏・三宅唯美編『守護所と戦国城下町』、高志書院、二〇〇六年）
髙田　徹「森上城」（中井均監修 城郭談話会編『図解 近畿の城郭』Ⅱ、戎光祥出版、二〇一五年）
髙橋康夫『海の「京都」 日本琉球都市史研究』（京都大学学術出版会、二〇一五年）
田上雅則「畿内惣構えに関する素描―池田城跡を中心として―」（『関西大学考古学研究室開設五拾周年記念考古学論叢』下、二〇〇三年）
田代克己・渡辺武・石田善人責任編集『日本城郭大系一二 大阪・兵庫』（新人物往来社、一九八一年）
谷口克広『信長の親衛隊―戦国覇者の多彩な人材』（中公新書、一九九八年）
谷口克広『織田信長家臣人名辞典 第2版』（吉川弘文館、二〇一〇年。第一版は一九九五年）
鶴崎裕雄『戦国の権力と寄合の文芸』（和泉書院、一九八八年）
土山公仁「信長・信忠と美濃のキリシタン」（『特別展 南蛮 信長・秀吉・家康のみた東西交流』、岐阜市歴史博物館、二〇〇三年）
富井康夫「高山右近の謎」（『新いにしえ物語』、高槻市、一九九五年）
豊田裕章「茨木城・城下町の復元案と廃城の経過」（中村博司編『よみがえる茨木城』、清文堂出版、二〇〇七年）
鳥津亮二『小西行長―「抹殺」されたキリシタン大名の実像―』（八木書店、二〇一〇年）
鳥津亮二「小西立佐と小西行長―秀吉側近キリシタンの一形態―」（中西裕樹編『高山右近 キリシタン大名へ

の新視点』、宮帯出版社、二〇一四年）
中田佳子「戦国の城・河内高屋城」（井上薫編『大阪の歴史と文化』、和泉書院、一九九四年）
中井　均「鹿背山城」（村田修三編『図説 中世城郭事典』二、新人物往来社、一九八七年）
中井　均「織豊系城郭の画期―礎石建物・瓦・石垣の出現―」（村田修三編『中世城郭研究論集』、新人物往来社、一九九〇年）
中井　均『近江の城―城が語る湖国の戦国史―』（サンライズ印刷、一九九七年）
中谷一正「多田源氏大町氏の研究」（一九六七年）
中西裕樹「摂津国能勢郡西郷・東郷における中世城館構成―築城主体の性格と「小規模城館」―」（『中世城郭研究』一一、中世城郭研究会、一九九七年）
中西裕樹「摂津国北部の一山間集落と小規模城郭―高山の事例―」（『中世城郭研究』一三、中世城郭研究会、一九九九年）
中西裕樹「戦国期における地域の城館と守護公権―摂津国、河内国の事例から―」（村田修三編『新視点 中世城郭研究論集』、新人物往来社、二〇〇二年）
中西裕樹「大規模城郭の展開と後背地」（『筒井城総合調査報告書』、大和郡山市教育委員会・城郭談話会、二〇〇四年）
中西裕樹「室町・戦国期の籾井氏について―丹波波多野氏被官小考―」（『日本史学年次別論文集』中世Ⅰ、学術文献刊行会、二〇〇七年。初出は二〇〇五年）
中西裕樹「畿内の都市と信長の城下町」（仁木宏・松尾信裕編『信長の城下町』、高志書院、二〇〇八年）

中西裕樹「畿内近国の城」（『甲賀市史』七、二〇一〇年）
中西裕樹「戦国期の摂津国人・芥川氏について」（『しろあとだより』三、高槻市立しろあと歴史館、二〇一一年）
中西裕樹「戦国期の高槻と入江氏」（『しろあとだより』四、高槻市立しろあと歴史館、二〇一二年①）
中西裕樹「摂津国上郡における守護代薬師寺氏―戦国摂津の拠点・国人と守護代をめぐって―」（天野忠幸・片山正彦・古野貢・渡邊大門編『戦国・織豊期の西国社会』、日本史史料研究会、二〇一二年②）
中西裕樹「松永久秀の出自と高槻」（『しろあとだより』五、高槻市立しろあと歴史館、二〇一二年③）
中西裕樹「高槻城主和田惟政の動向と白井河原の合戦」（『しろあとだより』七、高槻市立しろあと歴史館、二〇一三年①）
中西裕樹「城郭・城下町と都市のネットワーク」（『中世都市研究一八 中世都市から城下町へ』、山川出版社、二〇一三年②）
中西裕樹編『高山右近 キリシタン大名への新視点』（宮帯出版社、二〇一四年）
中西裕樹「山下城」（仁木宏・福島克彦編『近畿の名城を歩く 大阪・兵庫・和歌山編』、吉川弘文館、二〇一五年①）
中西裕樹『図説日本の城郭シリーズ② 大阪府中世城館事典』（戎光祥出版、二〇一五年②）
中西裕樹「摂津西部の山城―鷹尾城の築城と滝山城の構造をめぐって―」（『愛城研報告』二〇、愛知中世城郭研究会、二〇一六年①）
中西裕樹「郡主馬に関するノート」（『しろあとだより』一三、高槻市立しろあと歴史館、二〇一六年②）
中西裕樹「高山飛騨守・右近」（五野井隆史監修『キリシタン大名―布教・政策・信仰の実相―』、宮帯出版社、二〇一七年①）

中西裕樹　「山城から平城へ―一五七〇年代前後の畿内と城郭」（小谷利明・弓倉弘年編『南近畿の戦国時代　躍動する武士・寺社・民衆』、戎光祥出版、二〇一七年②）
中西裕樹　「木部砦」（中井均監修　城郭談話会編『図解　近畿の城郭』Ⅳ、戎光祥出版、二〇一七年③）
中西裕樹　「越水城」（石井伸夫・重見髙博編『図説日本の城郭シリーズ⑦三好一族と阿波の城館』、戎光祥出版、二〇一八年）
中村博司　「豊臣秀吉と茨木城」（同編『よみがえる茨木城』、清文堂出版、二〇〇七年）
中村博司　『シリーズ「遺跡を学ぶ」四三　天下統一の城　大坂城』（新泉社、二〇〇八年）
中村博司　『大坂城全史―歴史と構造の謎を解く』（ちくま新書、二〇一八年）
中村由美　「丹波波多野氏の勃興」（『丹波』三、丹波史談会、二〇〇一年）
二木謙一　『中世武家儀礼の研究』（吉川弘文館、一九八五年）
仁木　宏　「松井家文書三題―元亀年間の山城西岡と細川藤孝―」（『人文研究　大阪市立大学文学部紀要』四八―一二、一九九六年）
仁木　宏　『空間・公・共同体』（青木書店、一九九七年）
仁木　宏　「寺内町と城下町　戦国時代の都市の発展」（有光友學編『日本の時代史12　戦国の地域国家』、吉川弘文館、二〇〇三年）
仁木　宏　「戦国・信長時代の茨木の町と茨木氏」（中村博司編『よみがえる茨木城』、清文堂出版、二〇〇七年）
仁木　宏　「宗教一揆」（『岩波講座日本歴史』九　中世四、岩波書店、二〇一五年）
仁木　宏　「高山右近と戦国時代の畿内社会」（神田宏大・大石一久・小林義孝・摂河泉地域文化研究所『戦国河

内キリシタンの世界』、批評社、二〇一六年。初出は二〇一三年）
丹生谷哲一　「池田氏の出自と台頭」（『新修 池田市史』第一巻、一九九七年）
馬部隆弘　「永禄九年の畿内和平と信長の上洛―和泉国松浦氏の動向から―」（『史敏』四、史敏刊行会、二〇〇七年）
馬部隆弘　「神足家旧蔵文書の復元的考察」（『史敏』一二、二〇一四年）
馬部隆弘　「織豊期の茨木」（『新修 茨木市史』第二巻、二〇一六年）
馬部隆弘　『戦国期細川権力の研究』（吉川弘文館、二〇一八年）
馬部隆弘　『由緒・偽文書と地域社会 北河内を中心に』（勉誠出版、二〇一九年）
浜口誠至　『在京大名 細川京兆家の政治史的研究』（思文閣出版、二〇一四年）
早島大祐　「応仁の乱後の京都市場と摂津国商人」（『立命館文学』六〇五、二〇〇八年）
日野照正　『摂津国真宗開展史』（同朋舎出版、一九八六年）
廣田浩治　「中世後期の摂河泉の興福寺領・春日社領」（『大乗院寺社雑事記研究論集』五、和泉書院、二〇一六年）
藤井尚夫　『復元イラスト 中世の城と合戦』（朝日新聞出版、一九九五年）
藤木久志　『村と領主の戦国世界』（東京大学出版会、一九九七年）
藤田達生　『ミネルヴァ日本評伝選 蒲生氏郷 おもひきや人の行方ぞ定めなき』（ミネルヴァ書房、二〇一二年）
藤本史子　「中世都市伊丹の考古学研究」（『ヒストリア』一八八、大阪歴史学会、二〇〇四年）
藤本政行　『信長の戦争 『信長公記』に見る戦国軍事学』（講談社学術文庫、二〇〇三年、初版は一九九三年）
福島克彦　「丹波波多野氏の基礎的考察（上）」（『歴史と神戸』二一六、神戸史学会、一九九九年）
福島克彦　「丹波波多野氏の基礎的考察（下）」（『歴史と神戸』二一九、神戸史学会、二〇〇〇年）

福島克彦『戦争の日本史一一 畿内・近国の戦国合戦』（吉川弘文館、二〇〇九年）
福島克彦「河内の寺内町と都市論」（仁木宏・中井均・中西裕樹・NPO法人摂河泉地域文化研究所編『飯盛山城と三好長慶』、戎光祥出版、二〇一五年）
福留照尚「戦国時代の吹田」（『吹田市史』第一巻、一九九〇年）
福留照尚「解題」（『新修 茨木市史 史料集三 鮎川村庄屋日記一』、二〇〇一年）
フーベルト・チースリク「高山右近領の山間部におけるキリシタン―布教・司牧上の一考察―」（キリシタン文化研究会編『キリシタン研究』一六、吉川弘文館、一九七六年）
フーベルト・チースリク『高山右近史話』（聖母の騎士社、一九九五年）
古野貢「中世後期摂津における細川氏の権力構造」（『地域研究いたみ』三六、伊丹市立博物館、二〇〇七年）
古野貢『中世後期細川氏の権力構造』（吉川弘文館、二〇〇八年）
古野貢「戦国争乱の展開と荘園の解体」（『新修 豊中市史』一、二〇〇九年）
前川要『都市考古学の研究―中世から近世への展開―』（柏書房一九九一年）
松尾信裕「大坂城下町」（仁木宏・松尾信裕編『信長の城下町』、高志書院、二〇〇八年）
松尾寿「封建領主と検地」（『高槻市史』第一巻、一九七七年）
松尾良隆「天正八年の大和指出と一国破城について」（藤木久志編『織田政権の研究』、吉川弘文館、一九八三年）
松尾良隆「織豊期の「城わり」について」（横田健一先生古稀記念『文化史論叢』下、創元社、一九八七年）
松田毅一『近世初期日本関係 南蛮史料の研究』（風間書房、一九六七年）
三鬼清一郎「陣立書の成立をめぐって」（『名古屋大学文学部研究論集』三八、一九九二年）

三田村宗樹「ボーリングデータからみる大坂城本丸地区における地盤の推移」（大阪市立大学・豊臣期大坂城研究会編 大澤研一・仁木宏・松尾信裕 監修『秀吉と大坂 城と城下町』、和泉書院、二〇一五年）

三宅唯美「戦国期美濃国の守護権力と守護所の変遷」（内堀信雄・鈴木正貴・仁木宏・三宅唯美編『守護所と戦国城下町』、高志書院、二〇〇六年）

村田修三「山城から平山城へ 近世城郭の理想形」（村田修三編『週刊朝日百科 日本の歴史21 城 山城から平城へ』、朝日新聞社、一九八六年）

森田恭二『戦国期歴代細川氏の研究』（和泉書院、一九九四年）

安国陽子「戦国期大和の権力と在地構造 興福寺荘園支配の崩壊過程」（池上裕子・稲葉継陽編『展望日本の歴史12 戦国社会』、東京堂出版、二〇〇一年。初出は一九九一年）

山上雅弘「戦国時代の山城―西日本を中心とする15世紀後半～16世紀前半の山城について―」（村田修三編『中世城郭研究論集』、新人物往来社、一九九〇年）

山上雅弘「塚口寺内町」（仁木宏・福島克彦編『近畿の名城を歩く 大阪・兵庫・和歌山編』、吉川弘文館、二〇一五年）

山下洋輔「高山右近の寺社破壊に関する一考察」（『早稲田大学大学院教育学研究科紀要 別冊』一五―二、二〇〇八年）

横尾國和「摂津守護代家長塩氏の動向と性格」（『史学研究集録』五、一九八〇年）

横尾國和「摂津守護代家薬師寺氏の動向と性格」（『国学院大学大学院紀要文学研究科』一二、一九八一年）

横尾國和「細川氏内衆安富氏の動向と性格」（『国史学』一一八、一九八二年）

吉田　豊「飯盛（Ｉｍｏｒｉｓ）と堺（Ｓａｑｕａｙ）」（『関西城郭サミット２０１８in飯盛城 飯盛と堺 政

治的首都と経済的首都 資料集』、摂河泉地域文化研究所、二〇一八年）
ヨハネス・ラウレス 『高山右近の生涯―日本初期基督教史―』（エンデルレ書店、一九四八年。二〇一六年に聖母の騎士社が新たな日本語訳を再刊）。
ヨハネス・ラウレス 『高山右近の研究と史料』、六興出版社、一九四九年）
若松和三郎 『戦国三好一族と篠原長房』（戎光祥出版、二〇一三年。初版は一九八九年）
渡邊大門 「摂津国人塩川氏に関する一考察」（『市史研究紀要たからづか』二三、二〇〇五年）

〈自治体史・報告書・図録〉
『新修 池田市史』 第一巻（一九九七年）
『新修 茨木市史』 第一・二巻 通史Ⅰ・Ⅱ（二〇一二年・二〇一六年）
『新修 豊中市史』 第一巻通史Ⅰ（二〇〇九年）
『吹田市史』 第一巻（一九九〇年）
『高槻市史』 第一巻本編Ⅰ（一九七七年）
『能勢町史』 第一巻 本文編（二〇〇一年）
『箕面市史』 第一巻（一九六四年）
亀岡市教育委員会 『丹波笑路城発掘調査報告』（一九七八年）
高槻市教育委員会 『高槻城キリシタン墓地―高槻城三ノ丸跡北郭地区発掘調査報告書―』（二〇〇一年）
高槻市教育委員会 『高槻城二の丸跡中央部の調査（平成30年度）』（現地説明会資料、二〇一九年）

高山地区文化財調査団『高山地区文化財調査報告書―豊能町高山地区―二〇〇〇年度』（二〇〇一年）
大阪城天守閣『秀吉家臣団』（二〇〇〇年）
大山崎町歴史資料館『山崎合戦―秀吉、光秀と大山崎―』（二〇〇二年）
高槻市立しろあと歴史館『三好長慶の時代―「織田信長 芥川入城」の以前以後』（二〇〇七年）
高槻市立しろあと歴史館『北摂の戦国時代 高山右近』（二〇〇九年）
高槻市立しろあと歴史館『高山右近の生涯―発掘 戦国武将伝―』（二〇一三年）
鳥取市立歴史博物館『大名 池田家のひろがり 信長・秀吉そして徳川の時代へ』（二〇〇一年）

【著者紹介】

中西裕樹（なかにし・ゆうき）

1972年生まれ。立命館大学文学部史学科日本史学専攻卒業。

現在、高槻市教育委員会文化財課主幹。

主な著作に、『大阪府中世城館事典』（戎光祥出版、2015年）、『高山右近　キリシタン大名への新視点』（編著。宮帯出版社、2014年）、『飯盛山城と三好長慶』（共編著。戎光祥出版、2015年）、『幕末の大阪湾と台場　海防に沸き立つ列島社会』（共編著。戎光祥出版、2018年）などがある。

装丁：川本　要

中世武士選書　第41巻

戦国《せんごく》摂津《せっつ》の下克上《げこくじょう》　高山右近《たかやまうこん》と中川清秀《なかがわきよひで》

二〇一九年八月八日　初版初刷発行

著　者　中西裕樹

発行者　伊藤光祥

発行所　戎光祥出版株式会社

東京都千代田区麹町一―七
相互半蔵門ビル八階

電　話　〇三‐五二七五‐三三六一㈹
ＦＡＸ　〇三‐五二七五‐三三六五

編集・制作　株式会社イズシエ・コーポレーション

印刷・製本　モリモト印刷株式会社

https://www.ebisukosyo.co.jp
info@ebisukosyo.co.jp

ISBN978-4-86403-331-2